Kohlhammer

Der Autor

Michael Bayer ist seit 2016 Professor für Soziologie an der Evangelischen Hochschule Nürnberg (EVHN). Er lehrt in den Bereichen Bildungssoziologie, Soziale Ungleichheit und Armut. Seine Forschungsschwerpunkte sind die empirische Bildungs- sowie Ungleichheits- und Migrationsforschung. Er leitete bis 2024 einen Arbeitsbereich am Leibniz-Institut für Bildungsforschung (LIfBi) in Bamberg. Seit vielen Jahren arbeitet er am Nationalen Bildungsbericht der Autor:innengruppe Bildungsberichterstattung mit. Er studierte Soziologie an der Heinrich-Heine-Universität in Düsseldorf und promovierte an der Martin-Luther-Universität Halle-Wittenberg.

Michael Bayer

Einführung in die Bildungssoziologie

Verlag W. Kohlhammer

1. Auflage 2025

Gesamtherstellung: W. Kohlhammer GmbH, Stuttgart

Print:
ISBN 978-3-17-040480-9

E-Book-Formate:
pdf: ISBN 978-3-17-040481-6
epub: ISBN 978-3-17-040482-3

Inhalt

1 Einleitung

Bildungssoziologie[1] und deren Befunde sind, so die hier vertretene These, nicht nur für Studierende des Faches Soziologie, sondern auch für all diejenigen von Relevanz, die beispielsweise sozial-, kindheits-, heilpädagogische oder ähnliche Studiengänge absolvieren und sich für Bildungsthemen jenseits eines rein pädagogischen Zugangs interessieren. Bildungssoziologie und die daran anschließende bzw. darauf aufbauende (empirische) Bildungsforschung sind nicht zuletzt seit den sehr bekannten Befunden internationaler Schulleistungsstudien (etwa PISA[2] oder auch IGLU[3]) nicht nur ins Zentrum bildungspolitischer, sondern durchaus auch wissenschaftlicher Debatten gerückt. Doch unabhängig von dieser neuen Zentralität von Bildung herrscht weder Einigkeit über das, was unter Bildung zu verstehen ist, noch über die ›richtigen‹ Zugänge zu bildungssoziologischen oder auch bildungswissenschaftlichen Fragestellungen.

Der deutsche Begriff *Bildung*, der sich durchaus vom romanisch geprägten englischen Begriff *education* oder auch dem französischen *éducation* unterscheidet, konturiert sich in seiner heutigen inhaltlichen Ausgestaltung, wie Benner und Brügge (2011) ausführen, bereits in den Diskussionen des 18. Jahrhunderts. Die Beiträge des Philosophen Johann Gottfried Herder (insbesondere sein Werk »Auch eine Philosophie der Geschichte zur Bildung der Menschheit«, Herder, 1774) waren hierbei ebenso von großer Bedeutung wie die in den Bildungsdiskussionen und auch den pädagogischen Zugängen zum Thema bis heute präsenten Beiträge von Wilhelm von Humboldt, der zudem sowohl auf konzeptioneller wie auf bildungspolitischer Ebene wirkungsreich war.

Diese Diskussionen fanden im Kontext der Bewegung der Aufklärung statt, in der Bildung allein schon deshalb bedeutsam wurde, weil es jetzt erstmals darum ging, dass Menschen sich selbst als prinzipiell unabhängige Individuen verstanden. Darauf

1 Meiner Frau und Partnerin Silke Röbenack möchte ich ganz herzlich danken, die das Manuskript mit hohem soziologischem Sachverstand gelesen und kommentiert hat und deren Anmerkungen sehr hilfreich waren. Alle Fehler und Ungenauigkeiten sind allerdings dem Autor zuzurechnen.

2 Das *P*rogramme for *I*nternational *S*tudent *A*ssessment (Programm zur internationalen Schülerbewertung) ist ein seit dem Jahr 2000 von den Mitgliedstaaten der OECD (der *Organisation for Economic Co-operation and Development*) durchgeführtes Programm der Messung bzw. Bestimmung von schulischen und berufsrelevanten Kompetenzen von 15-jährigen Schüler*innen (vgl. https://www.oecd.org/berlin/themen/pisa-studie/).

3 Die *I*nternationale *G*rundschul-*L*ese-*U*ntersuchung (IGLU) ist eine ebenfalls in OECD-Ländern regelmäßig durchgeführte Kompetenzstudie zu Lesefähigkeiten von Viertklässlern (vgl. den Berichtsband der IGLU-Studie 2016, https://www.kmk.org/fileadmin/Dateien/pdf/PresseUndAktuelles/2017/IGLU_2016_Berichtsband.pdf).

zielt auch die sehr bekannte Definition von Immanuel Kant, wonach Aufklärung »der Ausgang des Menschen aus seiner selbstverschuldeten Unmündigkeit« ist und dass dieser Prozess, wenn er nicht Folge eines mangelnden Verstandes ist, etwas mit dem Mut zu tun hat, sich seines Verstandes ohne Leitung eines anderen zu bedienen (vgl. den Beginn bei Kant, 1999[1784]). Für Kant hat dies nicht nur eine wissens- bzw. erkenntnisbezogene Dimension, sondern unzweifelhaft auch eine politische. So führt er weiter aus: »Zu dieser Aufklärung aber wird nichts erfordert als *Freiheit*; und zwar die unschädlichste unter allem, was nur Freiheit heißen mag, nämlich die: von seiner Vernunft in allen Stücken *öffentlichen Gebrauch* zu machen« (Kant, 1999[1784], S. 21 f.). Diese politische Dimension von Aufklärung im Sinne des eigenständigen und in die Öffentlichkeit wirkenden Vernunftgebrauchs mag zu Beginn eines Einführungsbuches in die Bildungssoziologie vielleicht etwas zu emphatisch daherkommen. Bildung stellt seit der Allgemeinen Erklärung der Menschenrechte durch die Vereinten Nationen im Jahr 1948 und niedergelegt im Artikel 26 ein Menschenrecht dar (https://www.un.org/depts/german/menschenrechte/aemr.pdf). Auch wenn wir noch sehr weit von einer allgemeinen Verwirklichung dieses Rechts auf Bildung entfernt sind, bekam Bildung hierdurch eine andere Qualität, weil Staaten sich dadurch verpflichten, ihren Bürger*innen Möglichkeiten zum Erwerb von Bildung zu geben.

Der Soziologe Ralf Dahrendorf sprach in den 1960er Jahren nicht ohne Grund von Bildung als einem *Bürgerrecht* (Dahrendorf, 1965), weil in einer offenen Gesellschaft, und als eine solche versteht sich die deutsche Gesellschaft, Bildung eine Voraussetzung der aktiven Teilnahme und Teilhabe an politisch-demokratischen Prozessen darstellt. Das ist nicht nur bildungspolitisch von Interesse, sondern eben auch bildungssoziologisch. Liest man das Diktum von der Bildung als einem Bürgerrecht, dann müsste man eigentlich davon ausgehen, dass es sich mit Bildung wie mit anderen Rechten verhält; dass also nurmehr der individuelle Wille bzw. die individuelle Entscheidung für den Erwerb von Bildung von Relevanz sein dürften. Jede*r sollte also den Bildungsweg verfolgen können bzw. dürfen, den er oder sie frei wählt. Das ist dann die je individuelle Wirkung, die Bildung bei den Einzelnen hinterlässt; gleichzeitig stellt Bildung jedoch auch ein gesellschaftliches Phänomen dar. Hierauf rekurriert Dahrendorf, der sein »Bildung als Bürgerrecht« nicht nur als individuelles Recht (auch im Sinne des Rechts auf Bildung wie in Art. 26 der Allgemeinen Erklärung der Menschenrechte) verstand, sondern der Bildung und vor allem das, was er eine aktive Bildungspolitik nannte auch als Antwort auf gesellschaftliche Herausforderungen las. Bildungspolitik ist nicht deshalb nötig oder relevant, weil Gesellschaften damit ihren Fachkräftebedarf steuern können (dieses Argument nannte Dahrendorf eine »malthusianische Phantasielosigkeit«), sondern weil Menschen nur dann imstande sind von ihren Rechten Gebrauch zu machen, wenn sie über Bildung verfügen.[4]

4 Dahrendorf formuliert dies folgendermaßen: »Aber die umwälzende Kraft des Bürgerrechts auf Bildung liegt in seinem dritten Aspekt. Rechtliche Chancengleichheit bleibt ja eine Fiktion, wenn Menschen auf Grund ihrer sozialen Verflechtungen und Verpflichtungen nicht in der Lage sind, von ihren Rechten Gebrauch zu machen. Wer seine Kinder zwar auf die höhere Schule schicken darf, aber durch den Kenntnis- und Wunschhorizont seiner

In den Bildungsreformdiskussionen der 1960er Jahre bekam Bildung auch eine politische Dimension zugeschrieben, und diese Dimension der Teilhabe besitzt Bildung ohne Zweifel eben auch. Das sollte in Kontexten, in denen es nur noch um Fachkräftebedarfe etc. zu gehen scheint, nicht vergessen werden. Dementsprechend trug auch eine Expertise des Aktionsrats Bildung im Jahr 2015 den Titel »Bildung. Mehr als Fachlichkeit«, in der von einer »mehrdimensionalen Bildung« die Rede ist, die »Kinder, Jugendliche und Erwachsene bei der Entwicklung einer verhaltenssicheren und lebensfähigen Persönlichkeit« unterstützen soll (Blossfeld et al., 2015, S. 13). Das ist allerdings in zweierlei Hinsicht befragenswert. Zum einen bezüglich der genaueren Verständnisse, die hinter Begriffen wie »mehrdimensionale Bildung« oder auch »verhaltenssichere Persönlichkeit« stehen. Auf der anderen Seite sind auch Nachfrage angebracht, ob es beispielsweise jemandem wie Dahrendorf tatsächlich um verhaltenssichere Persönlichkeiten ging oder ob er nicht doch eher – ganz im Geist seiner liberalen Grundauffassung – den*der Einzelnen (durch Bildungsreformen im Bildungssystem) die Freiheit zusprechen wollte, sein*ihr Leben so zu leben, wie er*sie es sich vorstellt.

Es ist also keineswegs so eindeutig, wo genau wir uns aktuell in den Diskussionen befinden und was die geltende Auffassung von Bildung ist. Aus diesem Grund wird in Kapitel 2 dieser Einführung ein Überblick über die Diskussionen und Positionen im Hinblick auf den Bildungsbegriff gegeben (▶ Kap. 2). Hierbei wird ganz am Anfang verdeutlicht, dass Bildung global und im historischen Verlauf enorme Wirkungen erzielt und Veränderungen ausgelöst hat. Denn bei aller Kritik, die in dieser Einführung an einzelnen Aspekten von Bildungspolitik, Bildungsstruktur, Bildungspraxis sowie dem wissenschaftlichen Blick hierauf geübt wird, sollte nicht vergessen werden, dass Bildung – und hier schließt sich diese Einführung voll und ganz den Einschätzungen von Dahrendorf an – ein Bürger*innenrecht ist und dass wir alle darum bemüht sein sollten – dies stellt den normativen Ausgangs- und Fluchtpunkt dieser Einführung dar –, dass dieses formale Recht auch gelebte und erlebte Realität wird. Bildung, dies wird in einem ersten Zugriff herausgearbeitet werden, steht in einem begrifflichen Zusammenhang mit Erziehung und Sozialisation. Diese beiden Begriffe stellen sowohl innerhalb der Bildungssoziologie als auch in der erziehungswissenschaftlichen Perspektive ebenfalls wichtige Bezugsbegriffe dar. Hier zeigen sich sowohl Überschneidungen als auch Besonderheiten, die die Begriffe eben nicht austauschbar erscheinen lassen. Das zweite Kapitel schließt mit einer exkursartigen Vertiefung zum Thema Bildung und Kompetenz (▶ Kap. 2.4). Dieses Thema ist allein schon aufgrund der zunehmenden Präsenz bzw. Dominanz des Kompetenzbegriffs im Bildungsbereich für eine erste einführende Betrachtung unerlässlich.

Derartige Vertiefungen finden sich in allen Kapiteln der Einführung, da manche Thematiken auch aufgrund spezifischer Aktualitäten nochmals gesondert dargestellt werden. Gleichzeitig heißt das, dass auch in dieser Einführung ausgewählt wird und

---

sozialen Lage […] gar nicht auf den Gedanken kommt, dies auch zu tun, ist ein sehr abstrakter Staatsbürger« (Dahrendorf, 1965, S. 23 f.).

nicht alles und auch nicht alles in erschöpfender Breite und Tiefe behandelt werden kann.

Im *dritten*, stärker theoretischen *Kapitel* dieser Einführung wird eine dezidiert bildungssoziologische Perspektive erarbeitet und vorgestellt (▶ Kap. 3). Diese ist von anderen disziplinären Perspektiven abzugrenzen, um die Stärken wie auch die Begrenzungen dieser Perspektive in den Blick zu bekommen. Bildungssoziologie lässt sich in ihren theoretischen Perspektiven einerseits durch ihre eigene disziplinäre Geschichte verstehen, andererseits aber auch durch theoretische Bezüge, die in Teilen interdisziplinär angelegt und ausgearbeitet sind. Wichtig sowohl im Hinblick auf das thematische Feld als auch für die theoretischen Grundlagen ist die dem Bildungsthema in der Soziologie zugrundeliegende Ungleichheitsperspektive. Über Bildung wird innerhalb der Bildungssoziologie immer auch hinsichtlich vorhandener Ungleichheiten geforscht und diskutiert.

Im *vierten Kapitel* werden dann vor allem entlang der Phasen von Bildungserwerb im Lebenslauf die Orte (Institutionen) vorgestellt, an denen formale Bildung erworben wird (▶ Kap. 4). Der in der Bildungsforschung mittlerweile gängigen Unterscheidung von formaler, non-formaler und informeller Bildung kann in einer solchen Einführung kaum in der Breite nachgespürt werden, die für speziellere Fragestellungen angezeigt wäre.[5]

Dass informell erworbene Bildung für die Entwicklung von Kompetenzen höchst relevant sein kann, ist allein schon beim Thema Digitalität sofort nachvollziehbar, aber Berufschancen und Lebenschancen werden nach wie vor mindestens auch entlang erworbener formaler Bildungszertifikate verteilt (R. Becker, 2017). Auch und gerade für dieses Kapitel der Einführung gilt, dass Vieles nur angerissen werden kann und jede*r darüber hinaus auf weiterführende Literatur verwiesen werden muss. Es geht insbesondere darum einen ersten Überblick über die Differenziertheit des formalen Bildungssystems zu erlangen und, aufbauend auf den theoretischen Modellen des dritten Kapitels (▶ Kap. 3), Erklärungen etwa für ungleiche Bildungswege und -verläufe zu erhalten.

Dies kommt nicht ohne empirische Befunde aus, die anhand von Abbildungen und Statistiken einen Überblick über die empirische Situation in den einzelnen Bereichen geben. Im vierten Kapitel finden sich zudem zwei Vertiefungsthemen: einerseits das aktuell viel diskutierte Thema der Bildungsarmut (▶ Kap. 4.6) und andererseits eine Diskussion der Zusammenhänge von Migrationshintergrund und Bildungsverläufe unter einer Ungleichheitsperspektive (▶ Kap. 4.8).

Das *fünfte und letzte Kapitel* nimmt dann nochmals stärker die Bildungspolitik als solche, aber auch die Verschränkungen von (soziologischer) Bildungsforschung und bildungspolitischen Zugriffen in den Blick, was z. B. auch eine Vorstellung und Diskussion der Strategien eines neueren Bildungsmonitorings beinhaltet (▶ Kap. 5). Dieses stärker in Richtung auch praktischer Implikationen zielende Kapitel beinhaltet abschließend auch das Vertiefungsthema *Bildung und Digitalisierung* (▶ Kap. 5.3).

5 Hier gibt es jedoch eine Vielzahl an auch einführenden Publikationen, die sich entlang dieser Lerngelegenheitstrias auch mit non-formaler und informeller Bildung beschäftigen (vgl. etwa einführend Maschke & Stecher, 2018, sowie Rohs, 2016).

In allen Kapiteln dieser Einführung wird versucht, auch aktuelle Forschungsbefunde einfließen zu lassen, weil das Forschungsfeld der Bildungssoziologie sich sehr schnell entwickelt, so dass es kaum ausreicht sich auf ältere Befunde und Diskussionsstände zu beziehen.

2 Konturen des Bildungskonzepts

Über Bildung wird nicht nur viel in der Öffentlichkeit diskutiert; vielmehr stellt die Auseinandersetzung über den sowohl ›richtigen‹ Bildungsbegriff als auch dessen Abgrenzung von anderen Begriffen wie etwa *Erziehung* oder *Sozialisation* eine mittlerweile auf Dauer gestellte Diskussion innerhalb und zwischen den sich dafür zuständig fühlenden Fachdisziplinen dar. Wenn im Folgenden die Konturen dieser wissenschaftlichen Debatten nachgezeichnet werden, soll dies jedoch keineswegs ein Selbstzweck sein. Damit soll vielmehr eine Grundlage erarbeitet werden, die es den Lesenden ermöglicht, die Besonderheiten bildungssoziologischer Fragestellungen, Forschungszugänge und Befunde sortieren und beurteilen zu können. Einerseits soll hierdurch verdeutlicht werden, inwieweit und an welchen Stellen Ähnlichkeiten im Verständnis und den Anliegen unterschiedlicher Fachdisziplinen vorhanden sind, und andererseits, wo die besonderen bildungs*soziologischen* Perspektiven beginnen und inwieweit diese dann auch eine spezifische Fragerichtung auf Bildung, Ausbildung und Bildungsverläufe beinhalten.

Neben dieser disziplinären Gemengelage, in der Diskussionen über Bildungsbegrifflichkeiten sowie deren historische und normative Grundlegung geführt werden, zeigt sich der Bildungsbegriff selbst umgeben von einer Reihe anderer Begrifflichkeiten, die sich in einem nicht immer ganz eindeutigen Verhältnis zu Bildung zeigen.

Hierzu gehören sowohl der Begriff des *Lernens*, mit dem auf den Prozess oder die Handlungsform des Erwerbs von Bildung abgezielt, der jedoch ebenfalls ganz unterschiedlich verstanden wird (Holzkamp, 1995), genauso wie der Begriff der *Kompetenz* (Weinert, 2001), der mittlerweile eine zunehmende Dominanz in den sowohl sozialwissenschaftlichen wie auch bildungspolitischen Diskussionen erlangt hat. Entsprechend findet sich weiter unten eine ausführlichere Auseinandersetzung mit dem Kompetenzkonzept innerhalb des Bildungsbereichs (▶ Kap. 2.4).

An der Nahtstelle zwischen Soziologie und allgemeiner Öffentlichkeit werden darüber hinaus Beschreibungsbegriffe platziert, in denen sich Diagnosen über die zentralen Kennzeichnungsmerkmale von Gesellschaft und auch die Relevanz, die Bildung in diesen Gesellschaften zukommt bzw. zukommen soll, ausdrücken. So spricht etwa Manuel Castells (2001, 2002, 2003) von der »*Netzwerkgesellschaft* in einem *Informationszeitalter*«. Der amerikanische Soziologe Daniel Bell (1975) kennzeichnet in seinem Buch über die nachindustrielle Gesellschaft diese als eine *Wissensgesellschaft*. Die Soziologin Jutta Allmendinger spricht von der *Bildungsgesellschaft* und kommt von diesem Begriff dann auch auf direktem Weg zur Diagnose zunehmender Bildungsarmut (https://www.bpb.de/themen/bildung/dossier-bildung/158109/bildungsgesellschaft/, Allmendinger, 1999), da sie Bildung als zentral für die Lebenschancen von Menschen definiert. Diese Reihe an Gesellschaftsbegriffen ließe sich sicherlich auch mühelos fortführen, entscheidend ist jedoch vor allem die zunehmende Nutzung von Beschreibungen, die sich im Begriffskontext von Information, Wissen, Lernen, Bildung und Kompetenz bewegen. Damit wird deutlich, dass die Gesellschaft, in der wir uns bewegen, zunehmend oder zumindest auch durch Begrifflichkeiten charakterisiert wird, die im weitesten Sinne mit Bildung zu tun haben, während es bis vor kurzem eher Beschreibungen wie Industriegesellschaft, Dienstleistungsgesellschaft o. Ä. waren, mit denen sich die Sozialwissenschaften auf gesellschaftliche Phänomene bezogen.

Bildung ist das neue Schlagwort, wenn es um gesellschaftliche Herausforderungen geht und vor allem, wenn es um die Frage geht, was getan werden sollte. Dann lautet die Antwort meist: mehr Bildung oder auch mehr Bildungsgerechtigkeit.[6] Ob und inwiefern ein einfaches ›Mehr‹ jedoch an den gleichzeitig diagnostizierten Ungleichheiten wie auch Ungerechtigkeiten im Bildungssystem etwas ändern kann, ist zumindest befragungswürdig. Über Bildung spricht die Gesellschaft, spricht die Politik ja auch nicht erst seit Kurzem; vielmehr stellen Bildung oder – wenn man historisch etwas weiter ausgreift – Erziehung wichtige gesellschaftliche Thematiken dar.

2.1 Bildungsbegriffe – Bildungsverständnisse – Bildungstheorie

2.1.1 Ein erster Blick auf den Bildungsbegriff

Würde man unterschiedliche Menschen nach ihrem Verständnis von Bildung fragen, so bekäme man sicherlich eine Vielzahl an sich unterscheidenden Antworten. Wir sprechen in unserer Gesellschaft mittlerweile zwar andauernd über Bildung, sobald es jedoch etwas konkreter wird oder werden soll, zeigt sich, dass wir gar nicht immer so genau wissen, was darunter zu fassen ist und was etwa an Bildung anders ist als z. B. an Erziehung.

Gleichzeitig ist Bildung aber auch nicht einfach nur ein Begriff, sondern wird häufig als eine Art Versprechen formuliert. Das wird sofort deutlich, wenn man sich etwa Diskussionen im globalen Kontext anschaut. So benannte beispielsweise die Weltbank[7] vor einigen Jahren eine Kampagne mit dem schlagenden Titel: »Educate

6 So ruft die Regierungskoalition des 20. Deutschen Bundestages ein »Jahrzehnt der Bildungschancen« in ihrem Koalitionsvertrag aus. »Kinder verdienen beste Bildung. Jedes Kind soll die gleichen Chancen haben«(SPD, Bündnis90/Die Grünen & FDP, 2021).

7 Die Weltbank, eigentlich die »International Bank for Reconstruction and Development« (IBRD), ist eine in Washington angesiedelte Einrichtung der Vereinten Nationen, die seit 1946 als »Förderorganisation für Entwicklungs- und Schwellenländer zum Zwecke der Armutsbekämpfung« (Dörr & Kowalski, 2022) tätig ist.

girls, end child marriage«. Bildung wird hier als eine Art Hebel präsentiert, mit dem sich die Lebenssituation von Mädchen bzw. Frauen verbessern lässt. Gleichzeitig versteht die Weltbank Bildung für Mädchen aber nicht nur als eine moralische Aufgabe; vielmehr wird die Bildung von Mädchen im globalen Kontext darüber hinaus als etwas gesehen, was ökonomisch sinnvoll ist.[8]

Bereits hier kommt etwas zum Vorschein, was in den nachfolgenden Kapiteln und Abschnitten immer wieder eine Rolle spielt: in unserem Verständnis von Bildung spiegeln sich auch Erwartungen an das wieder, was sich Gesellschaften von Bildung erhoffen.

Bevor wir uns in der Folge dann vor allem mit dem deutschen Bildungsbegriff und mit der modernen Bildungsforschung auseinandersetzen, soll hier ein erster empirischer Blick in Bildungsentwicklungen auf globaler Ebene geworfen werden, der verdeutlicht, in welche großen Veränderungsprozesse Diskussionen über Bildung eingebettet sind. In Abbildung 1 findet sich eine Übersicht der Alphabetisierungsentwicklung auf Ebene der Weltbevölkerung in den letzten mehr als 200 Jahren (► Abb. 1).

Es zeigt sich erstens, dass noch Mitte des 20. Jahrhunderts erst ca. die Hälfte der erwachsenen Weltbevölkerung über Fähigkeiten im Lesen und Schreiben verfügte und dass wir zweitens seit dem Jahrtausendwechsel eine Art von Plateau erreicht zu haben scheinen. Lesen und schreiben stellen sicherlich mit die zentralen Kulturtechniken aus dem Bereich von Bildung dar und Fortschritte in diesem Bereich zeig(t)en deutliche individuelle wie auch gesellschaftliche Effekte.[9]

Wovon im globalen Kontext gesprochen wird, wenn es um Bildung geht, ist aber im Regelfall schulische Bildung oder zumindest Bildung, wie sie in Institutionen vermittelt wird. Die Indikatoren, die hierbei verwendet werden sind neben so etwas wie »Alphabetisierungsgrad einer Bevölkerung« beispielsweise der »mittlere Anteil absolvierter Schuljahre« (so ein Indikator für die Bildungsentwicklung von Gesellschaften im sogenannten HDI[10]). Für einen sehr groben und die jeweiligen Beson-

8 So findet sich auf den entsprechenden Kampagnenplakaten (https://www.worldbank.org/en/news/immersive-story/2017/08/22/educating-girls-ending-child-marriage) der folgende Satz: »Ending child marriage is not only the morally right thing to do, but also the economically smart thing to do«.

9 Es zeigt sich bis heute der von Psacharopoulos wiederholt analysierte Zusammenhang (Psacharopoulos, 1981, 1985; Psacharopoulos & Patrinos, 2018) zwischen Bildung und wirtschaftlicher Entwicklung. Dabei zeigt sich, dass es vor allem Fortschritte im Bereich der Grundschulbildung in ökonomisch eher weniger entwickelten Ländern sind, die die größten gesellschaftlichen Renditen abwerfen. Aus dieser stark bildungsökonomisch und quantitativ geprägten Forschung lässt sich eine zunehmende Wichtigkeit von Bildung nicht unbedingt ableiten.

10 Der HDI (Human Development Index) ist ein Maß für die Bestimmung des Entwicklungsstandes von Ländern im Vergleich. »Der HDI geht von den drei wesentlichen Determinanten des menschlichen Handlungsspielraumes aus: Gesundheit, Bildung und Einkommen und kombiniert Indikatoren für diese drei Dimensionen zu einem Index« (Berger-Schmitt, 1999, S. 14).

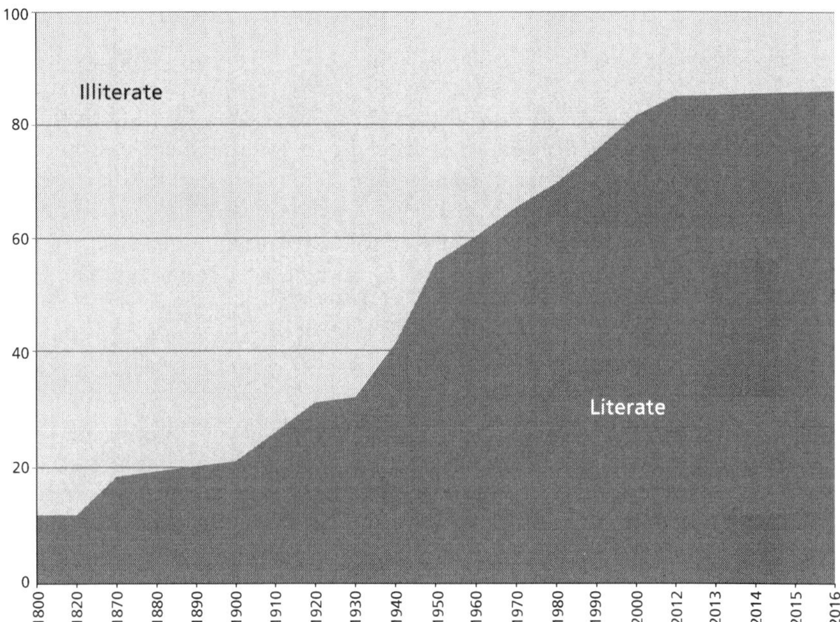

Abb. 1: Alphabetisierungsgrad der Weltbevölkerung (15 Jahre und älter) (eigene Darstellung mit Daten von Our World in Data; https://ourworldindata.org/global-education#literacy)

derheiten nationaler Bildungssysteme ausblendenden Blick sind solche Indikatoren sicherlich hilfreich. Gleichzeitig ›erkauft‹ man sich diesen vergleichenden Blick dann aber auch damit, dass von nationalen Diskussionen und Begriffsverständnissen weitgehend abstrahiert wird bzw. sich dadurch möglicherweise auch eine vermeintlich einheitliche Vorstellung von Bildung durchsetzt.

Die Frage, ob und inwieweit so etwas kritisch zu sehen ist, ist an dieser Stelle jedoch weniger wichtig. Zentral ist vor allem, dass man sich bewusst macht, für was (z. B. für welche Bildungspolitik) welche Arten von Analysen relevant sind bzw. sein könnten. Anknüpfend an die oben formulierte Anmerkung zu »Bildung als Versprechen« sollte man jedoch keineswegs die möglichen Auswirkungen der Nutzung bestimmter Begriffsverständnisse von Bildung unterschätzen.

Nach diesem kurzen Blick auf die globale Ebene der Beschäftigung mit Bildung, geht es im nächsten Schritt um eine vertiefende Auseinandersetzung mit diesem Begriff in der deutschsprachigen Diskussion, da hier mindestens drei Begriffe aufeinandertreffen, die zwar nicht identisch sind und auch nicht exakt das gleiche bezeichnen, die jedoch große Überlappungen aufweisen: Bildung, Erziehung und Sozialisation.

2.1.2 Der Bildungsbegriff im Kontext von Erziehung und Sozialisation

Zwar hatten wir im letzten Abschnitt Befunde kennengelernt, die ein vermeintlich einfaches Verständnis des Begriffs Bildung (meist als Schulbildung) nutzten. Und wenn man ganz pragmatisch wäre, käme man in Hinblick auf viele Verwendungsweisen dieses Begriffs mit einem solchen Verständnis auch relativ weit. Aber gleichzeitig ahnen die meisten, dass Bildung irgendwie mehr oder auch teilweise etwas anderes ist als reine Schulbildung. Allerdings lässt sich Bildung kaum im Sinne von ein paar wenigen Kriterien ausbuchstabieren; vielmehr zeigt sich nach einem Blick in die entsprechende Fachliteratur sehr schnell, dass es hier kaum Einigkeit über eine genauere Definition dessen gibt, was unter Bildung zu verstehen wäre. Und gleichzeitig ist auch nicht immer die Bereitschaft vorhanden sich überhaupt darüber zu unterhalten. So weist etwa Rieger-Ladich in seiner »Einführung in Bildungstheorien« zurecht darauf hin, »dass viele derer, die sich an Bildungsdebatten beteiligen, keine größeren Anstrengungen erkennen lassen, möglichst präzise zu bezeichnen, was sie meinen, wenn sie die fragliche Vokabel verwenden« (Rieger-Ladich, 2019, S. 13). Das führt dazu, dass zwar vielleicht intensiv diskutiert wird, aber häufig über Unterschiedliches. Man könnte es sich in einer solchen Situation jetzt einfach machen – vor allem wenn man in dezidiert praktischer Absicht in Bildungsprozesse verstrickt ist – und sich an die je herrschende Auffassung von Bildung anlehnen. Dies widerspräche jedoch dem Selbstverständnis von Professionen, die es sich eben auch zur Aufgabe gemacht haben, eine kritisch-reflexive Haltung als einen zentralen Bestandteil ihres professionellen Selbstverständnisses auszubilden (vgl. als Beispiel für eine diesbezüglich sehr radikale Positionierung Kessl & Maurer, 2012).

Begriffe haben jedoch, zumal wenn es sich um bereits lange etablierte handelt, eine Geschichte und diese Geschichte zumindest in Ansätzen zu kennen, ist kein Selbstzweck, sondern vielmehr ein möglicher Zugang zu den Potenzialen eines Gegenstandes jenseits der jeweiligen Aktualität. Dies gilt sicherlich für den Bildungsbegriff ebenso wie für den Begriff der Erziehung. Aber Menschen erzählen Geschichte(n) unterschiedlich und wissenschaftliche Disziplinen tun dies ebenso. Zudem zeigen sich die gewordenen Begriffsverständnisse immer auch als verwoben mit gesellschaftlichen Verhältnissen bzw. den Institutionalisierungen von Bildung in Gesellschaften und umgekehrt.

Bildung und Erziehung

Die Geschichte des *Bildungs*begriffes lässt sich nicht von der Geschichte des *Erziehungs*begriffs trennen, worauf die Pädagogin Käte Meyer-Drawe (1999) hinweist. Ähnlich argumentieren auch die beiden Soziolog*innen Löw und Geier (2014), die ihr Einführungsbuch mit »Soziologie der Bildung und Erziehung« betiteln. Für Meyer-Drawe schwingt im Erziehungsbegriff immer auch der Begriff der *Zucht* mit, während sie den Bildungsbegriff der griechisch antiken Tradition zuordnet, und bei Bildung im Sinne der griechischen *Paideia* geht es, wie sie schreibt, »um Wahrheit und nicht [...] um brauchbares Wissen« (Meyer-Drawe, 1999, S. 164). Die Vorstellung von Erziehung als Zucht operiert hingegen weniger mit Wahrheit als vielmehr mit Unterwerfung, mit Ein- bzw. Anpassung. Bei beidem, bei Erziehung wie bei Bildung, geht es jedoch um Entwicklungsprozesse, also um etwas, was in der Dimension der Zeit stattfindet.

Diese beiden, bei Mayer-Drawe sicherlich sehr polarisiert gefassten historisch gewachsenen Vorstellungen von Bildung und Erziehung stellen jedoch bis heute zwei zentrale Perspektiven auf Bildungs- und Erziehungsphänomene dar und auf sie lassen sich auch viele der bis heute wirksamen Auffassungen zurückführen. Wenn wir in heutige Definitionsbeiträge zu Bildung bzw. Erziehung schauen, dann stellt man fest, dass die von Meyer-Drawe notierte Unterschiedlichkeit bzw. fast schon Unvereinbarkeit (Inkommensurabilität) beider Konzepte einem – der Titel von Löw und Geier deutet ja bereits darauf hin – unproblematischen »Bildung *und* Erziehung« gewichen ist. Was wird jetzt aber unter Erziehung und Bildung konkret verstanden?

Eine sehr knappe, jedoch durchaus brauchbare Definition von Erziehung findet sich etwa bei den Erziehungswissenschaftler*innen Kron et al. (2013, S. 44). Sie schreiben: »Erziehung ist die bewusste und/oder geplante Beeinflussung von Personen, insbesondere von Heranwachsenden«. Das klingt zwar deutlicher ›freundlicher‹ als der von Meyer-Drawe verwendete Begriff der Zucht oder auch ihr Begriff der Unterwerfung; nichtsdestotrotz stellen auch Kron et al. darauf ab, dass in der Erziehung eine von außen kommende Einflussnahme den Kern des Erziehungsgeschehens bildet. Man könnte sagen: Erziehung ist Fremderziehung und nicht Selbsterziehung. Diese Unterscheidung wird weiter unten, wenn es um den Bildungsbegriff geht, nochmals relevant und markiert durchaus einen wichtigen Unterschied in den Auffassungen von Erziehung und Bildung.

Ähnlich kurz und prägnant, jedoch mit einer für die Bildungssoziologie relevanten Perspektiverweiterung, liest sich die Definition von Erziehung, die Siegfried Bernfeld in seiner bekannten Streitschrift aus dem Jahr 1925 formuliert: »Die Erziehung ist [...] die Summe der Reaktionen einer Gesellschaft auf die Erziehungstatsache« (Bernfeld, 1973[1925], S. 51). Mit dem Begriff der Erziehungstatsache wiederum greift Bernfeld ein Konzept auf, das vom französischen Soziologen Emile Durkheim als Bezeichnung der Gegenstände soziologischer Analysen in die Theoriediskussionen eingeführt wurde: die soziale Tatsache oder auch der soziologische Tatbestand.[11] Sowohl für Durkheim wie auch für Bernfeld stellt Erziehung in dieser Hinsicht eine solche soziale Tatsache (oder auch einen soziologischen Tatbestand) dar. Erziehung ist für Bernfeld – der in seiner Sisyphos-Schrift eine dezidiert empirisch orientierte Auffassung von Erziehungswissenschaft vertritt – ein gesellschaftlicher Prozess und damit trifft er sich mit einer soziologischen Tradition des

11 Durkheim definiert in einem seiner bekanntesten und wichtigsten Werke zu den »Regeln der soziologischen Methode« (Durkheim, 1980[1895]) das, was er einen soziologischen Tatbestand nennt, als »jede mehr oder minder festgelegte Art des Handelns, die die Fähigkeit besitzt, auf den Einzelnen einen äußeren Zwang auszuüben; oder auch, die im Bereich einer gegebenen Gesellschaft allgemein auftritt, wobei sie ein von ihren individuellen Äußerungen unabhängiges Eigenleben besitzt« (Durkheim, 1980[1895], S. 114).

Verständnisses von Bildungs- und Erziehungsprozessen, für die sich in und durch Erziehung respektive Sozialisation Gesellschaften reproduzieren.

Sozialisation

Neben Bildung und Erziehung stellt *Sozialisation* einen dritten wichtigen Begriff dar, der insbesondere in den soziologischen Diskussionen zentral für die Beschreibung von Entwicklungs- und Aufwachsensprozessen in Gesellschaften ist. Unter einer Sozialisationsperspektive interessiert sich die Soziologie vor allem für, wie Scherr ausführt, »die Beeinflussung der Persönlichkeitsentwicklung durch soziale Beziehungen, Erfahrungen und Kontexte« (Scherr, 2016, S. 36 f.). Wie Löw und Geyer richtig anmerken, überlappen sich jedoch die drei Begriffe Bildung, Erziehung und Sozialisation in ihren Bedeutungen (Löw & Geier, 2014, S. 24). Unter dem Titel: »Sozialisation: Wie wir werden, was wir sind« (Abels, 2019, S. 57 ff.) skizziert Heinz Abels den Standpunkt, von dem aus die Soziologie auf Begriffe wie Sozialisation und Erziehung blickt. Ausgehend von zwei Grundfragen – wie ist Gesellschaft angesichts von Individuen und wie sind Individuen angesichts von Gesellschaft möglich – präsentiert Abels die Antwort, die die Soziologie auf diese beiden Fragen formuliert: *Sozialisation.* In der Soziologie war es bereits sehr früh Georg Simmel, der Sozialisation als Begriff einbrachte und gleichzeitig inhaltlich in einer Weise bestimmte, die auch heute noch den Kern des soziologischen Verständnisses von Sozialisation bildet (Simmel, 1890). Abels fasst die simmelschen Beschreibungen des Sozialisationsprozesses als einen Prozess der *Verähnlichung* (ohne dass dies als Gleichmachung misszuverstehen sei). Bereits hier wird das Prozesshafte von Sozialisation betont und die Verwobenheit mit gesellschaftlichen Entwicklungen, insbesondere – dies zu Zeiten von Simmel bereits ein wichtiges Thema der Soziologie – Prozessen zunehmender gesellschaftlicher Differenzierung (so auch der Titel des Buches von Simmel, »Über soziale Differenzierung«, in dem er seine Ausführungen zu Sozialisation platzierte).

Sozialisation stellt also den Prozess dar, der dazu führt, dass aus Menschen vergesellschaftete Individuen werden, die sich dadurch auszeichnen, dass sie miteinander in Beziehung stehen und sich in ihrem Handeln auf gemeinsame Vorstellungen (etwa Werte, Normen o. Ä.) beziehen. Klaus Hurrelmann beschreibt den hier zum Ausdruck kommenden Doppel-Prozess als »Prozess der Kollektivbindung und der Persönlichkeitsentwicklung« (Hurrelmann, 2008, S. 313) und benennt damit nicht nur den Kern der meisten Sozialisationskonzepte, sondern auch die diesem Prozess unterlegte doppelte Funktion der Persönlichkeitswerdung/-entwicklung einerseits und der Einfügung in die Gesellschaft andererseits. Hurrelmann macht zudem in seinen Ausführungen auf einen für die hier zu entwickelnde und vorzustellende bildungssoziologische Perspektive wichtigen Aspekt aufmerksam, dass nämlich die Soziologie vor allem die zweite Funktion (die Einbindung in das Kollektiv) ins Zentrum ›ihres‹ Sozialisationsverständnisses gestellt hat. Bei Hurrelmann findet sich dann auch eine vergleichsweise einfache Abgrenzung der drei Begriffe Bildung, Erziehung und Sozialisation, die für unsere weitere Vorgehensweise zunächst zureichend ist.

»Der Begriff Sozialisation umfasst die für die Erziehungswissenschaft zentrale [sic] Begriffe von ›Bildung‹ und ›Erziehung‹. Erziehung bezeichnet alle gezielten und bewussten Einflüsse auf den Entwicklungsprozess eines Menschen, also Handlungen, durch die ›Erziehungsberechtigte‹ versuchen, auf die Persönlichkeitsentwicklung anderer Menschen Einfluss zu nehmen. Auch Bildung ist ein wert- und zielorientierter Prozess, der dem Aufbau der Fähigkeit der Selbststeuerung und dem Erwerb von Kenntnissen, Informationen und Wissen dienen soll, um eigenständiges Handeln in der sozialen Umwelt zu ermöglichen« (Hurrelmann, 2008, S. 315).

Der soziologische Sozialisationsbegriff lässt sich demnach auch als ein Begriff verstehen, der die beiden anderen Begriffe – Erziehung und Bildung – beinhaltet, die sich jedoch voneinander hinsichtlich des Intentionsgrades der Einflussnahme unterscheiden.

2.2 Der soziologische Zugang zu Bildung

Wir haben jetzt bereits einiges über begriffliche und begriffstheoretische Auseinandersetzungen im Feld von Bildung, Erziehung und Sozialisation erfahren. Es wurde zudem deutlich, dass es hier (noch) kaum Eindeutigkeit oder Einheitlichkeit im Verständnis oder den theoretischen Positionen gibt. Bildung ist und bleibt ein Begriff und auch ein Phänomen, um dessen Verständnis gerungen wird und daran wird sich, wenn man auf die eher zunehmende gesellschaftliche Bedeutsamkeit von Bildung blickt, so schnell auch nichts ändern.

Während Pädagogik und Psychologie mit ihren je eigenen Perspektiven auf Bildung blicken, zeichnet sich die Soziologie ebenfalls durch eine spezifische Perspektive aus, die sicherlich Überschneidungen mit den pädagogischen und auch psychologischen Fragestellungen aufweist, die sich jedoch an wichtigen Punkten auch unterscheiden.

Bildungssoziologie – Definition

Was heute unter dem Begriff der Bildungssoziologie fungiert, lässt sich entlang von Kriterien charakterisieren, die von Beate Krais 2014 in einem systematisierenden Beitrag (Krais, 2014) prägnant formuliert wurden. Erstens beschäftigt sich Bildungssoziologie aus ihrer Perspektive, und dies schließt an die oben bereits vorgenommene Begriffsdiskussion über Bildung und Erziehung an, mit *Sozialisationsprozessen* und den Bedingungen, unter denen diese stattfinden. Zweitens setzt sich Bildungssoziologie mit dem *Zusammenspiel von Bildung und Strukturen sozialer Ungleichheit* auseinander. Und drittens reflektiert Bildungssoziologie »wie Bildung und gesellschaftliche Entwicklungen aufeinander bezogen sind« (Krais, 2014, S. 266).

Kurz gesagt, setzt sich die Bildungssoziologie mit den ungleichen Bedingungen sozialisatorischer Bildungsprozesse im Zusammenspiel von Individuum und einer sich stetig wandelnden Gesellschaft auseinander.

Auch wenn sich bildungssoziologische Fragen in Teilen zumindest in der Nähe klassisch erziehungswissenschaftlicher Fragestellungen befinden, sieht Krais diese Dreifachperspektive als genuin soziologische Perspektive auf Bildung an. Sozialisation als, wie es beispielsweise Grundmann ausdrückt, »Prozess der Kollektivbindung und der Persönlichkeitsentwicklung« (Grundmann, 2017, S. 19), zielt auf den Menschen als vergesellschaftetes oder zu vergesellschaftendes Individuum. Das heißt, die Soziologie und hier konkreter die Bildungssoziologie interessiert sich allein schon deshalb für Bildung, weil Bildung einen Sozialisationsprozess darstellt, der das Individuum erst zu einem vergesellschafteten Individuum macht.

Eine derartige Verkoppelung von Bildung mit Sozialisationsprozessen operiert mit einem weiten Bildungsbegriff, der eben mehr beinhaltet als eine irgend geartete Anhäufung von Wissen. Zudem erhält man auch sofort einen Eindruck davon, dass Bildung bzw. Bildungsprozesse an vielen Orten und zu unterschiedlichen Zeiten stattfinden können und eben nicht nur in der Schule. Diese Perspektiverweiterung von einer auf Schule fokussierten Soziologie hin zu einer auf Bildung orientierten (Bildungs-)Soziologie fand in den letzten Jahrzehnten statt, was Heike Solga und Rolf Becker in ihrem Einführungsbeitrag (Solga & Becker, 2012) eines Sonderhefts der Kölner Zeitschrift für Soziologie und Sozialpsychologie mit dem Titel »Soziologische Bildungsforschung« (Becker & Solga, 2012) systematisch aufarbeiten. Die beiden Autor*innen spannen hierbei einen Bogen von einem Sonderheft derselben Zeitschrift aus dem Jahr 1959 mit dem Titel »Soziologie der Schule« (Heintz, 1959) bis zu den von ihnen herausgegebenen Beiträgen, die sich unter dem Titel einer soziologischen Bildungsforschung gruppieren. Sie zeichnen nach, wie sich aus einer vornehmlich pädagogisch geprägten *Erziehungssoziologie* eine vor allem *ungleichheitsorientierte Bildungssoziologie* entwickelte. Als soziologische Bildungsforschung verstehen sie hierbei diejenige Forschung,

> »die die ökonomischen, kulturellen, politischen und sozialstrukturellen Rahmenbedingungen von formellen wie informellen Bildungsprozessen (z. B. Erziehung, Lerngelegenheiten, Bildungsteilhabe, Bildungserwerb, Bildungsübergänge, Bildungsverläufe), deren individuelle und gesellschaftliche Voraussetzungen und Folgen sowie die Bedeutung und Entwicklung von Bildungssystemen mit Blick auf gesellschaftliche Prozesse sozialer Ungleichheit und Differenzierung untersucht« (Solga & Becker, 2012, S. 10).

Es stehen also, wie die Autor*innen weiter ausführen, Bildungsprozesse (auch und gerade in ihren Institutionalisierungen) sowie die Bildungsinstitutionen selbst wie auch das Zusammenspiel von Bildung und etwa der Ungleichheitsordnung von Gesellschaft im Zentrum des soziologischen Interesses.

Obwohl wenig darauf hindeutet und obwohl die rund fünfzig Jahre zwischen beiden Sonderheften auch wenig erbrachten, was eine solche Hoffnung unterstützen würde, existiert nach wie vor die Idee (Solga und Becker verweisen hier zu Recht auf die entsprechenden Konzeptionen hinter großen Studien wie PISA oder IGLU), dass sich mittels Bildung gesellschaftliche Probleme lösen lassen. Hinter dieser Idee verbirgt sich eine fast schon technokratisch anmutende Vorstellung, dass sich Bildungssysteme in einer Weise steuern lassen, dass sie punktgenau beispielsweise diejenigen Fachkräfte produzieren, die dann auf Arbeitsmärkten benötigt werden. Ein Grund für das Beharrungsvermögen dieser Vorstellungen liegt auch in der Perspektiventwicklung der soziologischen Bildungsforschung selbst. Solga und Becker zeigen hier auf, dass das Interesse an Bildungsforschung deutlich zugenommen hat (auch und gerade aus dem Bereich der Bildungspolitik); sich gleichzeitig jedoch innerhalb der Bildungsforschung eine zunehmende Dominanz quantitativ-empirischer Ansätze zeigt, die zudem, wie sie formulieren, mit einer deutlichen Strukturblindheit einhergehen (Solga & Becker, 2012, S. 12).

Das sind wichtige, aber auch nicht ganz einfach zu verstehende Ausführungen zweier bzw. dreier Bildungsforscher*innen über Aufgaben bzw. Funktionen von Bildungssoziologie und Bildungsforschung im Hier und Jetzt. Fasst man zusammen, was sowohl Krais wie auch Solga und Becker, aber auch andere zur Begriffsklärung und zu den Aufgaben bzw. – man könnte auch sagen – Hoffnungen ausführen, die mit einer Bildungssoziologie verknüpft sind, so lässt sich das folgendermaßen auf den Punkt bringen.

Aufgaben der Bildungssoziologie

1. Bildungssoziologie interessiert sich für die (kulturellen, ökonomischen, sozialstrukturellen) Rahmenbedingungen von Bildungsprozessen und dem Zusammenspiel dieser Bildungsprozesse mit gesellschaftlichen Entwicklungen.
2. Bildungssoziologie interessiert sich darüber hinaus für sowohl individuelle wie auch strukturelle Voraussetzungen, aber auch für die Abläufe und die Folgen von Bildungs- und Sozialisationsprozessen auf individueller wie gesellschaftlicher Ebene.
3. Bildungssoziologie fokussiert hierbei insbesondere auf das Verhältnis von Bildung und sozialer Ungleichheit.

Der Bildungsbegriff selbst lässt sich in Anlehnung an Gordt und Becker und unter Verweis auf Grundmann (2017) als »Prozess der Herausbildung individuellen Handlungswissens« (Gordt & Becker, 2018, S. 53) in und durch soziale Interaktion definieren. Das ist sehr breit gefasst und in dieser Form noch kaum dazu angetan, die Besonderheiten einer institutionalisierten Bildung zu erfassen, ermöglicht es jedoch, Bildung als einen Prozess zu verstehen, der sich nicht in den je aktuellen Bildungssystemen und -institutionen erschöpft.[12]

12 Ebenfalls sollte nicht vergessen werden, dass die gesamte Diskussion dieses zweiten Kapitels ebenfalls Gegenstand einer soziologischen Analyse sein kann und letzten Endes auch sein sollte. Der Streit um die ›richtige‹ Begrifflichkeit ist letztlich auch ein Streit, in dem sich gesellschaftliche, aber auch innerwissenschaftliche, also disziplinäre, Machtverhältnisse zeigen. Dieser Streit wird, solange Bildung eine hohe Bedeutsamkeit in Gesellschaften besitzt, auch kein endgültiges Ende finden; vielmehr sind die jeweiligen Auffassungen darüber, was gute Bildung ist, immer nur als vorläufige Ergebnisse zu lesen. Sobald sich eine Überzeugung scheinbar durchgesetzt hat, beginnt der Streit aufs neue.

Gleichzeitig wird dadurch aber auch deutlich, um was man sich zu kümmern hat, wenn es darum gehen soll, Bildung und Bildungsprozesse bildungssoziologisch zu befragen. So werden etwa Pädagogik und die sich verstärkt um Bildungsthemen kümmernde Psychologie (etwa in Form einer pädagogischen Psychologie) selbst zu Gegenständen der bildungssoziologischen Perspektive, stellen sie doch wichtige Teilnehmer*innen im Feld der Bildung dar. Diese selbstreflexive Perspektive auf die Wissenschaft in ihrer Teilnahme und ihren Wirkungen auf das Bildungsgeschehen ist ein genuin (bildungs-)soziologischer Beitrag, der uns in den folgenden Kapiteln immer wieder begegnen wird. So blickt die Bildungssoziologie zwar auch auf das Individuum in seinem individuellen Bildungsverlauf, analysiert die sich dort zeigenden Bildungsentscheidungen – hierin vergleichbar der bildungsökonomischen, aber auch der psychologischen Perspektive –; gleichzeitig jedoch beobachtet sie sich selbst in dieser Perspektivverengung auf das Individuum, weil sich in dieser Fokussierung ein gesellschaftlicher Wandlungsprozess (Individualisierung) ausdrückt, der eben auch eine Kehrseite hat: Die Verantwortung für Lebens- und damit auch Bildungsverläufe werden dem*der Einzelnen zugeschrieben.

Eine Bildungssoziologie, die die eigene Verflechtung mit (und auch die Betroffenheit von) gesellschaftlichen Entwicklungen nicht zu reflektieren imstande wäre, würde ja kaum mehr das eigene Geschäft erledigen, sondern schlimmstenfalls Interessen anderer abarbeiten. Eine diesbezüglich relevante Herausforderung für eine eigenständige bildungssoziologische Perspektive ist spätestens wieder mit dem – man könnte fast sagen – »Siegeszug« des Kompetenzbegriffs sichtbar geworden.

Bevor wir uns im nächsten Abschnitt mit diesem nicht neuen, aber in neuem Gewand daherkommenden Konzept auseinandersetzen, fassen wir das bisher Erarbeitete im folgenden Abschnitt nochmals zusammen.

2.3 Kernelemente einer (bildungs-)soziologischen Perspektive auf Bildung

Bildungssoziologie ist zuallererst einmal Soziologie und damit eine Perspektive, die unter Heranziehung wissenschaftlicher Methodiken einen, wie Durkheim sagen würde, »soziologischen Tatbestand« erforscht – in unserem Fall »Bildung«. Die soziologischen Merkmale von Bildung zeigen sich vor allem darin, dass wir es hier mit einer spezifischen, wie Ludger Pries dies ausdrückt, »sozialen Verflechtungsbeziehung zwischen Menschen« (Pries, 2019, S. 29) zu tun haben (man denke nur an die im Zentrum von Bildung als Interaktion stehende Lehr-Lern-Beziehung zwischen Lehrenden und Lernenden). Mit dieser soziologischen Definition von Bildung als soziale Verflechtungsbeziehung wird dann auch deutlich, dass die Bildungssoziologie selbst Teil dieser Verflechtungsbeziehung ist, wodurch nochmals die Wichtigkeit der Reflexion betont wird. Das Bildungsgeschehen findet in derselben Gesellschaft statt, in der sich auch die Bildungssoziolog*innen bewegen, und eben nicht in einem Labor. Die mittlerweile fast auf Dauer gestellte Beobachtung von Bildungs- und Lernprozessen wird von den Teilnehmenden selbst ebenfalls wahrgenommen und die teilweise bildungssoziologisch begründeten bildungspolitischen Eingriffe in Bildungssysteme erzeugen dort Formen von Reaktivität.[13]

Die soziologische Bildungsforschung bringt in jedem Fall eine dezidierte *Ungleichheitsperspektive* in die Analyse von Bildungsprozessen ein. Das heißt, Bildung wird nicht nur als (pädagogisches) Bildungsgeschehen verstanden, sondern Bildung wird aus einer Ressourcenperspektive heraus analysiert. Bildung stellt in wissensbasierten Gesellschaften neben monetären Mitteln eine wichtige Ressource für die Verteilung von Lebenschancen dar. Die Bildungsinstitutionen funktionieren keineswegs auf der Grundlage tatsächlicher Chancengleichheit; vielmehr – dies wird in den nächsten Kapiteln dann noch ausführlicher entfaltet – spielt die soziale Herkunft beim Zugang zu diesen Institutionen eine wichtige Rolle.

Neben dieser auf Ungleichheiten bezogenen Perspektive ermöglicht ein bildungssoziologischer Zugang bzw. die Kenntnis bildungssoziologischer Befunde eine informierte Form der Reflexivität auch für diejenigen, die sich in praktischen Zusammenhängen bewegen. Und dies auch, weil die Bildungssoziologie sich vor allem mit dem Zusammenspiel von Person und Struktur auseinandersetzt. Letztere rückt in praktischen Vollzügen auch gerne mal in den Hintergrund. So sehen sich beispielsweise die Lehrkräfte in Schulen vor allem mit den jeweiligen Schüler*innen oder auch deren Eltern konfrontiert, während das Bildungssystem bzw. die Bildungsinstitutionen mit ihren (institutionalisierten) Barrieren eher den nicht-thematisierten Rahmen bilden.

Die Soziologie, dies sollte aber auch nicht vergessen werden, kann keine Aussagen dazu machen, was Bildung *sein soll*; sie kann jedoch herausarbeiten, was Gesellschaften darunter zu bestimmten Zeiten fassen bzw. verstehen, welche Konsequenzen dies für die Individuen oder auch soziale Gruppen bzw. soziale Klassen hat. Die Bildungssoziologie kann sicherlich herausarbeiten, an welchen Stellen beispielsweise Ungleichheiten in und durch Bildung reproduziert werden, sie kann Gesellschaften aber nicht *vorschreiben*, diese Ungleichheiten aus der Welt zu schaffen. Diese Aspekte sind im Zusammenspiel mit sowohl Bildungspraxis als auch Bildungspolitik relevant, da sie die Grenzen der bildungssoziologischen Expertise wie auch die Legitimationsgrenzen entsprechender Beiträge markieren.

In Abgrenzung zu anderen disziplinären Zugängen fokussiert die Bildungssoziologie stärker noch die Strukturen bzw. institutionellen Regelungen, denn das zentrale soziologische Erkenntnisinteresse gilt nicht dem Individuum, sondern der Gesellschaft.

13 Ein Beispiel hierfür ist das bekannte »Teaching to the Test«, also eine (vermutete) Anpassung von Schulunterricht an die Erfordernisse von Kompetenz- und Leistungstests. Ob hinter diesem oftmals erhobenen Vorwurf auch eine tatsächliche Veränderung steht, ist sicherlich eine empirische Frage.

2.4 Vertiefungsthema – Bildung und/oder Kompetenz

Es wurde jetzt eine Idee davon entwickelt, was unter Bildung zu verstehen ist bzw. wodurch sich eine bildungssoziologische Perspektive auf diesen Gegenstand auszeichnet. Spätestens seit dem sogenannten PISA-Schock im Jahr 2000 trat jedoch ein anderer Begriff ins Bewusstsein der Öffentlichkeit: *Kompetenzen*. Da mittlerweile nicht nur im schulischen, sondern auch in vielen anderen Bereichen über Kompetenzen gesprochen wird und es scheinbar auch immer neue Kompetenzen zu geben scheint (man denke nur an interreligiöse Kompetenz, interkulturelle Kompetenz oder auch die gern beschworene Kompetenz-Kompetenz) und darüber hinaus auch an Hochschulen nicht mehr Wissen abgeprüft wird, sondern Prüfungen kompetenzorientiert angelegt sind, scheint es angebracht, diesen Begriff und die sich dahinter verbergenden Konzeptionen kennenzulernen. Das Wort selbst stammt aus dem Lateinischen (*competere*) und bedeutet so viel wie »fähig sein«, aber auch »zustehen«. Letztere Bedeutung findet sich insbesondere in solchen Begriffskonstruktionen wie etwa der »Amtskompetenz«, als etwas, was einer Person qua Amt zusteht.[14]

Die Erfassung von Kompetenzen steht bereits seit Längerem im Zentrum sogenannter Schulleistungsstudien (etwa PISA, IGLU oder auch TIMSS[15]), in denen es insbesondere darum geht, die Kompetenzstände von Schüler*innen in unterschiedlichen curricularen Bereichen festzustellen und dies meist auch in international vergleichender Perspektive.

Der Kompetenzbegriff ist – wie die lateinische Wortherkunft ja auch schon andeutet – keineswegs neuen Datums. So findet sich beispielsweise in der Pädagogik mit der Unterscheidung zwischen *Sachkompetenz*, *Selbstkompetenz* und *Sozialkompetenz* bei Heinrich Roth (1971) bereits eine Handlungskompetenzheuristik, die sehr einflussreich wurde. Das, was in der neueren Bildungsforschung unter Kompetenz verstanden wird, schließt sicherlich stärker an diese (empirisch-pädagogische) Tradition an als an das soziologische Verständnis von Kompetenz, das insbesondere in der Herrschaftssoziologie von Max Weber zum Ausdruck kommt (Kurtz, 2010) und das sich deutlich stärker auf den (sozialen) Zuschreibungsprozess von Kompetenzen konzentriert.

Franz Weinert (2001) unternahm in einem mittlerweile vielzitierten Beitrag den Versuch, die Vielfalt an Kompetenzbegriffen und -konzepten, die seit der Kompetenztrias von Roth in der Bildungsforschung diskutiert wurde, in eine neuere Systematik zu bringen. Er unterschied hierbei sechs zentrale Kompetenzverständnisse

14 In dieser Bedeutung schwingt zudem auch mit, dass Kompetenz ein in soziale Kontexte eingebettetes Phänomen ist. Etwas verkürzt formuliert: Man kann nicht kompetent sein, ohne dass die Anderen einem dies auch zugestehen oder zuschreiben.

15 Die »Trends in International Mathematics and Science Study«, kurz TIMSS, erfasst das mathematische und naturwissenschaftliche Grundverständnis von Schüler*innen am Ende der vierten Jahrgangsstufe

(vgl. hierzu auch Hartig & Klieme, 2006). Kompetenzen lassen sich nach Weinert verstehen als …

1. generelle kognitive Leistungsdispositionen
2. kontextspezifische kognitive Leistungsdispositionen
3. Ausdruck relevanter Motivationen
4. integrierende Handlungskompetenz
5. Metakompetenzen
6. Schlüsselkompetenzen.

Die bis heute andauernden Debatten über den ›richtigen‹ Kompetenzbegriff operieren meist innerhalb dieses sehr breiten Begriffsraumes, und es sind insbesondere die kognitiven Kompetenzen, denen – etwa in den Schulleistungsstudien – eine besondere Aufmerksamkeit zukommt. Kompetenzen sind jedoch, wie Weinert ebenfalls deutlich macht, nicht nur als kognitive Fähigkeiten misszuverstehen. Deutlich wird an dieser Systematik (oder besser würde man sagen: an dieser Übersicht), dass Kompetenzen nicht nur auf unterschiedlichen Ebenen angesiedelt werden – Handlungen und/oder Kognitionen –, sondern dass innerhalb der scheinbaren Vielfalt an Kompetenzen sich nochmals wichtigere von unwichtigeren unterscheiden lassen (Schlüsselkompetenzen). Man könnte jetzt auch kritisch anmerken, dass die Übersicht von Weinert sicherlich auch deshalb so einflussreich ist, weil sie eben wenig klärt und vieles integriert. Am Ende seiner Liste weiß man immer noch nicht, was Kompetenz jetzt eigentlich ist, und schon gar nicht in welchem Verhältnis Kompetenzen zu Bildung stehen. Mit Fokus auf Handlungen und Kognitionen bieten Klieme und Hartig in einem thematisch einschlägigen Beitrag folgende Annäherung an:

> »Wer kompetent zu handeln vermag, verfügt nicht nur über träges Wissen, sondern ist nachweislich in der Lage, reale Anforderungssituationen zu bewältigen. Und dies nicht nur einmalig oder gar zufällig, sondern auf der Basis eines latenten Merkmals, das gewissermaßen garantiert, dass der kompetent Handelnde in immer neuen Situationen adäquate Handlungen ›generieren‹ kann« (Klieme & Hartig, 2008, S. 14).

Hier stecken zumindest einige relevante Merkmale drin, die für ein Arbeitsverständnis von Kompetenzen hilfreich sein können.

- Erstens wird deutlich, dass Kompetenzen sich in Handlungen ausdrücken, also in dem, was man dann die Performanz nennen würde.
- Zweitens zeigen sich Kompetenzen in Situationen, sind in ihrer Wirkung also als situationsspezifisch zu begreifen.
- Drittens stellen Kompetenzen jedoch etwas situationsübergreifendes dar, ermöglichen dem*der Einzelnen also adäquat in unterschiedlichen Situationen zu handeln.

In den PISA-Studien werden kognitive Kompetenzen dann prägnant als »prinzipiell erlernbare, mehr oder minder bereichsspezifische Kenntnisse, Fertigkeiten und Strategien« (Baumert, Stanat & Demmrich, 2001, S. 22) definiert.[16]

Der Kompetenzbegriff zeigt sich mittlerweile im Bereich quantitativ-empirischer Bildungsforschung (aber auch hinsichtlich der Wahrnehmung und der Nutzung durch die Bildungspolitik) als das neue Paradigma und drängt den Bildungsbegriff etwas an den Rand bzw. tritt teilweise sogar an dessen Stelle (Eder, 2021). Hierfür ist etwa die Einführung der sogenannten *Bildungsstandards* für sowohl den Primar- wie auch Sekundarbereich eine wichtige Wegmarke. Der gesamte Zeitraum Ende der 1990er/Anfang der 2000er Jahre, in dem eine erstmalige Teilnahme an internationalen Schulleistungsstudien sowie die sich daran anschließende Etablierung von Bildungszielen auf Basis von definierten Kompetenzständen stattfand, lässt sich als ein Zeitraum verstehen, in dem sich diese paradigmatische Wende ereignete. Die Kultusministerkonferenz (KMK) definiert 2004 als verbindliche Vorgabe für die Bundesländer Bildungsstandards (https://www.kmk.org/themen/qualitaetssicherung-in-schulen/bildungsstandards.html). Die Umsetzung bzw. die Realisierung dieser Bildungsstandards wird zudem regelmäßig überprüft (hierzu dienen die sogenannten Bildungstrend-Studien, die vom Institut zur Qualitätsentwicklung im Bildungswesen, IQB, durchgeführt werden, https://www.iqb.hu-berlin.de/). Bei Bildungsstandards handelt es sich, so liest man etwa in den Ausführungen zu selbigen im Fach Deutsch in der vierten Klasse der Primarstufe, »um Regelstandards, die angeben, welches Kompetenzniveau Schülerinnen und Schüler im Durchschnitt in einem Fach erreichen sollen« (KMK, 2022, S. 2). Bildungsstandards sind hier also identisch mit Kompetenzniveaus, was wiederum deutlich macht, dass man aktuell kaum über Bildung sprechen kann, ohne gleichzeitig über Kompetenzen zu sprechen. Hinter der Einführung von Bildungsstandards, also von zu erreichenden Kompetenzniveaus von Schüler*innen, steht eine Umstellung des Bildungssystems von einer Input- auf eine Output-Steuerung. Es geht also vor allem darum festzulegen und dann auch zu überprüfen, was quasi aus dem Bildungs- respektive Schulsystem ›herauskommt‹.

Während lange Zeit Bildungsziele eher im Sinne eines Bildungskanons definiert wurden (siehe hierzu die auf die Entwicklung im Fach Mathematik bezogenen Ausführungen von Sträßer & Aufschnaiter, 2009), stehen die Einführung von Bildungsstandards sowie vergleichende Kompetenztestungen ganz im Licht einer sogenannten »evidenzbasierten Steuerung« des Bildungssystems und des Bildungsgeschehens (Zuber, Altrichter & Heinrich, 2019, S. XIII).[17]

16 Mit dieser, letztlich doch eher unspezifischen Fassung dessen, was man unter Kompetenzen versteht, schließt das Deutsche PISA Konsortium an eine der frühesten ›Definitionen‹ von Kompetenz an, die 1959 von White vorgenommen wurde (White, 1959). Für White stellen Kompetenzen, wie Grunert (2012) ausführt, diejenige grundlegende menschliche Handlungsfähigkeit dar, die weder angeboren noch durch natürliche Reifung erlangt, sondern in Auseinandersetzung mit der Umwelt erlernt wird.

17 Zu diesem Thema sei auf das letzte Kapitel des Buches verwiesen (▶ Kap. 5), in dem die Ideen einer evidenzbasierten Steuerung von Bildungssystemen und die Beiträge, die insbesondere die neuere Bildungsforschung hierzu leisten, ausführlich vorgestellt und diskutiert werden.

Wir wissen also bis zu diesem Punkt, dass Kompetenzen erstens erlernbare Fähigkeiten sind, die dem Individuum zweitens dazu dienen Situationen in seinem Leben zu meistern und die drittens, dies ein für Bildungsverständnisse ebenfalls wichtiger Aspekt, nicht identisch sind mit dem, was Schüler*innen, Auszubildende oder Studierende in ihren jeweiligen Fächern inhaltlich lernen. Kompetenzen sind also mehr bzw. etwas anderes als schulisches Wissen.

So liest man z. B. in den entsprechenden Berichtsbänden der PISA-Studien zur Kompetenzkonzeption folgendes:

> »PISA orientiert sich an der angelsächsischen Literacy-Konzeption und setzt damit auf die Funktionalität der bis zum Ende der Pflichtschulzeit erworbenen Kompetenzen für die Lebensbewältigung im jungen Erwachsenenalter und deren Anschlussfähigkeit für kontinuierliches Weiterlernen über die gesamte Lebensspanne« (Artelt, Stanat, Schneider, Schiefele & Lehmann, 2004, S. 141).

Die hier angesprochene Literacy-Konzeption versteht unter Kompetenzen basale Kulturtechniken, deren Vorhandensein bzw. deren Beherrschung Autonomie und Teilhabe ermöglichen soll. Unter Lesekompetenz verstehen die PISA-Autor*innen, »geschriebene Texte zu verstehen, zu nutzen und über sie zu reflektieren, um eigene Ziele zu erreichen, das eigene Wissen und Potential weiterzuentwickeln und am gesellschaftlichen Leben teilzunehmen« (Deutsches PISA Konsortium, 2001, S. 20). Ohne jetzt zu sehr in die zweifelsohne wichtigen Details der genaueren Definition der einzelnen hier benannten Teilfähigkeiten einzutauchen, lassen sich zwei Aspekte festhalten, auf die an späterer Stelle noch vertiefend einzugehen sein wird.

1. Hinter diesem Kompetenzverständnis steht eine grundsätzlich funktionalistische Auffassung: Kompetenzen dienen einem bestimmten Zweck und sind genau dann da oder nicht da bzw. höher oder weniger hoch, wenn der Zweck damit erreicht wird (etwa Teilnahme am gesellschaftlichen Leben).
2. Die Kompetenzkonzeption arbeitet sehr stark mit einer Vorstellung von niedriger vs. hoher, also mit der Idee, dass Kompetenzen in ihrer Ausprägung auf einer Skala variieren.

Anknüpfend an den zweiten Aspekt – der Skalierbarkeit von Kompetenzen – lässt sich ergänzen, dass die oben zitierte Definition der Funktion von Kompetenzen ja nicht zwingend eine graduelle Vorstellung von Kompetenzen benötigt, man könnte ja auch sagen: entweder man kann lesen und damit teilnehmen oder man kann nicht lesen und dann eben nicht teilnehmen. Hier wird es dann auch soziologisch interessant, denn mit der Abstufung der Ausprägung von Kompetenzen kommt sofort eine Hierarchisierung ins Spiel, so dass man sagen kann, dass die eine kompetenter lesen kann als der andere und damit beide in eine Rangordnung gebracht werden können. Solche Rangordnungen bzw. solche quantifizierbaren (oder zumindest de facto quantifizierten) Unterschiede passen auch gut zu unseren Gesellschaften, wie Steffen Mau in seiner Studie über »Das metrische Wir« ausführt:

> »Mit klassifikatorischen Praktiken, wie Rankings und Ratings sie verkörpern, befriedigen wir einerseits unsere komparative Neugierde, andererseits geben sie uns Orientierung und werden als Basis für politische, soziale oder wirtschaftliche Entscheidungen genutzt« (Mau, 2017, S. 72).

Ganz im Sinne der oben formulierten selbstkritischen bzw. selbstreflexiven Perspektive einer Bildungssoziologie zeigen sich Kompetenzen und Kompetenzkonzeptionen also auch als durchaus in unsere Zeit passend, die geprägt ist durch eine nicht nur ökonomische Wettbewerbsorientierung (Stichwort etwa »PISA Sieger«), sondern auch durch eine fast merkwürdig anmutende Kombination aus Primat der Ökonomie bei gleichzeitiger deutlich ausgeweiteter politischer Steuerungsvorstellung. Diese Aspekte werden uns im letzten Kapitel des Buches noch beschäftigen (▶ Kap. 5).

Der Erziehungswissenschaftler Wolfgang Klafki (1927–2016) plädiert bei aller auch berechtigten Kritik am Bildungsbegriff für dessen Beibehaltung und dies auch, weil ohne einen solchen integrierenden Begriff seines Erachtens die Gefahr bestünde, dass »die pädagogischen Bemühungen um die nachwachsende Generation [...] in ein unverbundenes Nebeneinander oder gar Gegeneinander von zahllosen Einzelaktivitäten« (Klafki, 2007, S. 44) auseinanderfallen könnte. Bildung stellt für ihn eine übergreifende pädagogische Zielkategorie dar, die eine solche Integration leisten kann.

Gleichzeitig kommt man am Kompetenzbegriff spätestens seit den Bologna-Reformen nicht mehr vorbei, stellt dieser doch ein Kernelement der funktionalistischen Neuausrichtung des Bildungssystems dar. Entsprechend lässt sich der Kompetenzbegriff und vor allem die zunehmende Bedeutsamkeit dieses Begriffs aus einer soziologischen Perspektive auch im Kontext anderer gesellschaftlicher Wandlungsprozesse verstehen. So argumentiert etwa Traue (2010) in einer soziologischen Annäherung an den Kompetenzbegriff, dass dessen verstärktes Aufkommen auch im Kontext einer Gesellschaft zu lesen ist, die parallel hierzu sozialpolitisch auf die Aktivierung des Individuums zu setzen begann (siehe hierzu etwa die sogenannte Agenda 2010, ein maßgeblich von der SPD initiiertes Reformprogramm des Sozialsystems sowie der Arbeitsmärkte in Deutschland) und in der ein Konzept wie »employability« an Bedeutung gewann (Bröckling, 2007). Dieser Subjektivierungsaspekt, dass Gesellschaften Individuen in – ihnen genehme – Subjekte transformieren (vgl. zum Begriff der Subjektivierung Reckwitz, 2022), ist dem Kompetenzkonzept inhärent, zumindest in der Form, wie Kompetenzen aktuell im Bildungsbereich diskutiert werden.

Aber die Bildungssoziologie ermöglicht eine Perspektive auf das Begriffspaar Bildung und Kompetenz, die sich nicht mit dem Ist-Zustand abfindet, sondern die auch die vorhandenen ›Mitbringsel‹ des Kompetenzkonzepts in den Blick nimmt. Hierzu gehört etwa der deutlichere Fokus auf das Individuum, der mit dem Kompetenzbegriff und insbesondere mit dem Verständnis von Kompetenz als Leistungsdisposition eben auch verknüpft ist.

Es wurde aber auch deutlich, dass der Kompetenzbegriff, wenn man etwa auf das Verständnis von Kompetenz als eine Form von Handlungskompetenz blickt (siehe die oben vorgestellte Liste von Weinert), auch sehr breit angelegt sein kann. Da ist es dann nicht mehr sehr weit bis zu der von Jürgen Habermas bereits 1971 diskutierten *kommunikativen Kompetenz* (Habermas, 1971), die er als Schlüsselkompetenz des Menschen verstand.

Der Kompetenzbegriff transportiert zudem – und dies sicherlich deutlicher als der stärker qualitativ angelegte Bildungsbegriff – eine graduelle Vorstellung. Das ist nicht unbedingt immer im Begriffsverständnis angelegt; in der Operationalisierung – gerade wenn es sich um Kompetenzen als Leistungsdispositionen handelt – findet sich diese Vorstellung dann jedoch häufig wieder.[18] Vor allem, wenn man Kompetenzentwicklungen, also die Veränderung der individuellen Kompetenz im Zeitverlauf, in den Blick nimmt.

Somit bleibt festzuhalten: Der Bildungsbegriff ist trotz aller Kritik an ihm nach wie vor ein wichtiger Begriff, der insbesondere im Bereich bildungssoziologischer Perspektiven nach wie vor zentral ist, zumal er die überindividuelle und damit eben auch die institutionelle bzw. strukturelle Ebene stärker als der Kompetenzbegriff ins Blickfeld rückt.

18 In der pädagogisch-psychologischen Diskussion findet sich zwar der Unterschied zwischen Strukturmodellen auf der einen und Niveaumodellen auf der anderen Seite (Artelt & Schneider, 2011); in der breiteren Öffentlichkeit und in der Bildungspolitik werden jedoch vor allem Unterschiede und Entwicklungen in den Kompetenzniveaus diskutiert.

3 Bildung zwischen Individuum und Gesellschaft

Im zweiten Kapitel, in dem vor allem die begrifflichen Grundlagen im Zentrum standen, wurde deutlich, dass es tatsächlich nicht den einen Begriff von Bildung gibt, auf den sich jede*r einigen könnte. Vielmehr zeigt sich im verwendeten Begriffsverständnis – ob dieses jetzt explizit benannt wird oder nicht – nicht nur die jeweilige Bildungsvorstellung; diese ist darüber hinaus auch Ausdruck des Verständnisses wie Gesellschaft funktioniert und welche Bedeutung Bildung hierbei zukommt.

Bildung als ein Bestandteil von Sozialisationsprozessen findet zwar letzten Endes überall statt bzw. kann zumindest prinzipiell überall stattfinden. Die Bildungssoziologie fokussiert jedoch insbesondere die institutionalisierten Formen von Bildung, wie etwa die Schule, die Ausbildung, die Hochschule, aber auch die Familie als frühester Lernort und die frühkindlichen Einrichtungen, die sich mittlerweile viel expliziter ebenfalls als Bildungsinstitutionen verstehen.

Dieses Geflecht aus Bildungsinstitutionen nennen wir dann meist das Bildungssystem oder auch das *Bildungswesen* (so etwa der Titel eines neueren interdisziplinär angelegten Übersichtswerks; Köller, et al. 2019) und diesem gilt insbesondere der bildungssoziologische Blick. Hier trifft das Individuum mit Gesellschaft zusammen (was für die Familie ebenfalls bereits gilt) und hier findet ein wichtiger Teil individueller Persönlichkeitsentwicklung, aber vor allem auch die Vergesellschaftung des*der Einzelnen statt. Diese Aufgaben des Bildungssystems sind keineswegs neu; vielmehr findet sich dies bereits in den Anfängen des deutschen Schulwesens, wie man etwa bei dem Historiker Hans-Ulrich Wehler (2006) nachlesen kann. So führt Wehler aus, dass bereits im 18. Jahrhundert das Bildungssystem mindestens die folgenden fünf Aufgaben erfüllte bzw. erfüllen sollte:

1. Das Bildungssystem sollte die vorhandenen sozialen Differenzierungen der Gesellschaft erhalten, also stabilisieren, diese darüber hinaus verstärken.
2. Das Bildungssystem sollte berufliche Qualifikationen vermitteln.
3. Das Bildungssystem diente als Ort politischer Sozialisation, insbesondere im Sinne der Erzeugung anstelliger Untertanen.
4. Im und durch das Bildungssystem wurde das kulturelle Erbe der Gesellschaft an die nachwachsende Generation weitergegeben.
5. Im Bildungssystem wurde zudem selbst Wissen generiert (etwa an den Universitäten bzw. Hochschulen).

Während die Aufgaben zwei bis fünf auch heute noch auf Zustimmung treffen dürften, irritiert die erste Aufgabe doch etwas und man käme vielleicht zu dem

Schluss, dass diese Aufgabe heute ja wohl obsolet ist. Aber ganz so einfach sollte man es sich nicht machen, zumal die Aufgaben eins und zwei in direktem Zusammenspiel gedacht werden können. Denn wenn man über soziale Differenzierung einer Gesellschaft im Zusammenhang mit Bildung spricht, so spricht man beispielsweise über unterschiedliche Berufe und die je spezifischen qualifikatorischen Anforderungen an die Ausübung dieser Berufe. Fasst man jetzt die Aufzählung von Wehler zusammen, so lassen sich hierin die beiden im zweiten Kapitel bereits angeführten Funktionen von Bildung wiederfinden: Persönlichkeitsentwicklung (etwa auch im Sinne einer politischen Sozialisation, die heute vielleicht nicht mehr nur auf die Erzeugung anstelliger Untertanen abzielt) und Qualifikations- bzw. Status-/Positionserwerb.

Während die klassisch aufklärerische Tradition vor allem auf das erste Ziel orientierte, dass über Bildung der Mensch erst seine Potenziale als Vernunftwesen auszubilden vermag[19], fokussiert die Bildungssoziologie vor allem auf das, was sich hinter der zweiten Aufgabe – dem Status- und Positionserwerb in einer differenzierten Gesellschaft – verbirgt. Das schulische Bildungswesen hat sich seit dem 18. Jahrhundert jedoch verändert, auch wenn einige der Aufgaben des damaligen Schulsystems auch heute noch Gültigkeit beanspruchen können.

Im nächsten Schritt soll entlang eines sehr kurz gehaltenen, historischen Zugangs zur Entwicklung des Schul- und Bildungswesen einerseits gezeigt werden, dass das Institutionengeflecht des Bildungswesen über ein ausgeprägtes Beharrungsvermögen verfügt, dass Dinge also bleiben, wie sie sind, andererseits sich aber auch neue Themen oder zumindest neue Perspektiven auf Themen herauskristallisieren. Gleichzeitig wird hierbei auch ein erster Blick auf die Struktur des deutschen Bildungssystems geworfen, was es ermöglichen soll, in aller gebotenen Kürze einen ersten Eindruck von den Spezifika dieses Bildungssystems zu erhalten.

3.1 Stabilität und Veränderung des Bildungssystems

3.1.1 Kurze Geschichte des deutschen Schul- und Bildungswesens

Nicht ohne Grund wird für die Weiterentwicklung der Schule immer wieder auf Wilhelm von Humboldt (1767–1835) rekurriert, der zusammen mit Johann Wilhelm Süvern (1775–1829) Anfang des 19. Jahrhunderts für Preußen ein einheitliches Schulsystem konzipierte, das vor allem mit dem bis dato vorherrschenden Prinzip einer Statusvererbung brechen und die Vielfalt an dörflichen und städtischen Schulen in Richtung einer einheitlichen Nationalschule harmonisieren sollte (Herrlitz, Hopf, Titze & Cloer, 2005). Doch Humboldt scheiterte mit diesem am-

19 Aus dieser Tradition entstammt dann auch die literarische Gattung des sogenannten Bildungsromans, die einen ihrer Höhepunkte in Goethes »Wilhelm Meisters Lehrjahre« fand.

bitionierten Projekt am Widerstand konservativer Kreise, so dass sich am Ende ein Schulsystem herauskristallisierte, das von der ersten Klasse an neben einer allgemeinen *Volksschule* das *Gymnasium* als eine exklusivere Schulform beinhaltete. Dahinter stand die damals von einflussreichen Akteuren vertretene Vorstellung, dass es natürliche (naturgegebene) Ungleichheiten zwischen Menschen gäbe und dass dies der von Humboldt propagierten Idee einer *allgemeinen Menschenbildung* entgegenstünde. Das Gymnasium stellte diejenige Schulform dar, auf der die zukünftige Elite (aus-)gebildet wurde, die dann die entsprechenden Positionen in Staat, Wirtschaft und Militär einnahm. Diese Zweiteilung schulischer Bildung in eine (häufig konfessionell geprägte) Volksschule und ein wissenschaftlich und neuhumanistisch ausgerichtetes Gymnasium hatte bis Ende des 19. Jahrhunderts Bestand, bevor mit den sogenannten Realgymnasien eine dritte Schulform offizielle Anerkennung erfuhr.

In der Weimarer Republik erfolgte dann die Etablierung einer für alle gemeinsamen Grundschule im »Gesetz, betreffend die Grundschulen und Aufhebung der Vorschulen« vom 28. April 1920. Im Zusammenspiel mit den Ausführungen zur Schule in der Weimarer Reichsverfassung vom 11. August 1919 etablierte sich ein Schulsystem, das in seiner Dreigliedrigkeit, zumindest in der Bundesrepublik, bis in die jüngste Zeit hinein stabil war.

Im Jahr 1959 legte der Deutsche Ausschuss für das Erziehungs- und Bildungswesen[20] einen »Rahmenplan zur Umgestaltung und Vereinheitlichung des allgemeinbildenden Schulwesens« vor, in dem u. a. auch für die Beibehaltung des dreigliedrigen Schulsystems plädiert wurde. In Reaktion auf diesen Rahmenplan formulierte der Soziologe Helmut Schelsky (1912–1984) eine vehemente Kritik an der, seiner Einschätzung nach, fehlenden sozialstrukturellen Grundlage für diese Entscheidung. Schelskys Kritik am Rahmenplan rückte vor allem die Selektionsbzw. Zuteilungsfunktion von Schule wieder stärker ins Blickfeld der Diskussionen (Mangold, 1978).

> »Keine Arbeit- und Berufsanalyse wird bestätigen können, daß die *allgemeinbildenden Grundlagen*, die heute der qualifizierte Facharbeiter oder Spezialarbeiter auf der einen Seite, die untere Schicht der Verwaltungs- und Büroberufe oder der kleinbetrieblich selbständige Handwerker auf der anderen Seite braucht so unterschieden sind, daß sie verschiedene allgemeinbildende Schulgattungen erfordern und nicht besser im speziellen Berufs- und Fachschulwesen zu berücksichtigen sind« (Schelsky, 1961, S. 15).

Schelsky machte deutlich, dass die Schule auch und gerade die Aufgabe hat, den sozialen Aufstiegswillen in den Familien zu fördern. Der damit adressierte Zusammenhang von familiärer Herkunft, Schulbesuch, sozialer Mobilität und sozialer Ungleichheit fiel in dieser Zeit durchaus auf fruchtbaren Boden, da die 1960er Jahre bildungspolitisch auch und gerade durch Diskussionen über eine drohende *Bildungskatastrophe* (so auch der Titel einer Streitschrift des Pädagogen Georg Picht, 1964) auf der einen und das von Ralf Dahrendorf (1965) formulierte Plädoyer eines *Bürgerrechts auf Bildung* auf der anderen Seite gekennzeichnet waren. Jene Diskussionen sind auch nicht nur historisch interessant; vielmehr zeigen sich auch in

20 Dieser Ausschuss löste sich 1965 auf und wurde durch den Deutschen Bildungsrat abgelöst, der wiederum 1975 aufgelöst wurde.

aktuellen Debatten – etwa über Fachkräftemangel oder auch über die Leistungsabhängigkeit von Bildungserfolgen – teils ähnliche Argumentationslinien oder auch explizite Anschlüsse an die damaligen Diskussionen.

Die 1960er Jahre waren jedoch auch in einer anderen bildungsbezogenen Hinsicht wichtig und bis heute bedeutsam. So führte die bereits im Kontext der PISA-Studien vorgestellte und Anfang der 1960er Jahre als Nachfolgerin der Organisation für europäische wirtschaftliche Zusammenarbeit (OEEC) gegründete Organisation für wirtschaftliche Zusammenarbeit und Entwicklung (OECD) 1961 in Washington eine internationale Konferenz mit dem Titel »Education and Economic Growth« durch, an der auch Vertreter*innen der bundesrepublikanischen Bildungspolitik teilnahmen und deren Ergebnisse in die Debatten der KMK – damals noch unter dem Titel »Ständige Konferenz der Kultusminister der Länder der Bundesrepublik Deutschland« – Eingang fanden. Hier zeigt sich, zumindest in dieser Explizitheit und diesem Ausmaß, erstmalig der bis heute zentrale Fokus auf das Zusammenspiel von Bildung und Wirtschaft (Mutius, 1962). Darüber hinaus wird hier erstmals auch eine bestimmte Beurteilungsperspektive von Bildungssystemen implementiert und praktiziert, die die Qualität von Bildungssystemen am Output (für die Wirtschaft) bemisst und die Bildungssysteme entlang dieser Kriterien international miteinander vergleicht. Alle drei Aspekte – Bildungssysteme und Ungleichheit, Bildungssysteme und Ökonomie sowie Bildungssysteme in international vergleichender Perspektive – spielen bis heute eine zentrale Rolle sowohl bildungspolitisch wie auch bildungssoziologisch.

Ohne die weitere Entwicklung zu sehr zu vereinfachen, lässt sich für die folgenden Jahrzehnte jedoch durchaus kurz und knapp konstatieren, dass sich ein langsamer Trend hin zu einer zunehmenden Zweigliedrigkeit des Sekundarschulbereichs zeigt, der insbesondere nach der Wiedervereinigung der beiden getrennten deutschen Staaten 1990 durch die Art der Organisation von Bildung in der DDR und eine entsprechende Kontinuität sich in den Neuen Bundesländern zu einem frühen Zeitpunkt zeigte. Helbig und Nikolai können in ihrer umfassenden Studie zur Entwicklung der Schulsysteme in den deutschen Bundesländern seit 1949 drei Faktoren identifizieren, die in den 2000er Jahren entsprechende Reformprozesse begründen:

1. demografische Faktoren
2. Veränderungen im Schulwahlverhalten
3. die Debatte um Chancengleichheit (Helbig & Nikolai, 2015, S. 301).

Weitet man den Blick über die (allgemeinbildende) Schule hinaus, so sind vor allem drei weitere Entwicklungen interessant. *Erstens* etablierte sich bereits sehr früh, quasi neben dem sogenannten Regelschulsystem (was heutzutage Haupt- und Realschulen sowie Gymnasien und Schulformen mit mehreren Bildungsgängen wie etwa Gesamtschulen beinhaltet), ein *sonder- bzw. heilpädagogisches Fördersystem*, in das all diejenigen gesteuert wurden, die als nicht fähig zum Besuch einer Volksschule betrachtet wurden. Auch und gerade im Zuge der Verabschiedung der Behindertenrechtskonvention (UN-BRK) durch die Vereinten Nationen im Jahr 2006 (siehe hierzu den entsprechenden Exkurs im vierten Kapitel, ▶ Kap. 4.4.1) bekam das

Thema Inklusion im Bildungssystem eine zunehmende Wichtigkeit und stellt mittlerweile eines der zentralen Querschnittthemen dar. Eine Ausweitung und Stärkung inklusiver Beschulungsformate bildet hierbei ein zentraler Aspekt. Ohne hier im Detail auf die einzelnen Etappen der Entwicklung dieser Schulformen sowie der zugehörigen Pädagogik einzugehen (hierzu ausführlich Ellger-Rüttgardt, 2019), zeigt sich die heutige Situation mit Blick auf die Inklusionsanforderungen empirisch als eine Gleichzeitigkeit von exklusiven/exkludierenden Förderschulen und inklusiven Beschulungsformen im Regelschulsystem.

Zweitens stellt die Herausbildung eines Berufsbildungssystems eine für bildungssoziologische Zugänge wichtige Entwicklung dar, was – je nach Lesart – sowohl die heutige berufliche Ausbildung wie auch die hochschulische Bildung bzw. Ausbildung beinhaltet. Die sogenannte *duale Ausbildung*, die für Deutschland kennzeichnend ist, hat sich – aufbauend auf einer bereits sehr frühen Trennung von Lehrausbildung einerseits und dem universitären Studium andererseits – nach und nach in der heute gängigen Form herauskristallisiert (Pahl, 2012). Die tatsächliche und letzten Endes dann auch kodifizierte Fassung des heutigen Berufsbildungssystems begann Ende des 19., Anfang des 20. Jahrhunderts und fand nach und nach statt. Seit 1923 (erstmalig in Preußen) wurde von Berufsschulen gesprochen und im Jahr 1969 trat das vom Bundestag verabschiedete Berufsbildungsgesetz in Kraft, das die weitere strukturelle Entwicklung prägte. Die der dualen Ausbildung zugrundeliegende Idee einer Gleichzeitigkeit von schulischer und betrieblicher Bildung findet sich in jüngerer Zeit zunehmend auch im Bereich der akademischen Ausbildung bzw. Bildung. Das duale Studium wurde erstmals 1974 in Baden-Württemberg ›ausprobiert‹ und lässt sich mittlerweile als eine fest etablierte Studienform begreifen. Inwiefern man das duale Studium als eingebettet in eine größere, unter dem Begriff der *Akademisierung*[21] gefasste Entwicklung verstehen kann, lässt sich aktuell noch nicht abschließend klären. Was sich jedoch empirisch durchaus zeigt, ist – einhergehend mit einem zunehmenden Anteil von Schulabgänger*innen mit Hochschulzugangsberechtigung – eine deutlich gewachsene Attraktivität des Studiums im Vergleich zur dualen Ausbildung.

Drittens findet im Bereich der frühkindlichen Bildung, vor allem in den letzten beiden Jahrzehnten an Geschwindigkeit zunehmend, eine ebenfalls relevante Entwicklung statt. Während dieser Altersbereich (also die Zeit vor der Einschulung) über lange Zeit zumindest bildungspolitisch vernachlässigt wurde und die hier angesiedelten Einrichtungen eher unter dem Verdikt einer Aufbewahrung von Kindern fungierten (*Bewahranstalten*), fand mit dem Konzept des Kindergartens, formuliert durch den pädagogischen Reformer Friedrich Fröbel (1782–1852) bereits sehr früh der Bildungsgedanke Eingang in diesen Altersbereich. Die Entwicklung hin zu einer auch auf Bildung orientierten Einrichtung begann also einerseits sehr

21 Mit dem Begriff der Akademisierung wird häufig sowohl die Entwicklung beschrieben, dass ein immer größerer Anteil von Schulabsolvent*innen in Richtung der Aufnahme eines Studiums drängt, als auch die Entwicklung einer zunehmenden Nachfrage aus Betrieben und Unternehmen an akademisch qualifiziertem Personal. Ganz grundlegend ist damit aber vor allem eine zunehmende Verwissenschaftlichung von Lehr- und Lerninhalten gemeint.

früh, es dauerte jedoch andererseits sehr lange, bis sich dies bis in die Bildungspolitik hinein auch entsprechend zu verankern begann. Der Kindergarten war jedoch nicht als Vorschule gedacht, sondern operierte unter eigenständigen pädagogischen Konzeptionen (Braches-Chyrek, 2021). Bis heute hat sich der Bildungsgedanke für Einrichtungen in diesem Altersbereich nochmal deutlich verstärkt. Dies muss man auch im Zusammenhang mit der bereits von Schelsky in Bezug auf schulische Bildung formulierten Diagnose der Relevanz von Familien für den Bildungsverlauf und -erfolg von Kindern lesen. Immer stärker zeigt sich, dass Familien in Abhängigkeit von ihrer sozialen Lage enorm wirkungsreich für die (frühe) Bildungsentwicklung von Kindern sind, und entsprechend deutlich produzieren Familien hier Unterschiede. Der in den letzten Jahren erfolgte massive Ausbau im Bereich frühkindlicher Bildungseinrichtungen reagiert damit auch auf bildungssoziologische Befunde zu ungleichen Bildungschancen von Anfang an (Rabe-Kleberg, 2010).

Zusammenfassend zeichnet sich die Geschichte des Schul- und Bildungswesens[22] in Deutschland durch durchaus vorhandene Beharrungskräfte aus, was zu teils erstaunlichen strukturellen Kontinuitäten führt (man denke nur an die Gliedrigkeit des Sekundarschulbereichs). Andererseits beginnen in den 1960er Jahren Entwicklungen, die letztlich bis heute anhalten, und die in dieser Zeit vorgenommenen Weichenstellungen in Richtung *internationaler Vergleich*, *Zusammenhang von Bildung und Ökonomie* sowie *Etablierung von Bildungsplanung und entsprechendem Bildungsmonitoring* bei gleichzeitig *massiven Bildungsexpansionsbestrebungen* kennzeichnen bis heute die bildungspolitischen Diskussionen. Das in diesem Zusammenhang bereits sehr früh diskutierte Thema der »Chancengleichheit« und die Diskussionen über den Zusammenhang von Chancen auf der einen und formaler Ausgestaltung des Bildungssystems auf der anderen Seite haben bis heute nichts von ihrer Brisanz verloren.

3.1.2 Das deutsche Bildungssystem

Bevor in den nachfolgenden Abschnitten auf die theoretischen Beschreibungs- und Erklärungsmodelle der Bildungssoziologie eingegangen wird, wird in diesem Abschnitt das aktuelle deutsche Bildungssystem vorgestellt.

Gleich zu Beginn dieser Darstellung müsste man den Titel dieses Abschnittes aber auch sofort wieder zurücknehmen, da es *das deutsche Bildungssystem* eigentlich gar nicht gibt, sondern eine Vielzahl an Bildungssystemen innerhalb des Landes, da die Bildungshoheit, also die Zuständigkeit für Bildungsfragen, bei den Bundesländern liegt. Entsprechend vielgestaltig zeigt sich auch das Bildungssystem zwischen den

22 Für eine ausführlichere Darstellung des deutschen Schul- und Bildungssystems kann auf die bereits angeführte Studie von Hans-Ulrich Wehler (2006) zur »Deutschen Gesellschaftsgeschichte« verwiesen werden. Für Wehler stellt dieser Bereich einen unter vielen anderen dar. Mit stärkerem Fokus auf das Bildungswesen blickt der bekannte Pädagoge und Erziehungswissenschaftler Helmut Fend in seiner »Geschichte des Bildungswesens« auf das, was er als europäischen Sonderweg bezeichnet (Fend, 2006).

einzelnen Bundesländern. Nichtsdestotrotz lassen sich aber auch Gemeinsamkeiten der Bildungssysteme der Bundesländer identifizieren und in Anlehnung an eine Darstellung der Kultusminister Konferenz (KMK) auch visualisieren (▶ Abb. 2).[23]

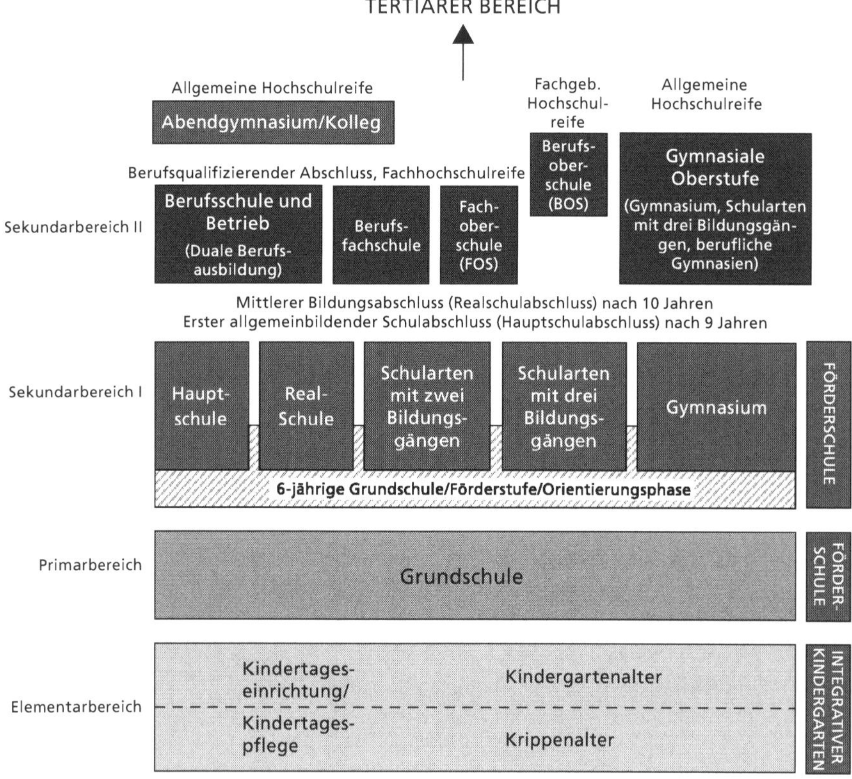

Abb. 2: Grundstruktur des Bildungswesens in der Bundesrepublik Deutschland (Elementar-, Primar- und Sekundarbereich) (eigene Darstellung)

Auch wenn Abbildung 2 einiges verkürzt darstellt (zudem ist an dieser Stelle der gesamte tertiäre Bereich, also etwa die universitären bzw. hochschulischen Bildungsgänge sowie der gesamte Bereich der Fort- und Weiterbildung ausgeblendet), lassen sich einige wichtige Merkmale des deutschen Bildungssystems hieran ablesen.

Betrachtet man in einem ersten Durchlauf die einzelnen Bereiche etwas genauer, so werden hier bereits einige der aktuellen wie auch zukünftigen Herausforderun-

23 Dieses oder ähnliche Darstellungen des Bildungssystems finden sich in unterschiedlichen Publikationen, so z. B. auch im sogenannten »Nationalen Bildungsbericht«, eine alle zwei Jahren veröffentlichte Darstellung von Grundinformationen zu Bildung in Deutschland. Der Bericht integriert auch die Information zu den Lernorten, also die Unterscheidung zwischen formalen, non-formalen und informellen Lernorten (Autorengruppe Bildungsberichterstattung, 2022, S. XIV). Eine sehr interessante und mit interaktiven Bedienungsmöglichkeiten ausgestattete Variante findet sich auf den Seiten der Bundeszentrale für politische Bildung (https://www.bpb.de/fsd/bildungsgrafik2/).

gen sichtbar. Ein nicht ganz unwichtiges Unterscheidungsmerkmal zwischen dem mittleren Bereich (der Primar- und Sekundarbildung bis zu Klasse 9) und dem, was davor (Elementarbereich) und danach (ab Klasse 9) angesiedelt ist, stellt die *Schulpflicht* dar, die sich im Verlauf der letzten beiden Jahrhunderte nach und nach in allen deutschen Ländern durchgesetzt hat und die Kinder zum Schulbesuch verpflichtet. Etwas ähnliches findet sich im vorschulischen Bereich nicht.[24] Mit der Schulpflicht, die der Staat gegenüber Eltern geltend macht, geht er aber auch – das Bundesverfassungsgericht hat erst jüngst in einem Urteil darauf hingewiesen (BVerfG, Beschluss des Ersten Senats vom 19. November 2021–1 BvR 971/21, Rn. 1–222, http://www.bverfg.de/e/rs20211119_1bvr097121.html) – selbst eine Verpflichtung zur Beschulung ein, d. h., der Staat verpflichtet sich gegenüber Eltern bzw. letzten Endes gegenüber den Kindern, dass er diesen eine adäquate Beschulung angedeihen lässt. Im elementaren Bildungsbereich findet zwar ebenfalls Bildung statt; dies jedoch in Abhängigkeit etwa von der Entscheidung von Eltern, ihr Kind in einer entsprechenden (Bildungs-)Einrichtung anzumelden oder eben nicht. Die Schulpflicht erzeugt, zumindest was den Schulbesuch anbelangt, eine gewisse formale Gleichheit.

Kurz und knapp zusammengefasst ist das deutsche Bildungssystem durch folgende Aspekte gekennzeichnet:

1. eine *institutionelle/organisationelle Vielfalt*, die sich in etwa in der Vielzahl an Schulformen im Sekundarbereich zeigt
2. eine auch dadurch erzeugte *Vielzahl an Übergängen* im Bildungssystem, also Nahtstellen, an denen die Bildungsteilnehmer*innen oder deren Eltern teilweise auch Entscheidungen treffen müssen
3. eine Mischung aus *Freiwilligkeit* und *Verpflichtung*, wobei sich Letzteres insbesondere an der Schulpflicht zeigt.

3.2 Bildung als Struktur und als Prozess

Die Bildungssoziologie greift für ihre Beschreibungen und Erklärungen dessen, was im Bildungsbereich passiert, auf unterschiedliche theoretische Modelle zurück. Diese lassen sich in einem ersten Schritt entlang der Unterscheidung von *Struktur* (bzw. Institution) auf der einen und *Individuen* auf der anderen Seite beschreiben. Bildung tritt den*die Einzelne*n sowohl als Institution (als Bildungssystem) und als Prozess (als Bildungsgeschehen) entgegen. Individuen erwerben Bildung in Bildungsinstitutionen (bzw. auch in non-formalen oder gar informellen Bildungsset-

24 Auch wenn eine solche Kindergartenpflicht im politischen Bereich immer mal wieder aufgegriffen und diskutiert wird.

tings, wenn man es etwas allgemeiner halten möchte), und die Art und Weise, wie Bildungsinstitutionen *funktionieren*, erzeugt sowohl auf individueller wie auf gesellschaftlicher Ebene Effekte. Beides ist bildungssoziologisch interessant.

Beide Ebenen – die individuelle wie die gesellschaftlich-strukturelle – unterscheiden sich jedoch nicht nur hinsichtlich des jeweiligen zentralen Analysefokus, sondern in beiden ist das jeweils andere (das Individuum in der gesellschaftlichen Perspektive und die Gesellschaft aus der individuellen Perspektive) in je spezifischer Form empirisch präsent. So sind Individuen zwar aus gesellschaftlicher bzw. institutioneller Perspektive wichtig und relevant (ohne Schüler*innen gibt es letztlich auch keine Schule); welche konkreten Individuen es jedoch sind, die sich an bestimmten Orten im Bildungssystem oder auch in der Gesellschaft insgesamt aufhalten, ist zweitrangig. Aus individueller Perspektive heraus stellen Bildungsinstitutionen hingegen einen Ermöglichungs-, aber auch Begrenzungsraum dar, der dem*der Einzelnen in Form etwa von Zugangsbarrieren (beispielsweise die Voraussetzungen für Schulübertritte) entgegentritt. Individuen erleben also Bildung prozesshaft oder anders formuliert: Individuen *durchlaufen* Bildungsinstitutionen. Bildungsinstitutionen ›erleben‹ Individuen hingegen als temporäre Mitglieder, die kommen und gehen.

Die das Bildungsthema aktuell dominierende Debatte um *Chancengleichheit* ist *erstens* sicherlich nur zu einem Teil durch die oben bereits angeführte, zunehmende Fixierung auf wirtschaftliche Verwertbarkeit (etwa von Bildungsabschlüssen) zu erklären. Einen *zweiten* wichtigen Faktor stellt die zunehmende Dominanz des Individuums (in seinem bzw. ihrem individuellen Lebensverlauf) nicht nur in den gesellschaftlichen Debatten, sondern eben auch in den theoretischen und damit auch bildungssoziologischen Überlegungen dar. Das, was Soziolog*innen wie beispielsweise Ulrich Beck in den 1980er Jahren unter dem Stichwort *Individualisierung* analysierten und zur Diskussion stellten, zeigt sich als ein bereits seit Langem stattfindender Transformationsprozess von Gesellschaften, der den*die Einzelne*n in neuer Zentralität sowohl auf der Handlungs-, aber auch auf der Verantwortungsebene platziert. Etwas verkürzt könnte man sagen, dass die Einzelnen eben auch politisch wichtiger werden, weil das Individuum die zentrale Maßeinheit von (demokratischen) Gesellschaften wird. Zwar operiert die Bildungssoziologie letzten Endes *oberhalb* des Individuums; gleichzeitig lassen sich gesellschaftliche Zusammenhänge jedoch nicht unter Ausblendung des individuellen Handelns erklären. Darüber hinaus stellt *drittens* fehlende Chancengleichheit (oder zumindest die Wahrnehmung einer solchen) in einer demokratischen und individualisierten Gesellschaft ein deutliches Legitimationsproblem für Bildungsinstitutionen dar.

3.3 Soziologische Erklärungsperspektiven auf Bildung

Anknüpfend an die oben skizzierten zwei Hauptperspektiven einer bildungssoziologischen Analyse, die sich innerhalb des Spannungsverhältnisses von Individuum und Gesellschaft ansiedeln lassen, werden in diesem Abschnitt die zentralen theoretischen Beschreibungs- und Erklärungsmodelle der Bildungssoziologie vorgestellt, die dann in den folgenden Kapiteln Anwendung finden, um Entwicklungen im Bildungssystem zu analysieren und letztlich zu beurteilen.

In einer ersten, ganz groben Sortierung kann man zwischen zwei Arten von Theorien unterscheiden. Zum *ersten* solche, die vor allem darauf abzielen, die Struktur und Funktionsweise des Bildungssystems im Kontext anderer gesellschaftlichen (Teil-)Systeme in den Blick zu nehmen. Das wäre eine makrosoziologische Perspektive, also eine, die auf der Gesellschaftsebene angesiedelt ist. Eine solche Perspektive beinhaltet Fragen etwa nach den Funktionen von Bildung in (modernen) Gesellschaften oder auch nach den Einflüssen, die andere gesellschaftliche Bereiche (etwa das Wirtschaftssystem) auf den Bildungsbereich haben bzw. umgekehrt. Zum *zweiten* Theorien, die Erklärungen stärker vom Individuum her konzipieren und die das, was empirisch sichtbar wird, als ein Wechselspiel von strukturellen Bedingungen und der *Bewegung* von Individuen durch das Bildungssystem analysieren.

3.3.1 Die Funktionen von Bildung in und für Gesellschaft (Funktionalismus)

Stellt man die Frage, welche Funktionen Bildung in modernen Gesellschaften hat, so nimmt man bereits sprachlich eine sowohl funktionale wie auch auf die gesellschaftliche Ebene fokussierende Perspektive ein und untersucht – anhand dessen, was sich empirisch zeigt – welche Funktionen, also welche gesellschaftlichen Aufgaben der Bildung bzw. dem Bildungssystem eigen sind. Als ein erster Ausgangspunkt dient hierbei die von Helmut Fend formulierte Liste an Funktionen des Bildungssystems. Fend benennt vier Funktionen, die das Bildungssystem gesamtgesellschaftlich erfüllt (Fend, 2008, S. 46 f.):

1. die kulturelle Reproduktionsfunktion
2. die Qualifikationsfunktion
3. die Allokations- bzw. Selektionsfunktion
4. die Integrations- und Legitimationsfunktion.

Die *kulturelle Reproduktionsfunktion* »bezieht sich auf die Reproduktion grundlegender kultureller Fertigkeiten und kultureller Verständnisformen der Welt und der Person«, wie Fend ausführt (Fend, 2008, S. 46). Hierbei geht es um das, was als

Enkulturation bezeichnet wird und wozu beispielsweise auch die Vermittlung zentraler Kulturtechniken wie etwa Sprache oder auch Lesefähigkeiten gehören.

Die *Qualifikationsfunktion*, die bei Aspekten wie etwa dem aktuell viel diskutierten Fachkräftemangel meist im Zentrum der Debatten steht, bezieht sich auf die in Bildungseinrichtungen praktizierte Vermittlung von Fähigkeiten und Fertigkeiten, die wiederum relevant beispielsweise für das Wirtschaftssystem sind.

Die *Allokationsfunktion* (häufig auch als *Selektionsfunktion* bezeichnet) von Bildungssystemen beschreibt das Zusammenspiel von Bildungseinrichtungen und dem, was dort passiert, und der Sozialstruktur der Gesellschaft. Das Geflecht sozialer Positionen von Gesellschaften ist einerseits durch Arbeitsteilung gekennzeichnet (beispielsweise Unterschieden in den Tätigkeiten, die Menschen ausüben bzw. ausüben sollen) und andererseits durch die hierarchische Anordnung solcher Positionen in der Gesellschaft (die sich beispielsweise auch in unterschiedlichen Entlohnungen ausdrücken kann). Bildungssysteme haben – so das diesbezügliche Argument – eben auch die Aufgabe, Menschen auf diese unterschiedlichen Positionen in adäquater Weise vorzubereiten bzw. sie entsprechend zu sortieren.

Auch die *Integrations- bzw. Legitimationsfunktion* von Bildung steht aktuell und voraussichtlich auch in Zukunft im Zentrum gesamtgesellschaftlicher Debatten. Über Bildung soll gesellschaftliche sowie politische Teilhabe (mit-)ermöglicht werden. Man könnte sagen, dass diese Funktion das Verhältnis des Bildungssystems und des politischen Systems definiert. In Abbildung 3 finden sich diese Funktionen in einer Anordnung, die die Nähe zur strukturfunktionalistischen Perspektive eines Talcott Parsons deutlich macht, der mit seinem bekannten AGIL-Schema[25] eine allgemeine funktionalistische Theorie von Gesellschaft entwickelte (▶ Abb. 3).

Auch wenn die gerade verwendeten Formulierungen (soll erfüllt werden etc.) eine Art von Intention suggerieren, die sich hinter diesen Funktionen verbirgt, unterstellt die hier dargestellte funktionale Perspektive auf Bildung und Bildungssysteme gerade keine derartigen Intentionen von Individuen. Diese bildungssoziologische Perspektive (auf die Funktionen von Bildung) entstammt dem sogenannten *Strukturfunktionalismus* des amerikanischen Soziologen Talcott Parsons, der ab der Mitte des 20. Jahrhunderts für die soziologische Perspektive auf Bildung und Bildungssysteme über einen längeren Zeitraum sehr prägend war. Auch wenn heutzutage kaum noch jemand rein strukturfunktionalistisch Bildungsphänomene erklären würde, spielt die mit Parsons stark gewordene funktionale Perspektive nach wie vor eine bedeutsame Rolle im Reden über Bildung.

Die funktionale Betrachtungsweise von Bildung beginnt bereits beim französischen Soziologen (und Pädagogen) Émile Durkheim – auf den sich Parsons in seiner strukturfunktionalistischen Weiterentwicklung explizit bezieht –, der im zweiten Kapitel bereits eingeführt wurde (▶ Kap. 2.1), als derjenige, der Bildung insbesondere aus gesellschaftlicher Perspektive heraus analysierte. Für Anhänger*innen einer funktionalistischen Perspektive stehen immer die gesellschaftlichen Notwendig-

25 Der Begriff AGIL ist ein Akronym aus den Anfangsbuchstaben der englischen Begriffe für die Funktionen *Adaptation* (Anpassung), *Goal Attainment* (Zielverfolgung), *Integration* (Integration) und *Latent Pattern Maintenance* (Erhaltung latenter Strukturen); siehe Münch (1988).

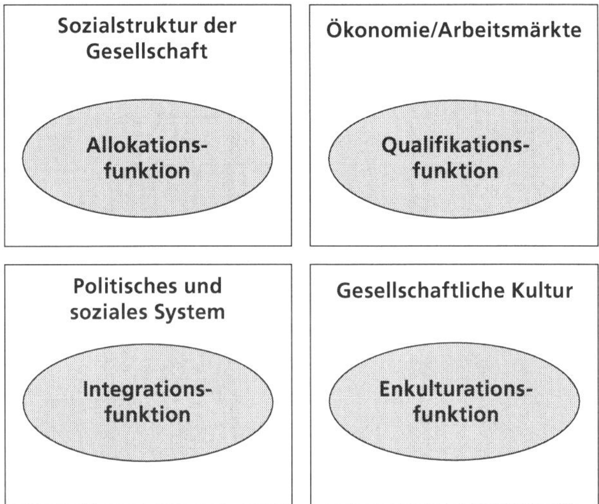

Abb. 3: Funktionsbezüge innerhalb der Gesellschaft (eigene Darstellung)

keiten im Zentrum ihrer Analysen. Die Gesellschaft benötigt beispielsweise Fachkräfte, um spezifische Aufgaben, die sich herausgebildet haben (etwa hochdifferenzierte, arbeitsteilige Produktionsprozesse), adäquat bearbeiten zu können. Bildung erfüllt hierbei die Funktion, entsprechend Arbeitskräfte zu schulen und damit auch zu verhindern, dass es etwa zu wirtschaftlichen Fehlentwicklungen kommt. An diesem Beispiel kann man zeigen, wie die benannten Funktionen von Bildung ineinandergreifen. So geht es eben nicht nur darum, irgendwelche Personen mit bestimmten Qualifikationen zu versehen (Qualifikationsfunktion), sondern z. B. auch darum, systematisch diejenigen zu bestimmen (auszuwählen), die für einen bestimmten Qualifikationserwerb die am besten geeigneten sind oder zu sein scheinen (Allokationsfunktion).

Da insbesondere die Allokationsfunktion (bzw. Selektionsfunktion) Personen, die zu Beginn ihrer Bildungskarrieren (bei Eintritt in die Grundschule) am selben Ort starten, auf soziale Positionen führt, die sich nicht nur durch Tätigkeitsunterschiede auszeichnen, sondern die zudem mit unterschiedlichen Gratifikationen (Einkommen, Einfluss, Macht) verknüpft sind, kann ein solches System in demokratischen Gesellschaften nur dann legitimiert sein, wenn *Chancengleichheit* gegeben ist. Die beiden Soziologen Kingsley Davis und Wilbert Moore (2009) sahen soziale Ungleichheit (im Sinne einer Ergebnisungleichheit, also diejenige Ungleichheit, die am Ende von Bildungswegen steht) als funktional für Gesellschaften an, »da sie sicherstelle, dass die talentiertesten Individuen die funktional wichtigsten Positionen besetzten« (Sadovnik, 2021, S. 5). Damit aber die (ungleichen) Ergebnisse von Bildungsprozessen gerecht sind, sollte Chancengleichheit in einer Gesellschaft herrschen, nicht weil es ansonsten ein moralisches Problem gäbe, sondern vor allem – aus der Perspektive von Funktionalisten – weil das Bildungssystem nicht die ihm zugeordneten Aufgaben erfüllen würde. Eine etwas ausführlichere Diskussion der in diesem Zusammenhang wichtigen Konzepte von *Chancen(un)gleichheit* und *Ergeb-*

nis(un)gleichheit, die vor allem mit dem Begriff der Meritokratie verknüpft sind, findet sich im nächsten Abschnitt zu Chancengleichheit und *Meritokratie* als Vertiefungsthema (▶ Kap. 3.3.2). Für die weiter unten zu diskutierenden empirischen Befunde zu den Einflüssen etwa der sozialen oder auch ethnischen Herkunft von Kindern, Jugendlichen und Erwachsenen auf deren Bildungswege, ist die Frage, ob und wie ausgeprägt sich hier meritokratische Zusammenhänge zeigen, nicht nur bildungssoziologisch interessant, sondern darüber hinaus auch gerechtigkeitstheoretisch.

Man merkt sofort, dass die funktionalistische Perspektive auf Bildung und Bildungssysteme letztlich immer auf die gesamtgesellschaftliche Ebene abzielt und weniger auf die Ebene des konkreten Individuums. Im Zentrum steht die Analyse der Reproduktion und damit Aufrechterhaltung dessen, was in der Soziologie die soziale Ordnung einer Gesellschaft genannt wird, und Bildung spielt aus dieser Perspektive heraus eine zentrale Rolle. Aber mitten in den Herausforderungen, mit denen Gesellschaften im 21. Jahrhundert konfrontiert sind (globale Fluchtbewegungen, Zunahme an globaler aber auch innergesellschaftlicher Ungleichheit), erscheinen diese Perspektive und vor allem die damit verbundenen Annahmen fast schon ein bisschen naiv.

Wäre es nunmehr die einzige Intention zu prüfen, inwiefern die funktionalistische Perspektive eine empirisch plausible Erklärung für das zu geben imstande ist, was wir in der Verknüpfung von Bildungssystemen und beispielsweise der Sozialstruktur sehen, könnte man sie auch relativ schnell abhacken. In gewisser Weise erhält sich die funktionalistische Perspektive jedoch ihre Attraktivität allein schon deshalb, weil in ihr das Element des Versprechens von Bildung zum Ausdruck kommt. Mit Bildung lassen sich scheinbar gesellschaftliche Probleme lösen: Teilhabe-/Integrationsprobleme, Qualifikationsprobleme, Stabilitätsprobleme. Die Lösungen, so die fast schon technokratische Vision der funktionalistischen Perspektive, scheinen zudem quasi planbar zu sein.

Hier zeigt sich eine sehr grundlegende Rationalitätsunterstellung[26], die gesellschaftliche Entwicklungen und damit auch Bildungsentwicklungen als einen Ausdruck zunehmender gesellschaftlicher Rationalisierung versteht und analysiert. Etwas verkürzt und in einer etwas zu intentionalen Sprache ausgedrückt hieße das: Gesellschaften ›lösen‹ ihre Herausforderungen bzw. Probleme nicht nur zunehmend über Bildung, sondern diese Bildung wird auch mit immer rationaleren Mitteln organisiert, so die funktionalistische Beschreibung, die aber auch mit dem normativen Subtext »und so soll es auch sein« verknüpft ist.

Wenn man sich nunmehr empirisch anschaut, was im Bildungssystem tatsächlich passiert, kann man relativ schnell feststellen, dass die Beschreibungen der funktionalistischen Bildungstheorie nur bedingt zutreffen. Nutzt man für eine solche

26 Unter Rationalität wird hierbei das verstanden, was sich etwa bei Max Weber auf der Handlungsebene als Idealtyp einer zweckrationalen Handlungsorientierung findet (Weber, 1980). Gerade Max Weber war einer derjenigen soziologischen Theoretiker, die die Entwicklung von Gesellschaften – bei Weber dann insbesondere bezogen auf die europäischen und nordamerikanischen Gesellschaften – als eine Entwicklung zunehmender innergesellschaftlicher Rationalität – sowohl auf der Ebene von Handlungsorientierungen, aber auch von gesellschaftlichen Institutionen – ansahen.

Diagnose die Funktionsbegrifflichkeiten von Fend, dann zeigen sich etwa *Fehlallokationen* oder auch *Reproduktions-* und *Integrationsproblematiken.* Neuere Beispiele für solche Fehlallokationen wären etwa die Probleme im sogenannten MINT-Bereich[27] oder auch der bereits seit Längerem diskutierte Bedarf an Lehrkräften (Autorengruppe Bildungsberichterstattung, 2022). Aus funktionalistischer Sicht stellen derartige Probleme dann eher Steuerungs- und Planungsherausforderungen dar, denen mit zusätzlicher bzw. besserer Steuerung bzw. Planung zu begegnen sei.

Mit einem Seitenblick auf die im Kapitel zur Geschichte des Schul- und Bildungswesens angeführte Entwicklung in den 1960er Jahren, die sich vor allem durch wichtige Beiträge zur Bildungsplanung bzw. -steuerung auszeichnete und die in ausgeprägtem Maße ökonomische Gesichtspunkte in den Blick rückte (▶ Kap. 3.1), zeichnet sich die Bildungspolitik der letzten Jahrzehnte wiederum durch eine deutliche Zunahme an Steuerungsanstrengungen aus (Hartong, 2014).

3.3.2 Vertiefungsthema – Chancengleichheit und Meritokratie

Der britische Ökonom Anthony Atkinson unterscheidet zwischen *Chancen*ungleichheit und *Ergebnis*ungleichheit und diese Unterscheidung lässt sich seiner Ansicht nach auf zwei unterschiedliche Ungleichheitsquellen beziehen:

> »diejenigen, die auf die ›Verhältnisse‹ zurückzuführen sind und sich der persönlichen Einflussnahme entziehen, wie etwa der familiäre Hintergrund, und diejenigen, die auf den geleisteten ›Anstrengungen‹ beruhen, für die man den Einzelnen verantwortlich machen kann« (Atkinson, 2016, S. 18).

Ergebnisungleichheiten (also etwa Unterschiede in den Einkommenspositionen oder auch hinsichtlich unterschiedlicher bzw. ungleicher Einflussmöglichkeiten) sind für Funktionalist*innen wie Davis und Moore (▶ Kap. 3.3.1) genau dann funktional, wenn sie aus (Bildungs-)Prozessen resultieren, die durch grundsätzliche Chancengleichheit gekennzeichnet sind. Die sich hierin ausdrückende Vorstellung nennt sich Meritokratie (grundlegend zur Meritokratie im Kontext sozialer Ungleichheitsanalysen siehe Solga, 2013).

Meritokratie – Definition

Meritokratie bedeutet »Herrschaft derjenigen, die sich durch Leistung und Verdienst auszeichnen«. Aus einer Beurteilungsperspektive heißt das vor allem, Gesellschaften, die sich als meritokratisch verstehen, propagieren einen Zusam-

27 MINT steht für Mathematik, Informatik, Naturwissenschaft und Technik. Sowohl die Politik wie auch die Wirtschaft haben an diesem Bereich ein besonderes Interesse, und wenn von Fachkräftemangel gesprochen wird, bezieht sich dies häufig auch auf diesen Bereich. Entsprechend hat das Bundesministerium für Bildung und Forschung (BMBF) im Jahr 2019 einen großen MINT-Aktionsplan gestartet (BMBF, 2019), mit dem in allen Bildungsbereichen die MINT-Bildung gestärkt werden soll und junge Menschen für Ausbildungen bzw. Studiengänge in diesen Themenfeldern interessiert werden sollen.

menhang zwischen Leistung und Ungleichheit: Wer mehr leistet, soll auch mehr bekommen.

Aus meritokratischer Perspektive ist eine Gesellschaft dann gerecht, wenn in ihr diejenigen *oben* (also in sozial gehobenen und verantwortungsvolleren Positionen) sind, die mehr geleistet haben, und diejenigen *unten*, die weniger geleistet haben. Um zu verstehen, wie man zu einer solchen Einschätzung kommt, ist es hilfreich sich die drei *Grundprämissen* meritokratischen Denkens anzuschauen.

1. Verantwortungspositionen innerhalb der Gesellschaft werden einzig nach demonstrierter/gezeigter Kompetenz (im Sinne von Fähigkeiten) vergeben.
2. Chancen, Bildung zu erwerben, sollen allein von natürlichen Begabungen abhängen.
3. Leistung soll das wesentliche Kriterium sozialer Ungleichheit sein.

Fähigkeiten sollen also zentral für die Vergabe von Positionen in einer Gesellschaft sein, die sich – so die dritte Prämisse – in erbrachter Leistung ausdrücken (also quasi in der *Performanz*). Die zweite Prämisse zielt vor allem auf die Frage, wie der Fähigkeits-/Kompetenzerwerb in einer Meritokratie funktionieren *soll.* Es sollen nur natürliche Begabungen sein, die die Chance auf Bildung beeinflussen. Also nicht das Geld der Eltern und/oder unzulässige andere Vorteile.

Insgesamt steht vor allem der Begriff der *Leistung* im Zentrum meritokratischen Denkens oder, wie es der Soziologe Uwe Schimank ausdrückt: »Leistung ist einer der leuchtendsten Sterne am Wertehimmel der Moderne« (Schimank, 2018, S. 19). Wenn es einen hinreichend engen Zusammenhang zwischen Leistung und Erfolg (wozu beispielsweise der Erwerb bestimmter sozialer Positionen gehört) gibt, dann »ist die Welt des Leistungsprinzips in Ordnung« (Schimank, 2018, S. 23). Das klingt sehr einleuchtend und kommt aktuellen (Selbst-)Wahrnehmungen auch durchaus nahe. So sind etwa Bildungssysteme offiziell entlang dieses Zusammenhangs organisiert. Wer mehr in einer Prüfung leistet, bekommt eine bessere Note; und gleichzeitig versucht man sicherzustellen, dass jede*r mit den gleichen Voraussetzungen ausgestattet wird, bevor die Prüfung stattfindet.

Es gibt allerdings mindestens zwei vordergründige Probleme oder Herausforderungen für meritokratische Zusammenhänge. Zum *einen* muss Einigkeit darüber bestehen, wie genau der Zusammenhang zwischen Leistung und Erfolg sich in den Ergebnissen darstellen soll (also etwa: Wie definieren sich die Unterschiede in den Noten in Abhängigkeit von der erbrachten Leistung), und zum *zweiten*, ob alle, die etwas geleistet haben, auch etwas bekommen oder nur einige (oder im Ernstfall sogar nur eine*r).

Für die hier diskutierte Thematik der Bildung ist es jedoch vor allem zentral, ob überhaupt davon gesprochen werden kann, dass es sich um ein meritokratisches System handelt. Ohne Chancengleichheit fiele das Kartenhaus des Zusammenhangs von Leistung und Erfolg legitimatorisch in sich zusammen.

3.3.3 Das Individuum im Bildungssystem – Einflusswege der sozialen Herkunft auf den Bildungsverlauf (Raymond Boudon)

Die dem Funktionalismus unterlegte Annahme bzw. Forderung, dass ein Bildungssystem Chancengleichheit benötigt, um die gestellten Aufgaben erfüllen zu können, bildet bereits seit Längerem einen zentralen Fokus bildungssoziologischer Forschung. Jedoch weisen empirische Befunde immer wieder darauf hin, dass das Bildungssystem nicht nur nicht fähig zu sein scheint Ungleichheiten auszugleichen; vielmehr scheinen sich die Ungleichheiten, die sich bereits bei Eintritt in Bildungsinstitutionen zeigen, teilweise noch zu verstärken. *(Chancen-)Ungleichheit* bleibt aus funktionalistischer Sicht jedoch eine Leerstelle, da vorhandene Chancengleichheit, wie oben bereits festgestellt wurde, eine Voraussetzung darstellt, auf der die funktionalistische Perspektive beruht. Diese Leerstelle wird jedoch von den beiden jetzt zu diskutierenden Ansätzen systematisch aufgegriffen.

Die der politischen Bildungsplanung eigenen Rationalitätsunterstellungen sind auch für einen mittlerweile sehr wichtigen bildungssoziologischen Ansatz charakteristisch, der seinen Ursprung eher in ökonomischen Theorien hat und der vor allem mit dem Namen des französischen Soziologen Raymond Boudon (1934–2013) verknüpft ist. In seiner Studie mit dem Titel »Education, Opportunity, and Social Inequality« (Boudon, 1974) schlug er eine Unterscheidung vor, die vor allem im Bereich der quantitativ-empirischen Bildungsforschung heutzutage eine Art »State of the Art« darstellt. Boudon unterscheidet zwei Arten von Herkunftseffekten – *primäre* und *sekundäre* –, also von Einflusswegen der sozialen Herkunft auf den Bildungsweg Heranwachsender und insbesondere auf das, was an Bildungsübergängen (also etwa am Übergang von der Grundschule in eine weiterführende Schule) passiert. Als *primären* Herkunftseffekt bezeichnet Boudon *herkunftsspezifische* (und eben unterschiedliche) *Leistungsentwicklungen*, die an Übergangsstellen im Bildungssystem eine Rolle spielen (weil sie sich beispielsweise in Schulnoten oder auch in Schullaufbahnempfehlungen wiederfinden). Darüber hinaus wirkt die soziale Herkunft – quasi unabhängig von ihrem Einfluss auf die Leistungsentwicklung – auch auf zu treffende Bildungsentscheidungen, wie z. B. die Entscheidung, das eigene Kind an einem Gymnasium anzumelden oder an einer anderen Schulform. In Bildungsentscheidungen drücken sich herkunftsspezifische Präferenzen bzw. Orientierungen in Bezug auf Bildung aus. Mittlerweile gibt es eine kaum mehr überschaubare Fülle an Studien und Analysen, die entlang dieser analytischen Unterscheidung von primären und sekundären Herkunftseffekten das Bildungsgeschehen betrachten (vgl. etwa jüngst Scharf, Becker, Stallasch, Neumann & Maaz 2020).

Boudon untersucht auf Grundlage dieses theoretischen Konzepts das Bildungsgeschehen, also das, was sich empirisch im Bildungssystem zeigt, vor allem mit dem Fokus auf diejenigen Personen, die das Bildungssystem durchlaufen. Sein Interesse gilt der Frage, in welcher Weise und auf welchen Wegen sich die soziale Herkunft in die unterschiedlichen Bildungswege und -erfolge einschreibt. Auch wenn die dahinterstehenden Fragen letzten Endes auf die gesellschaftliche Ebene abzielen, handelt es sich hier um ein theoretisches Konzept, das stark *mikrosoziologisch* angelegt ist. Während sich funktionalistische Sichtweisen vor allem für das Zusammenspiel von Teilsystemen der Gesellschaft interessieren und die Entwicklungen im Bildungsbereich und deren Ursachen auf einer Makroebene suchen, sehen Boudon und diejenigen, die an sein Modell anschließen, gesellschaftliche Phänomene als Ergebnis des Handelns von Individuen in ihren je spezifischen Kontexten und mit ihren je spezifischen Ressourcen. Boudons Ansatz wird mit den daran anschließenden Weiterentwicklungen meist der Gruppe sogenannter Theorien rationaler Wahl (oder auch RC-Theorien[28]) zugeordnet, weil den Individuen hinsichtlich der Entscheidungssituationen, vor denen sie im Bildungssystem stehen, Rationalität unterstellt wird. Das heißt, dass Menschen Entscheidungen auf Basis zweckrationaler Kosten-Nutzen-Abwägungen vornehmen (z. B. was kostet mich ein Studium, was sind die von mir angenommenen Gewinne, etwa bezogen auf ein Mehr an Einkommen?). Diese Unterstellung entstammt ökonomischen Theorien über menschliches Verhalten, wie sie prominent vom US-amerikanischen Wirtschaftswissenschaftler und Nobelpreisträger Gary Stanley Becker (1930–2014) entwickelt wurden, dessen Buch »The Economic Approach to Human Behavior« (G. S. Becker, 1976) in der Soziologie im Allgemeinen und in der Bildungssoziologie im Besonderen sehr einflussreich wurde und nach wie vor ist.

Bevor im nächsten Abschnitt eine theoretische Tradition vorgestellt wird, die beiden Ansätzen mit Kritik begegnet (▶ Kap. 3.3.4), soll nochmals deutlich gemacht werden, auf welchen Wegen die an Boudon anknüpfenden bildungssoziologischen Zugänge zu ihren Ergebnissen kommen und inwiefern sich durch die analytische Unterscheidung von primären und sekundären Herkunftseffekten hier Einsichten gewinnen lassen, die dann auch bildungspolitisch relevant sind. In Abbildung 4 ist modellhaft aufgeführt, wie man sich die von Boudon unterschiedenen Herkunftseffekte in ihren Wirkwegen beim Übertritt von der Grund- in eine weiterführende Schule vorstellen kann (▶ Abb. 4).

Der obere Bereich in Abbildung 4 umfasst die sekundären, also die über Entscheidungen und Wahrnehmungen laufenden Herkunftseffekte, während im unteren Teil der Abbildung die primären Effektwege dargestellt sind. Der primäre Herkunftseffekt wirkt über die »objektiven« Schulleistungen (die dann meist über Tests ermittelt werden) sowohl auf die Noten als auch auf die Übergangsempfehlung ein, während der sekundäre Effekt vor allem über die Motive der Eltern auf Übergangsentscheidungen einwirkt. Inwiefern sekundäre Effekte relevant und bedeutsam sind, hängt jedoch auch von den institutionellen Regelungen ab. So kann etwa Neugebauer (2010) zeigen, dass die sekundären Effekte relativ an Bedeutung verlieren, wenn die Übergangsempfehlung (der Schule/der Lehrkraft) für den Übertritt bindend ist.

Die soziale Herkunft – so zeigen es neuere empirische Befunde – wirkt jedoch nicht nur über diese beiden Hauptwege (Eltern und Leistungen des Kindes), sondern auch über die Lehrkraft und deren Wahrnehmung und Beurteilung des Kin-

28 RC steht hierbei für den englischen Begriff *Rational Choice*, also rationale Wahl.

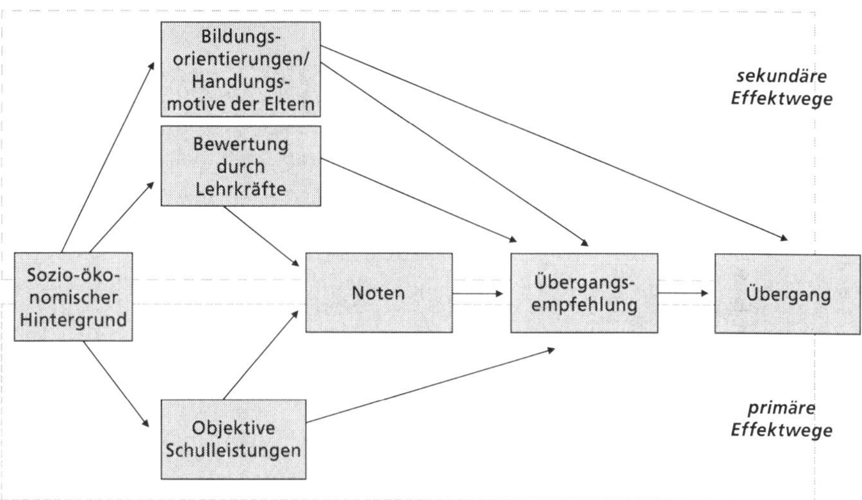

Abb. 4: Strukturmodell primärer und sekundärer Herkunftseffekte nach Boudon (eigene Darstellung)

des.[29] Dass Lehrkräfte in der ein oder anderen Form auf die Herkunft der Schüler*innen reagieren, ist bereits seit Längerem bekannt, und vor allem im Bereich geschlechterbezogener (»Jungs sind gut in Mathe und Mädchen sind gut im Lesen«) und ethnischer (»Kinder mit Migrationshintergrund können schlechter Deutsch«) Stereotype auch untersucht (Glock & Kleen, 2020).

Festzuhalten ist, dass sich ausgeprägte Effekte der sozialen Herkunft auf die Bildungsverläufe von Kindern bzw. Heranwachsenden zeigen. Scharf et al. (2020) stellten in einer Studie für den Übergang Grundschule-Gymnasium im Hinblick auf den über Noten bzw. Testleistungen vermittelten Einfluss des Bildungshintergrundes auf den Gymnasialübertritt fest, »dass Grundschulkinder mit mindestens einem Elternteil mit (Fach-)Hochschulreife eine um 34 (bzw. 35) Prozentpunkte höhere Wahrscheinlichkeit für einen Gymnasialbesuch hatten als Kinder, deren Eltern einen geringeren Schulabschluss aufwiesen« (Scharf et al. (2020), S. 1267). In allen ihren Berechnungen zeigten sich die primären Effekte (also die über Leistung vermittelten Effekte) als stärker als die sekundären Effekte (also die über Entscheidungen wirkenden Effekte). Das heißt, Schüler*innen aus Elternhäusern mit höheren Bildungsabschlüssen besitzen bereits auf der schulischen Leistungsebene systematische Vorsprünge vor Schüler*innen aus anderen Elternhäusern. Wie bereits im Exkurs zu Chancengleichheit und Meritokratie (▶ Kap. 3.3.2) diskutiert, hat ein solcher Befund einige Implikationen, die diesen Verlauf als gerechtigkeitstheoretisch hochproblematisch erscheinen lassen. Gleichzeitig wird dadurch deutlich, dass die Verursachungen von Unterschieden in den Bildungsverläufen bereits in den Familien/Elternhäusern beginnen und nicht erst bei Eintritt in das Bildungssystem.

29 Dieser Wirkweg findet sich in der entsprechenden bildungssoziologischen Literatur mittlerweile auch häufiger unter dem Begriff eines *tertiären Herkunftseffekts* (etwa bei Helbig & Morar 2017).

Zusammenfassend können in Bezug auf Theorien rationaler Wahl als Erklärungsmodelle die folgenden Aspekte festgehalten werden.

1. RC-Ansätze (*Rational Choice*, siehe Fußnote 28) unterstellen (zumindest in der theoretischen Modellierung) den Akteuren eine zweckrationale Orientierung, die die eigenen Entscheidungen als Ergebnis einer Kosten-Nutzen-Analyse versteht.
2. Zentral im Ansatz der an Boudon anschließenden bildungssoziologischen Studien ist insbesondere die Erklärung des Zustandekommens von Ungleichheiten und des Einflusses der sozialen Herkunft auf den Bildungsverlauf von Menschen.
3. Der sowohl theoretische wie auch methodologische Fokus auf das Individuum lässt diese Ansätze als wahlverwandt mit dem psychologischen Kompetenzkonzept erscheinen. Entsprechend früh und ausgeprägt wurde hier auch auf Kompetenzen rekurriert.

3.3.4 Das Bildungsgeschehen als Ausdruck sozialer Konflikte

Die funktionalistische Sicht auf das Bildungsgeschehen ist bereits sehr früh kritisiert worden und dies aus unterschiedlichen Gründen. Insbesondere wurde die dem Funktionalismus zugrundeliegende Annahme, dass Gesellschaften etwas im Kern Harmonisches und nach Harmonie strebendes sind, zurückgewiesen. Gesellschaften, so die Position derjenigen, die einer stärker konflikttheoretischen Tradition angehören (etwa der deutsch-britische Soziologe Ralf Dahrendorf oder der US-amerikanische Soziologe Randall Collins), seien vor allem durch soziale und gesellschaftliche Konflikte gekennzeichnet. Diese auch in der Bildungssoziologie stark gewordene Tradition geht letztlich auf die Arbeiten von Karl Marx zurück. Aus einer solchen Perspektive heraus ist das, was im Bildungssystem sichtbar wird, weniger als eine Zunahme an Rationalität zu verstehen, sondern auch und gerade als Ausdruck von Konflikten um Positionen, um Macht und um Einfluss, und das Bildungssystem selbst wiederum ein institutionalisierter Ausdruck dieser Konflikte.

Diese konflikttheoretische Position markiert zwei Hauptargumente gegen ein funktionalistisches Verständnis des Bildungsgeschehens. *Erstens* wird konstatiert, dass sich das, was sich empirisch im Bildungssystem und in den Bildungsverläufen von Personen zeigt, nur unzureichend mit den Annahmen einer funktionalistischen Betrachtung erklären lässt. *Zweitens* operiert die konflikttheoretische Perspektive mit einem anderen Bild von Gesellschaft insgesamt.

Für konflikttheoretische Ansätze steht insbesondere ein mit dem Bildungssystem verknüpftes Problem im Zentrum, das bereits an anderen Stellen als ein zentraler Fokus der Bildungssoziologie identifiziert und benannt wurde: die sich in und durch Bildung manifestierende und reproduzierende Ungleichheit. Wir hatten bereits bei den Erläuterungen zur funktionalistischen Perspektive die dort formulierte Voraussetzung kennengelernt, dass ein »funktionierendes Bildungssystem«, also ein

Bildungssystem, das die ihm zugeordneten Aufgaben erfüllt, Chancengleichheit als Voraussetzung benötigt (▶ Kap. 3.3.1). Gleichzeitig hatten wir gesehen (etwa in den historischen Beschreibungen von Wehler oder auch den Hinweisen auf die Gründe des deutlichen Ausbaus im frühkindlichen Bildungsbereich), dass das Bildungssystem bereits seit Langem – zumindest auch – dazu dient, gesellschaftliche Strukturierungen zu reproduzieren, also eher das immer wieder zu erzeugen, was bereits da ist.

Konflikttheoretische Ansätze formulieren jedoch nicht nur Kritik an funktionalistischen Perspektiven auf Bildung, sondern auch – und in jüngeren Zeit vermehrt – an den Annahmen der mit Mitteln rationaler Wahltheorien argumentierenden Bildungsforschung.

In diesem Zusammenhang ist vor allem der ungleichheitstheoretische Ansatz des französischen Soziologen Pierre Bourdieu (1930–2002) relevant, der sich zudem bereits zu einem sehr frühen Zeitpunkt intensiv mit bildungssoziologischen Fragen auseinandersetzte und der darüber hinaus bis heute wichtige und einflussreiche empirische Studien zu diesen Thematiken durchführte (eine entsprechende Diskussion bildungssoziologischer Inhalte des bourdieuschen Gesamtwerkes findet sich etwa bei Heim, Lenger & Schumacher, 2009). Bourdieus Ansatz lässt sich zudem als eine doppelte Kritik sowohl an bestimmten Aspekten des funktionalistischen Ansatzes[30], aber auch an Annahmen der an Boudon anschließenden (empirischen) Bildungssoziologie lesen.

Die herrschaftsstabilisierende Funktion des Bildungssystems

Bezüglich der (struktur-)funktionalistischen Perspektive weist Bourdieu auf deren machttheoretische Blindheit hin, die dazu führt, dass die Analysen beispielsweise zu »Übergriffen« anderer gesellschaftlicher Teilsysteme auf den Bereich der Bildung konzeptionell kaum zu fassen sind. Bourdieu sieht Bildung – und das unterscheidet seinen Ansatz fundamental von den beiden bereits vorgestellten theoretischen Ansätzen – nicht als den Ort der (potenziellen) Aufhebung, sondern ganz im Gegenteil als einen Ort der systematischen Aufrechterhaltung gesellschaftlicher Ungleichheiten an. Das Bildungssystem erfüllt aus seiner Perspektive herrschaftsstabilisierende Funktionen. Damit schließt er in gewisser Weise an die oben angeführte Funktion des Schulsystems an, das in historischer Perspektive, wie Wehler ausführt, gerade der Reproduktion vorhandener gesellschaftlicher Ungleichheiten dient. Bourdieu lehnt eine funktionalistische Sichtweise auf Bildung nicht grundsätzlich ab; er stellt jedoch deutlich heraus, dass die meist ins Zentrum gerückten Funktionen des Bildungssystems, wie etwa die Qualifikations- oder die Sozialisationsfunktion, nicht die zentralen Funktionen darstellen. Seiner Überzeugung nach ist vor allem die Funktion der Stabilisierung und Reproduktion der Ungleichheitsordnung für das Bildungssystem zentral.

30 Wobei Bourdieu durchaus in der Tradition der funktionalistisch orientierten Soziologie von Durkheim steht, wie z. B. auch Sadovnik (2021) anmerkt.

Bourdieus Interesse deckt sich in Teilen durchaus mit dem Blickwinkel der Theorien rationaler Wahlhandlung, wie sie etwa in der von Boudon geprägten Bildungssoziologie praktiziert werden. Für beide theoretischen Perspektiven sind es vor allem Ungleichheitsfragen, die im Zentrum bildungssoziologischer Zugänge stehen und stehen sollten. Insofern sind beide Ansätze auch typische Ausprägungen der oben angeführten dritten Aufgabe der Bildungssoziologie (► Kap. 2.2), wonach die Bildungssoziologie das Verhältnis von Bildung und sozialer Ungleichheit fokussiert. Woran Bourdieu jedoch durchaus Kritik übt, sind die den Theorien rationaler Wahlhandlung unterlegten Annahmen, dass (alle) Menschen in einer zweckrationalen, auf Kosten-Nutzen-Analysen basierenden Form über Bildung nachdenken. Das heißt, während diese Ansätze quasi allen Menschen dieselbe Art von Interessen unterstellen (den größtmöglichen Nutzen mit dem geringsten Kostenaufwand zu erlangen), sieht Bourdieu die Interessen von Menschen bereits als Ergebnis sozialer – und damit auch letztlich ungleich verlaufender – Prozesse an (Bourdieu & Wacquant, 1996, S. 158).

Bildung als eine Form kulturellen Kapitals

Gleichzeitig ist Bourdieu aber auch davon überzeugt, dass Bildung in modernen Gesellschaften neben Geld (in Form von Einkommen oder Vermögen, was in seiner Theorie *ökonomisches Kapital* genannt wird) ein zweites, zunehmend wichtiger werdendes Kapital (von ihm als *kulturelles Kapital* bezeichnet) darstellt. Kulturelles Kapital ist aus seiner Perspektive jedoch mehr als nur schulische Bildung; er unterteilt auf einer theoretischen Ebene dieses nochmals in drei Unterarten bzw. Ausprägungen. Das *inkorporierte*, das *objektive* sowie das *institutionalisierte* kulturelle Kapital (► Abb. 5).

Inkorporiert bezieht sich vor allem auf die mit dem Erwerb von kulturellem Kapital einhergehende Gesamtprägung des Menschen. Inkorporiert erinnert hierbei an den sozialisationstheoretisch häufiger genutzten Begriff der Internalisierung. Füllt man den Begriff kulturelles Kapital jetzt mit dem deutschen Begriff der *Bildung*, so lässt sich die Inkorporation auch als eine sehr tief verankerte Form der Bildungsaneignung verstehen, beispielsweise als Sicherheit im Umgang mit Bildungsgütern. Am Beispiel von Kunstwerken kann man sich dies verdeutlichen: Das Kunst*werk* ist die objektive Form von kulturellem Kapital, als Objekt, das man (im Fall eines Bildes) etwa in der Wohnung hängen hat. Um mit diesem Kunstwerk jedoch etwas anfangen zu können, es interpretieren zu können, darüber Aussagen treffen zu können (die in bestimmten sozialen Kontexten auch anschlussfähig sind), benötigt man das, was Bourdieu als inkorporiertes kulturelles Kapital bezeichnet.

Institutionalisiertes kulturelles Kapital ist hingegen das Kapital, das eine bestimmte Form der Legitimation durch Institutionen bekommt, beispielsweise in Form von Zertifikaten oder Zeugnissen. Der Hochschulabschluss, der Bachelorgrad, die staatliche Anerkennung als Sozialarbeiterin oder der Ausbildungsabschluss sind Formen institutionalisierten kulturellen Kapitals.

Bourdieus Begriff des kulturellen Kapitals besitzt zwei Eigenschaften, die für bildungssoziologische Diskussionen höchst relevant sind. *Erstens* macht er damit die

Idee stark, dass etwa schulische Bildung etwas ist, was durch andere anerkannt werden muss, was also nicht einfach nur eine individuelle, von der Wahrnehmung anderer unabhängige Ressource darstellt. Ob jemand etwas kann, ist quasi nur die eine Seite; dieses Können muss von anderen auch anerkannt werden, erst dann können Menschen mit Bildung – wie es Bourdieu ausdrücken würde – entsprechende Effekte erzielen (ein Effekt von Bildung besteht darin, diese in Einkommen umzuwandeln). Diese Relationalität von Bildung als etwas, was Anerkennung benötigt, weist auf einige Anschlussherausforderungen hin, mit denen sich die entsprechende Forschung auch auseinandersetzt (Bourdieu & Passeron, 2007; Rehbein, 2016; Schmitt, 2010).

Zweitens ist Bourdieus Begriff des kulturellen Kapitals bereits auf einer deutlich allgemeineren Ebene angelegt als nur auf der Ebene schulischer Bildung. Schulische bzw. hochschulische oder ausbildungsbezogene und letztlich zertifizierte Bildung ist zwar wichtig für das weitere Leben von Menschen; diese in Institutionen vermittelte Bildung setzt bereits auf den Erwerb von kulturellem Kapital innerhalb von Familien auf. Und genau dieser zweite Aspekt macht deutlich, warum sich Bourdieu und die an ihn anschließende bildungssoziologische Forschung sehr intensiv mit Bildungsprozessen außerhalb der (schulischen) Institutionen beschäftigt. So sind Familien und Schulen für Bourdieu Orte, an denen nicht nur spezifische Kompetenzen vermittelt werden, sondern »zugleich und untrennbar damit verbunden [...] Orte, an denen sich der Preis dieser Kompetenzen ausbildet« (Bourdieu, 1982, S. 150 f.). Ob und wie in derartige *kulturelle Kompetenzen* investiert wird, hängt für ihn von der Chance der Nutzung und Rentabilisierung dieser Kompetenzen ab.

Bourdieu schließt mit dieser Einschätzung an die mit Jean-Claude Passeron durchgeführten Analysen zur Chancengleichheit im (französischen) Bildungssystem an (Bourdieu & Passeron, 1971). In dieser frühen Arbeit identifizierten beide den Zusammenhang von objektiven Bildungschancen und subjektiven Bildungserwartungen als einen zentralen Mechanismus im Prozess der Ungleichheitsreproduktion.

Entscheidend für den Eintritt und den Verbleib im Bildungssystem bzw. den konkreten Bildungsverlauf ist die (An-)Passungsfähigkeit von Person (als Produkt der außer-/vorschulischen Sozialisation) und Institution. In diesem *Kampf* um die kulturelle Passungsfähigkeit von sozialer Herkunft und schulischer Institution ist vor allem das in der Familie generierte und transferierte kulturelle Kapital eine wichtige (strategische) Ressource für den je eigenen Bildungsverlauf. Abbildung 5 verdeutlicht diesen Zusammenhang nochmals grafisch (► Abb. 5).

Im Anschluss an Bourdieu entwickelte sich eine Analyseperspektive auf Bildungserwerb und Ungleichheitsreproduktion, die sowohl theoretisch-konzeptionell als auch methodologisch andere Wege ging als die auf quantitative Datenanalyse konzentrierten Theorien rationaler Wahlhandlung. Insbesondere die Familie als ein, wie oben angeführt, Ort der Kompetenzproduktion im bourdieuschen Sinne fand und findet aus dieser Forschungsperspektive heraus verstärkte Aufmerksamkeit.

Verlagerte sich in den mikrosoziologischen RC-Ansätzen (*Rational Choice*, siehe Fußnote 28) der Analyseschwerpunkt deutlich in Richtung schulischer bzw. schulrelevanter bewusster Entscheidungsprozesse, so stellt etwa die Studie von Büchner und Brake (2006) einen Versuch dar, das innerfamiliale Reproduktionsgeschehen und die Weitergabe von kulturellem Kapital detailliert nachzuzeichnen,

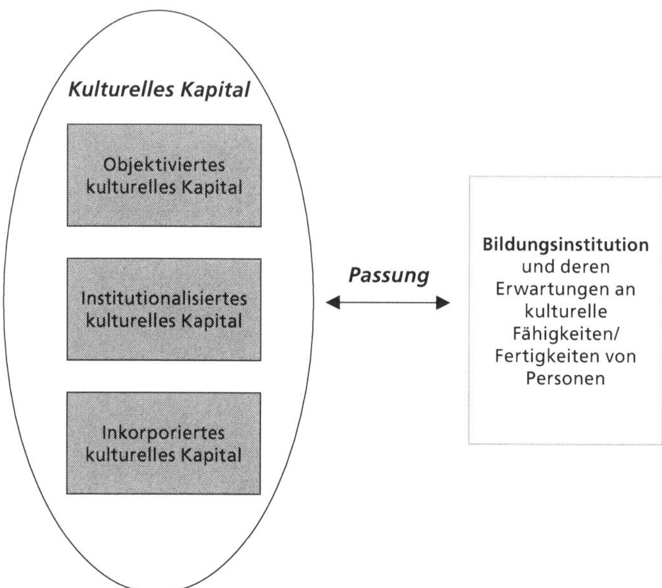

Abb. 5: Zusammenspiel von kulturellem Kapital und institutionellen Erwartungen (eigene Darstellung)

um damit die größtenteils unbewussten Vermittlungspraktiken aufzudecken. Hier werden insbesondere die innerfamilialen Bildungsprozesse vor dem Hintergrund von einerseits familialen Ressourcen, aber auch familialer Bildungsstrategien, die wiederum einen klassen- oder milieuspezifischen Charakter besitzen, fokussiert.

Der Habitus als das inkorporierte Soziale

Neben dem für die an Bourdieu anschließende Bildungsforschung wichtigen Konzept des kulturellen Kapitals ist sein Theorieansatz insbesondere mit einem anderen Begriff verknüpft: dem *Habitus.* Bourdieu umschreibt dieses theoretische Konzept selbst, indem er ausführt: »Wenn man vom Habitus redet, dann geht man davon aus, daß das Individuelle und selbst das Persönliche, Subjektive, etwas Gesellschaftliches ist, etwas Kollektives. Der Habitus ist die sozialisierte Subjektivität« (Bourdicu & Wacquant, 1996, S. 159). Damit wird deutlich, dass der Begriff des Habitus genau dort angesiedelt ist, wo Sozialisation stattfindet. Bourdieu versteht den Habitus als das Ergebnis einer klassen- oder milieuspezifischen Sozialisation. Die Internalisierungen oder – wie Bourdieu es ausdrücken würde – die Inkorporierungen von Sozialisationsprozessen machen aus Kindern vergesellschaftete Jugendliche und Erwachsene, deren Ergebnis jedoch den sozialen Ortes widerspiegelt, an dem die (Primär-)Sozialisation stattgefunden hat. Der Aufbau einer Vertrautheit mit den sozialen Dingen, die einen umgeben, ist einer der Kernprozesse dessen, was mit Sozialisation beschrieben wird. Und Kinder werden innerhalb ihrer Familien bzw. der Kontexte, in denen ihre primäre Sozialisation stattfindet, mit unterschiedlichen, aber für ihre soziale Herkunft typischen Dingen konfrontiert. Hieraus entsteht einerseits eine Vertrautheit mit dem, was sie umgibt, und anderseits eine Fremdheit in Bezug auf andere soziale Welten; »was sich derart einstellt, ist ein unmittelbares Verhaftetsein, bis hinein in die Tiefen des Habitus, bis hinein ins Innerste des Geschmacks und des Ekels, der Sympathien und Antipathien, der Phantasmen und Phobien« (Bourdieu, 1982, S. 137).

Bourdieu skizziert hier also eine theoretische Konzeption, mit der er deutlich machen möchte, dass die Gesellschaft in ihren sozialen Ungleichheiten und ihren unterschiedlichen Möglichkeiten für die Einzelnen sich auch in der mentalen Struktur der Person und letztlich auch in ihrem Körper verankert (Schmitz & Bayer, 2017). In gewisser Weise schließt Bourdieu damit an theoretische Ansätze an, die sich bereits sehr früh mit Fragen nach einer schichtspezifischen Sozialisation beschäftigten (Kohn, 1959, 1963). Gleichzeitig beinhaltet seine Theoriefigur des Habitus jedoch das Potenzial erklärbar zu machen, wie aus der mentalen Geprägtheit von Menschen (also dem klassen-, schicht- bzw. milieuspezifischen Habitus) im Zusammenspiel mit deren sozialer Positionierung (etwa der Stellung in der sozialen Hierarchie) dann wiederum z. B. ein bestimmter Erziehungsstil resultiert.

Im ›besten‹ Fall passen die soziale Position (also die soziale Stellung in der Gesellschaft, beispielsweise die berufliche Position) und die habituelle Verfasstheit zueinander.

> »Wahrscheinlich können die, die sich in der Gesellschaft am ›rechten Platz‹ befinden, sich ihren Dispositionen mehr und vollständiger überlassen oder ihnen vertrauen [...] als die, die etwa als soziale Auf- oder Absteiger – Zwischenpositionen einnehmen, diese wiederum haben mehr Chancen, sich dessen bewußt zu werden, was sich für andere von selbst versteht, sind sie doch gezwungen, auf sich nachzugeben und schon die ›ersten Regelungen‹ eines Habitus bewußt zu korrigieren, der wenig angemessene oder ganz deplatzierte Verhaltensformen hervorbringen kann« (Bourdieu, 2001, S. 209).

In diesem etwas längeren Zitat macht Bourdieu zweierlei deutlich. *Einerseits* verweist er auf die Herausforderungen, die damit einhergehen, dass Individuen den ihnen vertrauten sozialen Ort verlassen (also etwa sozial aufsteigen); *andererseits* zeigt er aber auch, dass in dieser sozialen Bewegung zudem das Potenzial bestimmter Bewusstwerdungsprozesse liegt. Wenn ich mich an dem Ort an dem ich mich befinde, sozial nicht auskenne, dann muss ich anfangen nachzudenken, bewusster wahrzunehmen und sorgfältiger zu entscheiden. Das ist anstrengend, besitzt aber gleichzeitig auch das Potenzial zur Entwicklung.

Diese Auffassung von Sozialisation als einem in soziale Strukturen eingebetteten Prozess macht deutlich, dass und warum sich Bourdieu gegen die Vorstellungen der Theorien rationaler Wahlhandlung wehrt, die etwas als universell annehmen, was aus seiner Perspektive der jeweilige Ausdruck der sozialen Verortung von Menschen ist.

> »[D]ie Kunst, Chancen zu berechnen und beim Schopfe zu packen, das Geschick, der Zukunft durch eine praktische Induktion vorzugreifen oder sogar bei kalkuliertem Risiko das Mögliche gegen das Wahrscheinliche auszuspielen, sind alles Dispositionen, die nur unter bestimmten, d. h. gesellschaftlichen Bedingungen erworben werden können« (Bourdieu, 1987, S. 119).

Sowohl im Bereich der Analyse (inner-)familialer Prozesse wie auch im Hinblick auf die Verbindung von Familie und Schule hat die qualitative, an Bourdieu orientierte Forschung eine Fülle an Einsichten herausgearbeitet, die vor allem deutlich machen konnten, dass dieses Verhältnis sich nicht in einer reinen Wahllogik erschöpft, sondern sich soziale Lagerungen (soziale Klassenzugehörigkeiten oder auch Zugehörigkeiten zu bestimmten Bildungsherkünften) sowohl in den Bildungsorientierungen wie auch den Bildungsentscheidungen ausdrücken und reproduzieren. Gleichzeitig gibt es aber wenig Arbeiten, die an die multi-methodische Forschungsstrategie von Bourdieu anschließen, und nur in Ausnahmefällen solche, die das Bourdieu-Programm im Rahmen quantitativ-empirischer Vorgehensweisen umsetzen. So repräsentiert die Unterscheidung der beiden mikrosoziologischen Theorietraditionen (Theorien rationaler Wahlhandlung sowie die kulturelle Reproduktionstheorie von Bourdieu) in den meisten Fällen auch eine methodologisch-methodische Unterscheidungslinie.

3.3.5 Zusammenfassung der soziologischen Erklärungsperspektiven auf Bildung

Mit den hier präsentierten drei Erklärungsansätzen, die teilweise auf einer makrosozialen Ebene (die (struktur-)funktionalistische Theorie sowie die kulturelle Reproduktionstheorie von Bourdieu), teilweise auch auf einer mikrosozialen Ebene (vor allem die Theorien rationaler Wahlhandlungen) operieren, hat man einen guten Überblick über die im Feld der Bildungssoziologie angesiedelten Erklärungsperspektiven. Zwar erfuhren die Ansätze von Raymond Boudon, aber auch von Pierre Bourdieu und Talcott Parsons vielfältige Weiterentwicklungen. Jedoch bildet das, was die drei benannten Theoretiker als Kern ihres jeweiligen Ansatzes formulierten, nach wie vor auch das Zentrum der an sie anschließenden Perspektiven.

Was die drei Ansätze trotz aller Verschiedenheit eint, ist die Konzentration auf gesellschaftliche Entwicklungen bzw. auf die Erklärung von Veränderungen auf einer Makroebene. Das macht alle drei Ansätze letztlich zu soziologischen Ansätzen. Auch wenn die Theorien rationaler Wahlhandlung hier teilweise in der Kritik stehen (für eine diesbezüglich sehr fundierte Kritik an RC-Ansätzen siehe Haller, 2003). Ungleichheiten und deren Reproduktion stellen einen zentralen Analysefokus der Ansätze von Pierre Bourdieu sowie von Raymond Boudon dar. Beide Ansätze interessieren sich insbesondere für die Erklärung des Zustandekommens von bildungsbezogenen Ungleichheiten sowie für die Wirkwege, über die soziale Ungleichheiten und die damit verknüpften unterschiedlichen Ressourcenausstattungen von Menschen Einfluss auf die Bildungswege gewinnen.

4 Zusammenhänge und Orte von Bildung

Nach der bisher erfolgten Auseinandersetzung mit dem Bildungsbegriff, den Besonderheiten einer bildungssoziologischen Perspektive, einem strukturbezogenen Blick auf Geschichte und aktuelle Gestalt der Bildungsinstitutionen sowie einer Einführung in zentrale bildungssoziologische Theorieangebote geht es in diesem Kapitel vor allem um die Erarbeitung und Darstellung bildungssoziologischer Befunde. Hierzu wird in einem ersten Schritt eine auf den Lebensverlauf von Personen blickende Perspektive eingeführt, die insbesondere im Feld der aktuellen empirisch-quantitativen Bildungsforschung eine zentrale Rolle spielt.

Bereits bei der Darstellung der Struktur des Bildungssystems und auch in der Diskussion über die theoretischen Perspektiven der Bildungssoziologie wurde deutlich, dass Bildungsteilnehmer*innen nicht nur mit einer Vielzahl an Bildungsangeboten konfrontiert sind, sondern dass dieses Angebot auch eine Fülle an Entscheidungen notwendig macht und dies vor allem auch an Übergangs- bzw. Transitionsstellen im Bildungssystem. Bevor einzelne Etappen oder Phasen innerhalb des Bildungssystems hinsichtlich dessen, was die Bildungssoziologie darüber weiß, vorgestellt werden, soll der Blick nochmals geweitet werden, wozu die nachstehende Einführung in die Lebensverlaufsperspektive dienen soll.

4.1 Bildung im Lebensverlauf

Lebensverläufe stehen als soziologischer Untersuchungsgegenstand immer stärker im Fokus der Forschung, vor allem bezüglich generationenprägender Ereignisse bzw. Prozesse, wie sie von Glen Elder (geb. 1934) in seiner sehr bekannten und für die empirische Lebensverlaufsperspektive paradigmatischen Studie von Menschen, die in den USA zu Zeiten der großen Depression in den 1930 Jahren geboren und aufgewachsen sind (Elder, 1974), herausgearbeitet wurden. Die Lebensverlaufsperspektive zeichnet sich hierbei durch zwei zentrale Aspekte aus. Neben der bei Elder fokussierten und in der Soziologie durch Karl Mannheim (1893–1947) bereits theoretisch konturierten Perspektive einer (frühen) Prägung von Menschen innerhalb einer Generation ist es dann vor allem der längsschnittlich angelegte Blick auf die Bewegungen der Menschen durch ihr Leben (oder auch durch Bildungsinstitutionen). Das, was wir dann beispielsweise als Biografie eines Menschen verstehen, stellt sich als Ansammlung von sozial definierten Teilabschnitten (etwa Schulzeit,

Ausbildungszeit, Erwerbszeit etc.) wie auch altersabhängigen Ereignissen dar (Einschulung, Familiengründung, Eintritt in den Ruhestand), die meist auch mit spezifischen Rollenveränderungen einhergehen (von der Schülerin zur Auszubildenden). In Deutschland war es insbesondere Martin Kohli, der die Lebens(ver-)laufsperspektive stark machte. In einem von ihm herausgegebenen Sammelband mit dem Titel »Soziologie des Lebenslaufs« (Kohli, 1978) markiert er drei Erwartungen an eine solche Perspektive.

»Soziologie des Lebenslaufs« – Erwartungen

1. Eine Soziologie des Lebenslaufs soll seines Erachtens die Perspektive auf das ganze Leben (von Menschen) erweitern und damit die meist praktizierte »Fixierung auf einzelne Lebensalter bzw. auf die aktuelle Situation« (Kohli, 1978, S. 9) überwinden.
2. Die Soziologie des Lebenslaufs soll die Konzentration auf die Statik überwinden und die Dynamik – auf die historischen Prozesse, wie es Kohli ausdrückt – in die Analysen einbeziehen.
3. Die Subjektivität soll in die wissenschaftliche Analyse zurückgeholt werden.

Während Kohli 1978 noch wenig zuversichtlich in Bezug auf die Umsetzung dieser Perspektive in der soziologischen Forschung war, ist diese Situation mittlerweile sicherlich eine völlig andere. Dies hat nicht zuletzt auch damit zu tun, dass die soziologische Forschung aktuell über ganz andere Arten von Daten verfügt, als dies damals der Fall war.

Es sind vor allem die in den letzten Jahrzehnten begonnenen großen Längsschnittstudien wie in Deutschland etwa das Sozio-ökonomische Panel (SOEP; seit 1984), das Nationale Bildungspanel (NEPS; seit 2009) oder auch die Pairfam-Studie[31] (seit 2008). Diese drei Studien sind sogenannte Panel-Studien, bei denen dieselben Personen wiederholt befragt werden, so dass Fragen von Ursache und Wirkung bearbeitbar werden.

Nun gibt eine durchaus offene Diskussion über die Frage, ob die Lebensverlaufsperspektive überhaupt eine Theorie ist (bzw. eine solche beinhaltet) oder ob es sich nicht eher um eine Art von Forschungsheuristik handelt, aus der heraus Forschung in eher deskriptiver Weise betrieben wird (siehe zu dieser Diskussion beispielsweise auch Mayer, 2009). Einig sind sich die meisten Lebensverlaufsforscher*innen darüber, dass Übergänge (Transitionen) eine zentrale Rolle spielen und dass sich Lebensverläufe insgesamt im Laufe der Zeit deutlich verändert haben.

Eine auch für bildungssoziologische Fragestellungen wichtige Veränderung resultiert aus dem, was man als Umstellung eines sequentiellen Lebensverlaufs hin zu einem sich stärker durch Parallelitäten auszeichnenden Lebensverlauf bezeichnen könnte und was man auch als eine Auswirkung von Prozessen der Individualisierung moderner Gesellschaften verstehen kann. Während Lebensverläufe sich über

31 Pairfam steht für »Panel Analysis of Intimate Relationships and Family Dynamics« und interessiert sich insbesondere für innerfamiliale Prozesse und deren Auswirkungen.

lange Zeit in Form dreier Lebensabschnitte darstellten, was selbstredend immer schon nur in Form einer Normalitätsunterstellung richtig war: Bildung – Erwerbsarbeit – Ruhestand, die nacheinander (sequentiell) aufeinander folgten, lässt sich dies heutzutage auch nicht mehr als Normalitätsfiktion aufrechterhalten. So können Bildungsphasen parallel zu Erwerbsphasen stattfinden bzw. Ruhestand ist mittlerweile häufiger auch mit immer noch stattfindenden Erwerbstätigkeiten parallelisiert (laut Statistischem Bundesamt arbeiteten im Jahr 2021 17 % der 65- bis 69-Jährigen; im Jahr 2011 waren dies noch 10 %). Abbildung 6 stellt die beiden idealtypischen Ausprägungen von Bildungsphasen und Erwerbsphasen einander gegenüber und verdeutlicht damit auch, dass die Lebenszeit des Individuums nicht mehr ganz so eindeutig an die einzelnen Phasen gekoppelt ist (► Abb. 6).

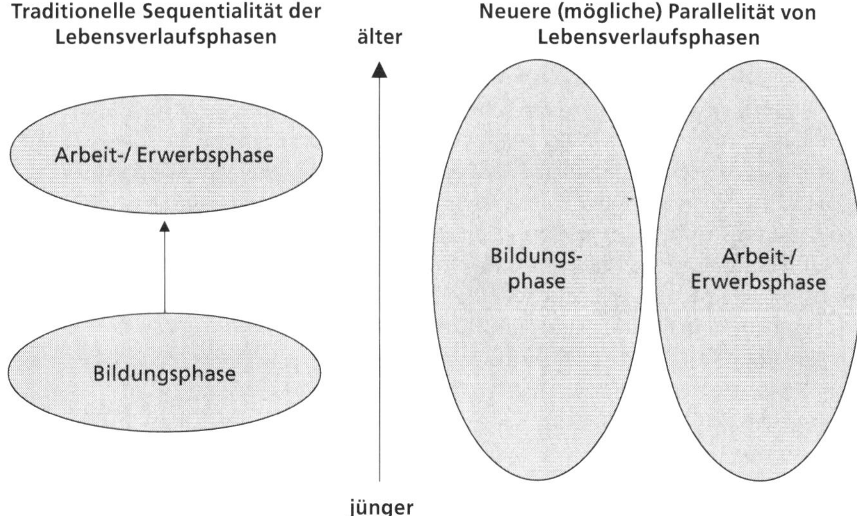

Abb. 6: Lebensphasenmodelle: von traditioneller Sequentialität zu möglicher Parallelität (eigene Darstellung)

Beide Lebensverlaufsmuster sind sicherlich nur Extremformen und die empirische Wirklichkeit kennt unterschiedliche Mischformen. Aus der bildungssoziologischen Perspektive ist vor allem die Veränderung im Hinblick auf die Lage der Bildungsphase von hohem Interesse. Etwas zugespitzt ausgedrückt könnte man sagen: Lebensverläufe können mittlerweile auch in Gänze Bildungsverläufe sein, worauf beispielsweise ein Begriff wie »lebenslanges Lernen« abzielt. Gelernt (im Sinne auch von »Bildung erworben«) wird nicht mehr nur in den ersten zwei Jahrzehnten eines Lebens, sondern gelernt wird bis ins hohe Alter.

4.2 Die Familie als Bildungsort

Bereits in den Ausführungen zum theoretischen Ansatz von Bourdieu wurde darauf verwiesen, dass Familien als – wie das beispielsweise Walper und Grgic ausdrücken – »primärer Entwicklungskontext« (Walper & Grgic, 2019) von hoher Relevanz für die Vermittlung von bildungsbezogenen Ressourcen, aber auch Fähigkeiten und Fertigkeiten sind. Wenn im Bildungskontext über den Einfluss der sozialen Herkunft gesprochen wird, dann wird dies empirisch auf die familiale Herkunft bezogen. Familien stellen für die meisten Heranwachsenden in den ersten beiden Lebensjahrzehnten, neben den Bildungsinstitutionen und später dann den Peers, den zentralen Bezugskontext dar[32]. Die Lebensform Familie ist jedoch in sich selbst ein vielgestaltiges Gebilde und darüber hinaus stetigen Wandlungsprozessen unterworfen. Familien, und das stellt innerhalb der Forschung eine Art definitorischen Konsens dar, umfassen mindestens zwei Generationen, die in einem engen Lebenszusammenhang stehen (meist innerhalb eines Haushaltes). Das Statistische Bundesamt spricht hier von »Eltern-Kind-Gemeinschaften«. Im Kern handelt es sich hierbei um drei unterscheidbare Familienformen: Ehepaare mit Kindern, Lebensgemeinschaften mit Kindern und Alleinerziehende (vgl. etwa die Darstellung von Lebens- und Familienformen im Datenreport, 2021, S. 52).

Familienformen sind jedoch einem stetigen Wandel unterworfen, den man mit Bezug auf die derzeitigen Entwicklungen vor allem als eine Zunahme an Vielfalt beschreiben kann.[33] Um einen Eindruck von den Veränderungen zu bekommen, sind in Abbildung 7 die drei Familienformen in der jeweiligen prozentualen Zusammensetzung von 1996 bis 2022 dargestellt (▶ Abb. 7).

Insgesamt leben 2022 etwas mehr als 40 Mio. Menschen in Deutschland in Familien (1996 waren dies noch mehr als 46 Mio.). Innerhalb der Familienformen sieht man tatsächlich eine Verschiebung in Richtung Lebensgemeinschaften sowie Alleinerziehende. Gleichzeitig bestehen im Jahr 2022 immer noch mehr als zwei Drittel aller Familien aus Ehepaaren mit Kindern. Der prozentuale Anteil an Alleinerziehenden an allen Familienformen macht mittlerweile jedoch knapp 24 % aus.

---

32 Auch wenn nicht vergessen werden sollte, dass es eine durchaus vorhandene Zahl an Kinder und Jugendlichen gibt, die außerhalb der eigenen Familie (in Heimen oder in Pflegefamilien) untergebracht sind. Im Jahr 2021 belief sich diese Zahl auf 210.000 Kinder und Jugendliche, die sich damit im Rahmen der Kinder- und Jugendhilfe befanden. Gleichzeitig ist die Zahl (bei einer Gesamtzahl von 13,86 Mio. Kindern und Jugendlichen unter 18 Jahren im Jahr 2021) aber auch nicht so hoch, dass es zu dieser Gruppe quantitativ-empirische Studien hinsichtlich deren Bildungsentwicklung und den Einflüssen des Lebensumfeldes gäbe.

33 Bei Wandlungsprozessen bzw. bei der Darstellung von Veränderungen ist es sicherlich höchst relevant, welchen Zeitausschnitt man betrachtet. Bezogen auf den Wandel von Familienformen oder auch Lebensformen allgemein, zeigen sich je nachdem dann auch unterschiedliche Entwicklungen. Lässt man den gewählten Zeitausschnitt in den 1950er Jahren beginnen, also in der Zeit, die in der Familiensoziologie gerne als »Golden Age of Marriage« bezeichnet wird (Peuckert, 2008, S. 15), dann stellt man seit dieser Zeit vor allem einen Rückgang des Typus dieser ehelichen Kleinfamilie fest.

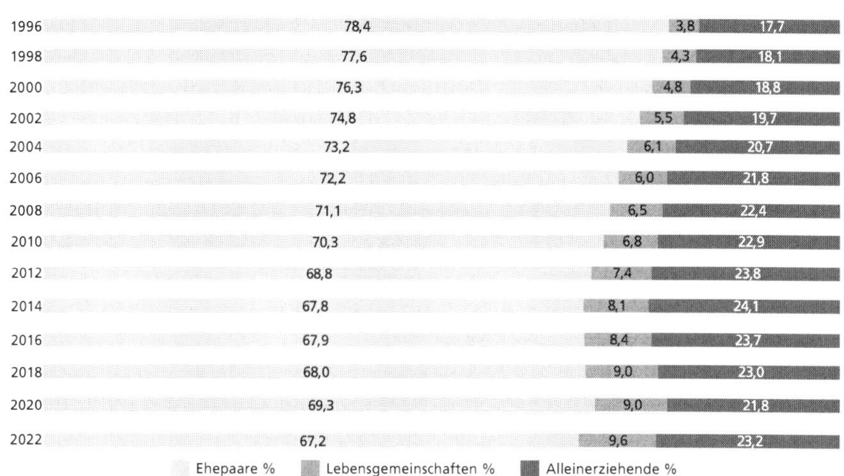

Abb. 7: Prozentualer Anteil der jeweiligen Familienformen zwischen 1996 und 2022 in Deutschland (eigene Darstellung mit Daten des Statistischen Bundesamtes)

Familienformen sind in demokratischen Gesellschaften Bestandteile der privaten und autonomen Lebensplanung von Menschen. Gleichzeitig jedoch, und das macht diesen Aspekt für bildungssoziologische Fragestellungen relevant, operieren Institutionen und Einrichtungen des Bildungssystems mit bestimmten Erwartungen bzw. Anforderungen an die familiale Lebenswelt von Kindern und Jugendlichen, was – je nach Ressourcen – durchaus herausfordernd für Familien sein kann. Der 11. Kinder- und Jugendbericht spricht hier von einem »Aufwachsen in öffentlicher Verantwortung« (BMFSFJ, 2002). Dies kann sich etwa in der im frühkindlichen bzw. vorschulischen Bildungsbereich praktizierten oder zumindest erwünschten Bildungs- und Erziehungspartnerschaft (zum Konzept der Bildungs- und Erziehungspartnerschaft in der Kita siehe X. Roth, 2022) durchaus auch als eine Überforderung von bereits erschöpften Familien darstellen (Lutz, 2012). Hier sind es insbesondere Alleinerziehende, deren sowohl finanzielle wie auch zeitliche Restriktionen es ihnen erschweren, die von Einrichtungen erwartete Mitarbeit zu leisten (Henschel, 2012).

Die Familie (im Sinne der Herkunftsfamilie) als Bildungsort und damit auch als Ort der »Vererbung« kulturellen Kapitals nach Bourdieu, ist in mindestens zweierlei Hinsicht für Bildungsprozesse in den ersten Lebensjahrzehnten relevant.

1. Hinsichtlich der Bildungsprozesse und Bildungsbeiträge, die innerhalb der Familie stattfinden und sich in unterschiedlicher Weise in den (späteren) Bildungsphasen wiederfinden,
2. bezogen auf die Beziehung zwischen der Institution Familie und den Bildungsinstitutionen im engeren Sinne.

Die im letzten Kapitel eingeführte Unterscheidung von *primären* und *sekundären Herkunftseffekten* (► Kap. 3.3.3) stellt eine Variante der Bearbeitung dieser beiden Fragen dar. Familie als Bildungsort, ist der Ort, an dem Kinder und Jugendliche

Fähigkeiten und Fertigkeiten vermittelt werden, die – je nach konkreter Fähigkeit (meist als Kompetenz diskutiert) – von den Bildungsinstitutionen dann entweder prämiert werden oder eben nicht. Gut lesen zu können oder über sprachliche Fähigkeiten zu verfügen, wird von Bildungsinstitutionen wie den Schulen sowohl erwartet, aber eben auch entsprechend honoriert. Gleichzeitig geht es jedoch nicht einfach nur darum lesen und sprechen zu können, sondern – etwas vereinfacht ausgedrückt – auch das Richtige zu lesen und richtig zu sprechen. Das schließt an die oben vorgenommenen Ausführungen zum Ansatz von Bourdieu an, wo deutlich wurde, dass kulturelles Kapital als ein herkunftsspezifisches Kapital nicht im Sinne von weniger und mehr zu verstehen ist, sondern die unterschiedlichen kulturellen Kapitalien in Gesellschaften eine Bewertung erfahren. Im Bereich der Sprache bzw. der Sprechfähigkeiten wird dies beispielsweise mit dem Begriff der sogenannten *Bildungssprache* bereits seit Langem diskutiert (für eine Einführung und Übersicht siehe Lange, 2020). Bourdieu wird hinsichtlich dieser Herkunftsabhängigkeit von Sprache und Sprechen ebenfalls sehr deutlich in seinen Ausführungen.

> »So tritt schließlich der Begriff *sprachliches Kapital* an die Stelle des Begriffs Kompetenz. Spricht man von sprachlichem Kapital, so sagt man damit auch, dass es sprachliche Profite gibt. Wer im 7. Arrondissement von Paris geboren ist [...], hat, kaum dass er den Mund aufmacht, auch schon einen sprachlichen Profit erzielt, der alles andere als fiktiv und illusorisch ist [...]. Schon die (phonetisch usw. analysierbare) Beschaffenheit seiner Sprache sagt aus, dass er in einem derart hohen Maße zum Sprechen autorisiert ist, dass es gar nicht darauf ankommt, was er sagt« (Bourdieu, 2017, S. 182).

Das 7. Arrondissement in Paris ist eines der reichsten Viertel der Stadt; Bourdieu spricht hier also darüber, dass Menschen aus solchen sozialen Herkünften bereits durch die Art ihres Sprechens nicht nur zugeordnet werden, sondern ihre soziale Umgebung auch entsprechend auf sie reagiert. In dieser Hinsicht stellen Bildungsinstitutionen, so das Credo von Bourdieu, institutionelle Manifestationen sprachlicher Machtverhältnisse dar.

In Familien wird also Kindern nicht nur das Sprechen gelehrt, sondern die Unterschiede in der Art und Weise des Sprechens sind wiederum ein Ausdruck sozialer Zugehörigkeit zu bestimmten sozialen Klassen oder sozialen Milieus. Auch der englische Soziologe Basil Bernstein (1924–2000) untersuchte diese Zusammenhänge zwischen Sprache und Klassenzugehörigkeit; von ihm stammt die in der Forschung viel diskutierte Unterscheidung zwischen einem *elaborierten* und einem *restringierten* Sprach-Code (Bernstein, 1960, 1961).[34] Familien unterscheiden sich hinsichtlich der sprachlichen Sozialisation entlang sozialer Klassenzugehörigkeiten; eine Perspektive, die dann unter dem Begriff der schichtspezifischen Sozialisationsforschung die innerfamilialen Prozesse zu klären versuchte, die zu den in Bildungsinstitutionen sichtbar werdenden Unterschieden führen.

Neben Unterschieden in der sprachlichen Sozialisation konzentriert(e) sich die Bildungsforschung auch bereits sehr früh auf die Untersuchung von Unterschieden

34 Beide Begriffe besitzen – dies gilt es anzumerken – einen wertenden Charakter. Wenn man sich jedoch vor Augen hält, dass Sprachverwendung immer auch eine gesellschaftliche Bewertung erfährt, dann entsprechen die werthaltigen Beschreibungsbegriffe von Bernstein sicherlich der gesellschaftlichen Realität.

im Erziehungsverhalten bzw. den *Erziehungsstilen* als mögliche Erklärungen für Unterschiede in der Kompetenz- und Leistungsentwicklung von Kindern und Jugendlichen im Bildungssystem. Hierbei wurde insbesondere auf die Unterscheidung zwischen einem *autoritativen*, einem *autoritären* und einem *permissiven* (also einem nachgiebigen) Erziehungsstil von Diana Baumrind (1966) zurückgegriffen. Als besonders entwicklungsförderlich auch im Hinblick auf Bildungsprozesse zeigt sich hierbei der *autoritative Erziehungsstil* (als eine Mischung aus Zuwendung und Kontrolle). Aus soziologischer Perspektive ist hierbei vor allem interessant, inwiefern sich durch Unterschiede in den praktizierten Erziehungsstilen Unterschiede in den Bildungsverläufen erklären lassen.

Annette Lareau hat in einer viel diskutierten Studie in Familien US-amerikanischer Grundschüler*innen den Zusammenhang zwischen der Schicht- bzw. Klassenzugehörigkeit und *elterlichen Erziehungsstrategien* untersucht (Lareau, 2011). Sie identifizierte zwei Erziehungsansätze, die sich zwischen der Mittelschicht auf der einen und der Arbeiterklasse sowie Familien in Armutslagen auf der anderen Seite unterschieden. Während Mittelschichteltern etwas praktizieren, was sie als Muster einer »concerted cultivation« (abgestimmte Kultivierung) beschreibt, wird in den Erziehungsansätzen der Arbeiterklasse sowie bei Familien in Armutslagen stärker ein Muster sichtbar, das sie als »accomplishment of natural growth« (Bewältigung eines natürlichen Wachstums) bezeichnet. Abgestimmte Kultivierung beinhaltet starke Anforderungen an die dauernde Bildungsbereitschaft von Kindern, während die Vorstellung eines natürlichen Wachstums sich in einer Gleichzeitigkeit von Beschränkungen (in den Handlungsspielräumen von Kindern in der Überlappung mit der Erwachsenensphäre) und Selbstbestimmung ausdrückt. Damit ist gemeint, dass diese Eltern (noch) eine stärkere Trennung zwischen Erwachsenenwelt und Kinderwelt praktizieren, wobei Kindern innerhalb ihrer Sphäre eine ausgeprägte Selbstbestimmung zugebilligt wird. Die Vorstellung von Erziehung als abgestimmte Kultivierung ist hingegen deutlich kindzentrierter und trennt die Sphären weniger voneinander.

Lareau verknüpft ihre Befunde – die mittlerweile auch in einer Reihe von Studien sowohl in England (Henderson, 2012) wie auch in den USA (Cheadle & Amato, 2011) bestätigt wurden – explizit mit den theoretischen Überlegungen von Bourdieu zu klassenspezifischen Unterschieden auch und gerade im Erziehungsverhalten und in den Erziehungszielen. Inwiefern derartig grundlegende Erziehungsziele bzw. Erziehungsvorstellungen jedoch frei wählbar sind, ist nach wie vor eine offene Frage. Ausgehend von Bourdieus Ansatz würde man zumindest vermuten, dass sich in derartigen Erziehungsvorstellungen bzw. -strategien die soziale Lage auch in Bezug auf deren Wählbarkeit ausdrückt.

Bislang ist empirisch noch nicht abschließend geklärt, inwiefern Erziehungsziele, -verhalten, -stile oder erziehungsbezogene elterliche Strategien etwas Stabiles darstellen oder nicht selbst durch das Kind bzw. die Kinder eine Veränderung über die Zeit erfahren. Befunde deuten darauf hin, dass die Intensität elterlichen Erziehungsverhaltens in Gesellschaften positiv mit dem Ausmaß an sozialer Ungleichheit in einer Gesellschaft korreliert (Doepke, Sorrenti & Zilibotti, 2019). Empirisch zeigt sich, dass beispielsweise in Schweden als einem Land mit vergleichsweise geringerer sozialer Ungleichheit der permissive Erziehungsstil deutlich verbreiteter ist als der autoritative. In Gesellschaften mit hoher sozialer Ungleichheit, so kann man diese Befunde aus der ökonomischen Bildungsforschung interpretieren, lohnen sich Investitionen in eine bildungsorientierte (mit ausgeprägter Intensität praktizierte) Erziehung der eigenen Kinder.

Eine solche bildungsorientierte Erziehung zeigt auch sehr schnell eine entsprechende Wirkung, wie etwa die Befunde zu Kompetenz- bzw. Fähigkeitsunterschieden in einem frühen Alter belegen. Mit Bezug auf die analytische Unterscheidung von primären und sekundären Herkunftseffekten zeigt sich etwa, dass das Vorhandensein/Nicht-Vorhandensein entsprechenden zertifizierten kulturellen Kapitals (also bestimmter Bildungsabschlüsse) Unterschiede *erstens* im Hinblick auf die Fähigkeitsentwicklung (bzw. die Fähigkeitsstände in einem bestimmten Alter) von Kindern erklären kann. Diese Unterschiede in der Kapitalienausstattung beeinflussen *zweitens* aber auch die Entscheidung von Eltern, ob und wann sie ihr Kind in eine Betreuungseinrichtung geben.

Der zweite Aspekt wird im nächsten Kapitel unter dem Stichwort der Betreuungsquote aufgegriffen (▶ Kap. 4.3); der erste Aspekt – also der primäre Herkunftseffekt – zeigt sich in empirischen Studien vor allem verknüpft mit Fragen ethnischer Zugehörigkeit bzw. dem Vorhandensein einer Migrationsgeschichte der Familie. Birgit Becker konnte mit Daten des Projektes »Erwerb von sprachlichen und kulturellen Kompetenzen von Migrantenkindern in der Vorschulzeit« (ESKOM-V) zeigen, dass es im Vergleich von Kindern ohne Migrationshintergrund und Kindern mit türkischem Migrationshintergrund bereits im Alter von drei bis vier Jahren deutliche Kompetenzunterschiede nicht nur im sprachlichen Bereich gibt (B. Becker, 2012). Ohne diese Befunde, die sich zudem nur auf eine regionale Stichprobe beziehen, überzubewerten, lässt sich sicherlich festhalten, dass Familien entlang sowohl sozialer wie ethnischer Dimensionen Unterschiede in der Kompetenzentwicklung von Kindern produzieren, womit Bildungsinstitutionen dann auch umgehen müssen.

Dass Familie sich nicht nur in Eltern als Bildungsressource erschöpft, sondern dass darüber hinaus auch ältere Geschwister Einfluss auf die Bildungsverläufe der jüngeren Geschwister haben können, und dies auch unabhängig von den Eltern, ist mittlerweile in einer Vielzahl von Studien gezeigt worden (beispielsweise Grgic & Bayer, 2015). Ebenfalls von Relevanz für Heranwachsende und hinsichtlich von Ungleichheiten von Einfluss, sind deren Großeltern, was mittlerweile auch zunehmend Eingang in Forschungsperspektiven findet (für den deutschsprachigen Diskurs nach wie vor wichtig Büchner & Brake, 2006; für eine neuere Publikation siehe Grgic & Rauschenbach, 2020).

4.3 Bildung im Elementarbereich

Das, was mittlerweile als elementarer Bildungsbereich verstanden und benannt wird, umfasst alle Bildungseinrichtungen im vorschulischen Bereich. Unter der

Begriffstrias »Bildung, Erziehung und Betreuung« ist dieser Bereich in den letzten Jahren immer bedeutsamer geworden und dies nicht zuletzt, weil einerseits ein immer höherer außerhäuslicher Betreuungsbedarf sichtbar wird und weil andererseits dieser Bereich in seiner Bildungsrelevanz zunehmend erkannt wird.

Seit 2005 sind Kindertageseinrichtungen und die öffentlich geförderte Kindertagespflege unter dem Begriff der »Kindertagesbetreuung« in der Kinder- und Jugendhilfe angesiedelt. Vor allem im Bereich der sogenannten »unter Dreijährigen« zeigt sich in den letzten Jahren eine enorme Entwicklungsdynamik sowohl was das Angebot anbelangt als auch die Nachfrage nach entsprechenden Betreuungsplätzen. Auf Basis von Daten, die durch die Autorengruppe Bildungsberichterstattung zusammengestellt wurden, lässt sich diese Dynamik empirisch auch eindrücklich zeigen, wie in Abbildung 8 (► Abb. 8) deutlich wird.

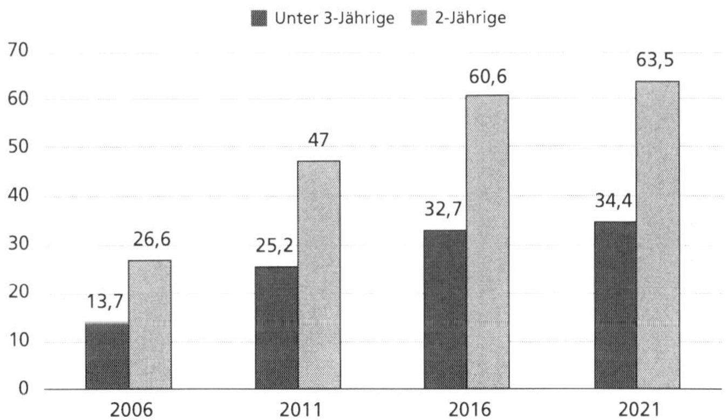

Abb. 8: Betreuungsquoten (in Prozent) von unter Dreijährigen sowie von Zweijährigen von 2006 bis 2021 (eigene Darstellung mit Daten der Autorengruppe Bildungsberichterstattung, 2022)

Es wird deutlich, dass sich bereits mehr als ein Drittel aller unter Dreijährigen in außerhäuslichen Betreuungseinrichtungen befinden. Bei den Zweijährigen liegt dieser Anteil bereits bei knapp 64 %. Im Nationalen Bildungsbericht findet sich zudem eine Aufschlüsselung nach Ost- und Westdeutschland, wobei sich gerade in diesem Bereich spezifische ostdeutsche Pfadabhängigkeiten zeigen (so liegt die Betreuungsquote bei den Zweijährigen in Ostdeutschland sogar bei 85 %). Neben diesem deutlichen Ost-West-Unterschied lassen sich aber auch teils ausgeprägte Unterschiede zwischen einzelnen Kommunen finden. So liegt beispielsweise die Betreuungsquote bei den unter Dreijährigen in Nürnberg im Jahr 2021 bei 29,7 %, während dieselbe Quote in Hamburg bei 47,2 % liegt.[35]

35 Das Statistische Bundesamt bietet auf seinen Seiten interaktive Karten (https://www.destatis.de/DE/Themen/Gesellschaft-Umwelt/Soziales/Kindertagesbetreuung/kindertagesbetreuung-karte.html) der jeweils aktuellen Betreuungsquoten an, in denen auf kommunaler Ebene statistische Informationen abrufbar sind.

Es lässt sich also festhalten: Der Bereich der frühkindlichen und vorschulischen Bildung und Betreuung zeigt hinsichtlich seiner Nutzung eine ausgeprägte Steigerungsdynamik, die jedoch regional und kommunal auf ganz unterschiedlichen Niveaus abläuft. Diese Regionalität ist auch für Fragen von Bildungsgerechtigkeit durchaus interessant.

Dieser Nutzungsentwicklung steht auch eine Angebotsausweitung gegenüber, die allein schon deshalb eine entsprechende Entwicklungsdynamik zeigt, weil seit 2013 für Kinder ab dem vollendeten ersten Lebensjahr ein Rechtsanspruch auf frühkindliche Förderung in einer Tageseinrichtung oder in Kindertagespflege besteht. Die damit einhergehenden Bildungsherausforderungen für die Einrichtungen werden u.a. an Indikatoren wie etwa dem Anteil von Kindern aus Familien mit nicht-deutscher Familiensprache in den Einrichtungen sichtbar. Abbildung 9 zeigt den Anteil von Kindern mit nicht-deutscher Familiensprache an allen Kindern in den Jahren 2009 und 2019 in Tageseinrichtungen und Tagespflege. Hierbei wird unterschieden zwischen Kindern unter drei Jahren und denjenigen zwischen drei Jahren und Schuleintritt (▶ Abb. 9).

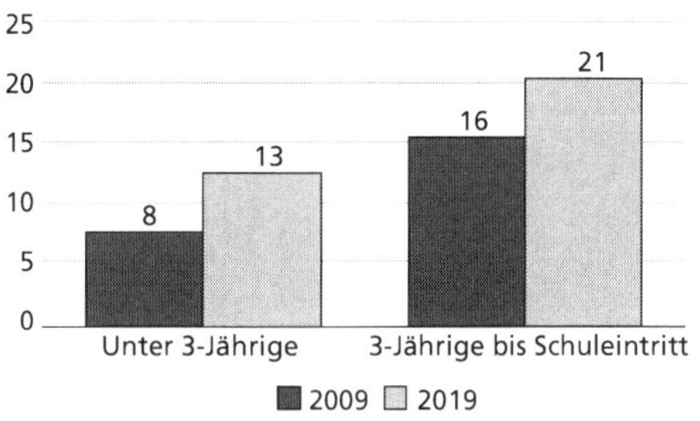

Abb. 9: Anteil Kinder mit nicht-deutscher Familiensprache an allen Kindern in Tageseinrichtungen und Tagespflege 2009 und 2019 (in Prozent) (eigene Darstellung mit Daten der Autorengruppe Bildungsberichterstattung, 2020)

Dass hier nicht Kinder mit sogenanntem Migrationshintergrund abgebildet werden, sondern diejenigen aus Familien mit nicht-deutscher Familiensprache soll auch als ein erster Hinweis dahingehend verstanden werden, dass es hier und im Folgenden vor allem um Merkmale gehen soll, die wir als bildungsrelevant erachten können. Ein Migrationshintergrund als solches, zumal wenn man über die offizielle Definition des Statistischen Bundesamtes hinausgeht[36] und beispielsweise auch eine dritte Generation zu identifizieren sucht, ist zuallererst einmal eher eine Art Platzhalter für Einflussmerkmale auf Bildung, die jedoch inhaltlich zu bestimmen sind (wie etwa Fähigkeiten in der Verkehrssprache).

36 Diese lautet kurz und knapp: »Eine Person hat einen Migrationshintergrund, wenn sie selbst oder mindestens ein Elternteil nicht mit deutscher Staatsangehörigkeit geboren wurde« (https://www.destatis.de/DE/Themen/Gesellschaft-Umwelt/Bevoelkerung/Migration-Integration/Glossar/migrationshintergrund.html).

Greift man nunmehr die im vorigen Abschnitt zum Bildungsort Familie aufgeworfene Frage nach Unterschieden der Nutzung von Institutionen im elementaren Bildungsbereich auf, zeigt sich empirisch eine nicht ganz einfache Gemengelage. Einerseits – das wurde bereits in der oben angeführten ESKOM-V-Studie deutlich – zeigen sich auch im elementaren Bildungsbereich deutliche Unterschiede in der Bildungs- bzw. Kompetenzentwicklung von Kindern mit und ohne Migrationserfahrung bzw. -hintergrund; andererseits zeigen sich aber auch unterschiedliche Nutzungsquoten entlang dieser Unterscheidung. So zeigt sich etwa im DJI-Kinder- und Jugendmigrationsreport 2020 (Lochner & Jähnert, 2020), dass sich Eltern mit und ohne Migrationshintergrund bezüglich des Wunsches nach einem Betreuungsplatz für ihre unter dreijährigen Kinder kaum unterscheiden; bezüglich der Realisierung des Betreuungsplatzwunsches zeigen sich jedoch deutliche Unterschiede, wie aus Abbildung 10 ersichtlich wird (▶ Abb. 10).

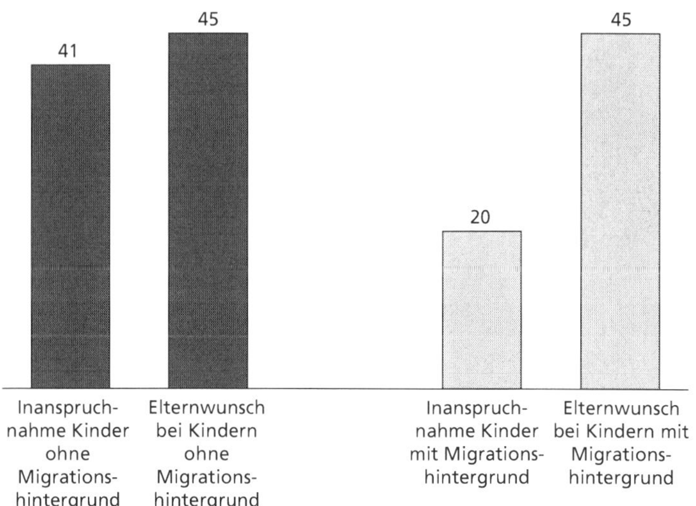

Abb. 10: Inanspruchnahmequote (2018) von unter Dreijährigen und Elternwünsche (2017) nach Migrationshintergrund (in Prozent) (eigene Darstellung mit Daten aus Lochner & Jähnert, 2020)

Während der Betreuungswunsch in beiden Gruppen bei 45 % liegt, können Eltern mit Kindern ohne Migrationshintergrund diesen auch weitestgehend realisieren, während die Realisierungsquote bei den Eltern mit Kindern mit Migrationshintergrund weniger als 50 % beträgt. An dieser Stelle im Bildungssystem ist also nicht allein die elterliche Entscheidung für den sekundären Herkunftseffekt relevant, sondern die Realisierbarkeit einer Entscheidung führt zu dem entsprechenden Effekt.

Erweitert man nun den Blick über die reine Ja-Nein-Frage hinaus und bezieht Qualitätsaspekte mit ein, dann müssen bzw. müssten die bildungssoziologischen Analysen auch deutlich kleinteiliger (etwa im Sinne der sozialräumlichen Zuschneiden der Analysen) werden. Ein Aspekt, über den auch bereits seit Längerem intensiv diskutiert wird, ist die Frage der Qualifikation des pädagogischen Personals innerhalb der Einrichtungen, wozu auch die Frage der Breite der Qualifikationen in Einrichtungen gehört, die z. B. im Hinblick auf Sprachförderung oder auch Inklusion von hoher Relevanz ist. Insgesamt zeigt sich der Bereich der elementaren Bildung als ein Wachstumsbereich, wie sich aus den Entwicklungen der letzten Jahre ablesen lässt. Lag die Zahl der in Kitas/Kindertagespflege tätigen Personen Anfang der 1990er Jahre noch bei etwas mehr als 360.000, arbeiteten im Jahr 2020 bereits über 830.000 Personen in diesem Arbeitsfeld (Autorengruppe Fachkräftebarometer, 2021). Betrachtet man die Qualifikationsentwicklung in den letzten zehn Jahren, so zeigt sich zwar eine leichte Zunahme an hochschulisch ausgebildetem Personal (von 3,2 % im Jahr 2011 auf 5,5 % im Jahr 2021). Insgesamt ist der Bereich jedoch eher durch eine Stabilität in den Qualifikationen geprägt.[37]

Dass die Qualität der außerhäuslichen Betreuung einen Effekt auf die Fähigkeits- und Kompetenzentwicklung von Kindern bis in die Schulzeit hinein hat, ist international empirisch gut belegt. In Deutschland ist die quantitative Datenlage zur Qualitätsfrage jedoch vergleichsweise übersichtlich (für eine Übersicht siehe Kluczniok, 2018). Eine der ersten Studien, die sich diesem Thema auf breiter Datenbasis widmete, war die »Nationale Untersuchung zur Bildung, Betreuung und Erziehung in der frühen Kindheit« (NUBBEK), in der sowohl Eltern wie auch Einrichtungen im Zentrum der Untersuchung standen (Tietze et al., 2013). Allerdings zeigte sich in den Daten der NUBBEK-Studie, dass der Zusammenhang zwischen familialen Merkmalen und den Entwicklungsständen der Kinder um ein Vielfaches stärker war als zwischen Entwicklung und außerhäuslicher Betreuung. Gleichzeitig nimmt dieser Zusammenhang aber zu, je früher Kinder in die außerhäusliche Betreuung kommen. Neben der NUBBEK-Studie ist es vor allem die sogenannte BIKS-Studie (»Bildungsprozesse, Kompetenzentwicklung und Selektionsentscheidungen im Vorschul- und Schulalter«), in der die Bildungsentwicklung von Kindern zwischen drei und zehn Jahren längsschnittlich in den Bundesländern Bayern und Hessen untersucht wurde.[38]

Hier konnte gezeigt werden, dass die Qualität[39] des besuchten Kindergartens die mathematischen Fähigkeiten bis in die Grundschulzeit hinein beeinflusst (Anders, Grosse, Rossbach, Ebert & Weinert, 2013; Lehrl, Kluczniok & Rossbach, 2016). Gleichzeitig verdeutlichen beide Studien, dass die Qualität der Einrichtungen insgesamt eher durchschnittlich ist und dass die Disparitäten zwischen den Kindern im Alter von drei Jahren bereits sehr ausgeprägt sind. Aus den internationalen Forschungen ist jedoch bereits seit Längerem bekannt, dass vor allem Kinder aus benachteiligten Sozial- und Bildungslagen von qualitativ hochwertigen Einrichtungen sehr deutlich profitieren.

37 Erwartungsgemäß zeigen sich hier sowohl Ost-West-Unterschiede als auch teils deutliche Unterschiede auf Ebene der Bundesländer.

38 Grundlegende und weiterführende Informationen zu dieser Studie finden sich auf der Projekthomepage der Uni Bamberg: https://www.uni-bamberg.de/biks/.

39 Die Unterscheidung von Prozess-, Struktur- und Orientierungsqualität als drei Dimensionen/Ausprägungen der Qualität frühkindlicher Bildungs- und Betreuungseinrichtungen wird sowohl in der BIKS- wie auch In der NUBBEK-Studie verwendet (siehe hierzu grundlegend Tietze & Lee, 2009).

Jenseits dieser sehr wichtigen pädagogischen und entwicklungspsychologischen Fragen über die Auswirkungen der Qualität der Bildungs- und Betreuungseinrichtungen im elementaren Bildungsbereich fokussiert die Bildungssoziologie darüber hinaus die Auswirkungen der sozialen Zusammensetzung von Einrichtungen auf der Ebene der Kinder. Im einfachsten Fall, wenn also alle Eltern ihre Kinder immer in der nächstliegenden Kita anmelden (könnten), spiegelt die Zusammensetzung der Kinder die soziale Zusammensetzung des Einzugsgebiets der Kita. Da es jedoch im Gegensatz etwa zur Grundschule kein verpflichtendes Sprengelprinzip gibt, was gleichzeitig bedeutet, dass Kitas auch nicht immer genau dort entstehen (müssen), wo sie geografisch benötigt werden, ist die Zusammensetzung einer Kita das Ergebnis einer ganzen Reihe von bildungssoziologisch interessanten und relevanten Prozessen.

Die im achten Sozialgesetzbuch (SGB VIII) verankerten strukturellen Rahmenbedingungen und die im KJHG (Kinder- und Jugendhilfegesetz) formulierten Grundsätze der Kindertagesbetreuung platzieren die Ausgestaltung des Angebots auf der Ebene der Kreise und Kommunen und dort bei den jeweiligen Jugendämtern, die sowohl die Selbstverantwortung für Gestaltung und Planung innehaben, selbst aber auch Leistungserbringer sind, indem sie eigene Einrichtungen unterhalten (Jehles, 2022).

Als ein Indikator für die Frage nach den Qualitätsherausforderungen einer Kita wird in der Forschung bereits seit Längerem der Indikator des Anteils an Kindern mit Migrationshintergrund genutzt. Jehles (2022) weist in diesem Zusammenhang jedoch darauf hin, dass diese Information in Deutschland nicht für alle Kreise bzw. Kommunen vorliegt. Was sie mit Analysen der vorhandenen Daten zeigen kann, ist, dass es eine sehr große Varianz hinsichtlich dieses Merkmals in einzelnen Bundesländern gibt, und dass der Anteil an Kindern mit Migrationshintergrund praktisch überall bei nicht-konfessionellen freien Trägern am geringsten ist. Die Einrichtungen im frühkindlichen Bereich zeichnen sich, so kann man diese Befunde zusammenfassen, durch eine je nach Kommune und Träger teilweise deutliche Segregation[40] aus.

4.4 Bildung in der Schule

Unabhängig davon, ob und auch wie lange eine vorschulische Bildungseinrichtung besucht wurde, müssen Kinder, die bis zum 30. September eines Jahres das sechste Lebensjahr vollendet haben – aber auch hier gibt es ein paar bundeslandspezifische Besonderheiten –, im selben Jahr eingeschult werden. Neben dem reinen Lebensalter des Kindes ist jedoch eine Schuleingangsuntersuchung für die erfolgreiche

40 Als Segregation wird hier die ungleiche Verteilung von Kindern mit bestimmten Merkmalen (in den Ergebnissen hier das Vorhandensein/Nicht-Vorhandensein eines Migrationshintergrundes) zwischen unterschiedlichen Trägern von Kitas verstanden.

Einschulung, die in den meisten Bundesländern durch die Gesundheitsämter durchgeführt wird, eine ebenfalls notwendige Voraussetzung. Diese ist auch und gerade für bildungssoziologische Analysen durchaus von Interesse, weil sich hier nicht nur allgemeine Trends zeigen, sondern darüber hinaus soziale Herkunftsunterschiede manifestieren können. So weist etwa Helbig (2020) darauf hin, dass es in Berlin bei den Schuleingangsuntersuchungen große Unterschiede zwischen den Bezirken gibt. Während in bestimmten Gegenden ›nur‹ 8 % der untersuchten Kinder Sprachdefizite aufweisen, liegt diese Zahl in anderen Gegenden bei 40 bis 50 %. Das heißt, entsprechend des Sprengelprinzip sind die Grundschulen dann auch mit sehr unterschiedlichen Herausforderungen konfrontiert, was etwa die Bearbeitung solcher Sprachdefizite anbelangt. Je nach Bundesland können derartige Defizite aber auch direkt zu einer Zurückstellung und damit zu einem zeitlichen Aufschub der Einschulung führen, der in den Bundesländern mit ganz unterschiedlichen Reaktionen verknüpft ist. Im Falle Bayerns etwa lag die Quote der Zurückgestellten im Schuljahr 2016/17 bei 14 %. Bayern gehört zur Gruppe derjenigen Bundesländer, in denen neben gesundheitlichen Aspekten auch – wie Bellenberg und Brahm (2019) dies nennen – die »antizipierte nicht-erfolgreiche Teilnahme« am Schulunterricht als Kriterium einer Zurückstellung herangezogen wird. Differenziert man die Gruppe der Zurückgestellten weiter, so zeigt sich, hier wiederum für Bayern, dass bei Kindern ohne deutsche Staatsangehörigkeit diese Zurückstellungsquote im Schuljahr 2016/17 bei 21,7 % lag.

Der Übergang in die Grundschule gestaltet sich also nicht für alle in gleicher Weise und zum gleichen Zeitpunkt und man kann bestimmte Gruppen erkennen, die in stärkerem Maße etwa von Zurückstellungen betroffen sind. Hierzu gehören Kinder ohne deutsche Staatsangehörigkeit, Kinder mit Migrationshintergrund und Jungen.

4.4.1 Inklusive Bildung in der Schule

Neben der Zurückstellung, die dann entweder mit einem tatsächlichen Förderauftrag verknüpft ist oder eben nicht, kann auch die Feststellung eines *sonderpädagogischen Förderbedarfs* gleich am Beginn der Schulkarriere eines Kindes stehen. Aktuell werden etwas über 3 % der Kinder direkt in Förderschulen und etwa 1,4 % Kinder mit sonderpädagogischem Förderbedarf an Grundschulen eingeschult. Bezogen auf den Gesamtbereich von Klasse 1 bis Klasse 10 (also der Bereich, in dem auch Förderschulen als nicht-inklusive Beschulungsart angesiedelt sind) liegt die Quote von Schüler*innen mit sonderpädagogischem Förderbedarf im Schuljahr 2021/22 bei 8,3 %.

Aber auch in diesem Bereich finden sich deutliche Bundeslandspezifika (► Abb. 11). Vergleicht man hier etwa Bayern (als Bundesland, das mit einem Zwei-Säulen-Modell auf eine Beibehaltung der Förderschule bei gleichzeitiger Inklusion ins Regelschulsystem setzt) mit dem Bundesland Bremen (das sich stärker in Richtung einer reinen Inklusionslösung entwickelt), so zeigen sich sowohl Unterschiede hinsichtlich des Ausmaßes an festgestelltem Förderbedarf wie auch hinsichtlich der

Gruppenspezifik (hier in der Unterscheidung von Kindern mit und ohne deutsche Staatsangehörigkeit).

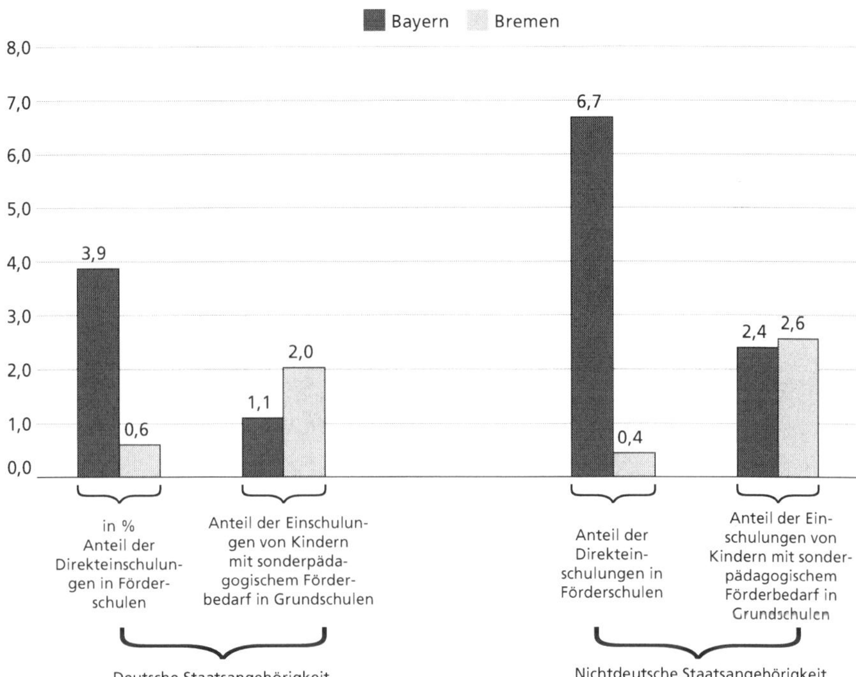

Abb. 11: Anteil der direkten Einschulungen von Kindern in Förderschulen und von Kindern mit sonderpädagogischem Förderbedarf in Grundschulen 2020/21 nach Staatsangehörigkeit in Bayern und Bremen (in Prozent) (eigene Darstellung mit Daten der Autorengruppe Bildungsberichterstattung, 2022)

Es zeigt sich zum einen, dass in Bayern fast doppelt so vielen Kindern ein sonderpädagogischer Förderbedarf (realisiert in Förderschulen oder in Grundschulen) attestiert wird als in Bremen. Zum zweiten zeigt sich, dass in Bremen die Gruppe derjenigen Kinder ohne deutsche Staatsangehörigkeit nur leicht überproportional (3 % vs. 2,6 %) vertreten ist, während Kinder ohne deutsche Staatsangehörigkeit in Bayern mit 9,1 % gegenüber 5 % deutlich stärker entweder in Förderschulen oder mit Förderbedarf in einer Grundschule eingeschult werden.

Derartige Unterschiede sind sicherlich Ausdruck divergierender bildungspolitischer Vorstellungen zwischen den Bundesländern. Bildungssoziologisch bedeuten sie vor allem einen Einfluss der regionalen Verortung auf die Wahrscheinlichkeit, in einer Förderschule oder mit Förderbedarf eingeschult zu werden. Für empirische Untersuchungen heißt das dann: Wenn man die Wahrscheinlichkeit, in einer Förderschule zu sein, erklären möchte, dann ist die Information, wo in Deutschland ein Kind zur Schule geht, ein Erklärungsfaktor.

Zwei Aspektgruppen, die für die Erklärung von Bildungsungleichheiten relevant sind, fließen in diesem Faktor zusammen. Erstens scheinen sich hier institutionelle

Regelungen und damit auch institutionenbasierte Praktiken etwa dahingehend auszuwirken, dass bei einem Kind an einem Ort ein sonderpädagogischer Förderbedarf festgestellt wird und an einem anderen Ort möglicherweise nicht. Zweitens aber könnten sich hier auch gruppenselektive Effekte zeigen, insoweit an einem Ort möglicherweise mehr Kinder leben, bei denen ein sonderpädagogischer Förderbedarf vorliegt und an einem anderen Ort weniger Kinder mit einem solchen. Allerdings würden wir das auf der Ebene von Bundesländern eher nicht erwarten, wobei im angezeigten Beispiel (Bayern und Bremen, ► Abb. 11) zwei Bundesländer verglichen werden, die sich sicherlich (Stadtstaat und Flächenstaat) hinsichtlich der Bevölkerungsstruktur und der soziodemografischen Hintergründe der jeweiligen Bevölkerung unterscheiden.

Wenn man nochmals den Aspekt der Segregation, der im vorigen Kapitel angesprochen wurde (► Kap. 4.3), aufgreift, so ist eine solche Gruppenspezifik (also eine typische Häufung bestimmter sozialer bzw. bildungsrelevanter Merkmale an bestimmten Orten) etwa auf der Ebene von Stadtteilen oder anderen sozialräumlichen Einheiten durchaus plausibel, wie beispielsweise auch Helbig (2020) in Bezug auf entsprechende Unterschiede in den Zurückstellungen bezogen auf kleinräumigere Bereiche innerhalb Berlins darlegt. Insgesamt kann man festhalten, dass der gesamte Förderschulbereich bzw. der Bereich sonderpädagogischer Förderung auf Ebene der Schüler*innenzahlen zunimmt, dass diese Zunahme jedoch in den Bundesländern sehr unterschiedlich ausgeprägt ist und zudem auch unterschiedlich institutionell verarbeitet wird (Förderschulen vs. Inklusion ins Regelschulsystem).

Die Gruppe von Kindern und Jugendlichen mit sonderpädagogischem Förderbedarf ist für sozial- bzw. heilpädagogische Professionen sicherlich von besonderem Interesse und dies nicht zuletzt, weil sich an diesen Schüler*innen auch die Debatte um Artikel 24 der UN-Behindertenrechtskonvention (UN-BRK) entzündet. Diese stellt wiederum eine wichtige Arbeitsgrundlage von sozial- sowie kindheits- und heilpädagogischen Professionen dar.

Exkurs: UN-Behindertenrechtskonvention und inklusive Beschulung

Das Übereinkommen über die Rechte von Menschen mit Behinderungen (Convention on the Rights of Persons with Disabilities – CRPD), in Kurzform als UN-Behindertenrechtskonvention (UN-BRK) bezeichnet, wurde von der UN-Vollversammlung am 13. Dezember 2006 verabschiedet und trat am 3. Mai 2008 in Kraft. Für Bildungsfragen ist vor allem Artikel 24, in dem es u.a. um die Verpflichtung zur inklusiven Beschulung geht, von besonderem Interesse. Die Vertragsstaaten verpflichten sich darauf, dass – so der Wortlaut der deutschen Version – »Menschen mit Behinderungen nicht aufgrund von Behinderung vom allgemeinen Bildungssystem ausgeschlossen werden und dass Kinder mit Behinderungen nicht aufgrund von Behinderung vom unentgeltlichen und obligatorischen Grundschulunterricht oder vom Besuch weiterführender Schulen ausgeschlossen werden; Menschen mit Behinderungen gleichberechtigt mit anderen in der Gemeinschaft, in der sie leben, Zugang zu einem integrativen, hochwertigen und unentgeltlichen Unterricht an Grundschulen und weiterführenden Schulen haben« (UN-BRK, Artikel 24). Der UN-Ausschuss zum Schutz der Rechte von Menschen mit Behinderungen (Committee on the Rights of Persons with Disabilities) formuliert in einem Kommentardokument zu Artikel 24 der UN-BRK, dass die UN-BRK »the first legally binding instrument to contain a reference to the concept of quality inclusive education« (https://www.ohchr.org/en/documents/general-comments-and-recommendations/general-comment-no-4-article-24-right-inclusive) darstellt.

Die UN-BRK muss mit den dort vorgenommenen Ausführungen zu Bildung auch im Kontext des Artikels 26 der 1948 von der UN-Vollversammlung verabschiedeten Allgemeinen Erklärung der Menschenrechte gelesen werden; dort wird eingangs ausgeführt: »Jeder hat das Recht auf Bildung. Die Bildung ist unentgeltlich, zum mindesten der Grundschulunterricht und die grundlegende Bildung« (Resolution der Generalversammlung 217 A (III) Allgemeine Erklärung der Menschenrechte). Die Kultusministerkonferenz fasste im Jahr 2011 (KMK, 2011) einen entsprechenden Beschluss zur inklusiven Bildung von Kindern und Jugendlichen, in dem Voraussetzungen erfolgreicher Inklusion benannt werden: »Menschen mit Behinderung müssen zum einen bei der Wahl der Schule Menschen ohne Behinderung gleichgestellt werden. Zum anderen muss durch geeignete Maßnahmen sichergestellt sein, dass alle Schülerinnen und Schüler ihr Recht auf die persönliche Entwicklung und Teilhabe am Schulleben durchsetzen können« (Gebhardt & Heimlich, 2018, S. 1249).

Alle drei Dokumente – Allgemeine Erklärung der Menschenrechte, UN-Behindertenrechtskonvention sowie KMK-Beschluss zur inklusiven Bildung – formulieren die rechtlichen Rahmenbedingungen und die Umsetzungsabsichten (bildungs-)politischer Akteure. Die empirische Wirklichkeit ist im Vergleich zu dem dort Beschriebenen jedoch noch eine andere (siehe die Ausführungen und Befunde im Haupttext).

Werning (2019) weist darauf hin, dass die Inklusionsdebatte (sowohl global wie auch in Deutschland) im Kern mit zwei Inklusionsbegriffen oder -verständnissen operiert. Einerseits ein engerer Begriff von Inklusion, der sich vor allem auf diejenigen konzentriert, die bislang exkludiert waren und sind, und andererseits ein Verständnis von Inklusion, das sich auf alle bezieht und das die Entwicklung aller Schüler*innen in den Blick nimmt. Im Kontext der Debatte über Förderschulen und/oder inklusive Beschulung in Regelschulen geht es insbesondere um die Frage, welche Effekte Inklusion auf die Kompetenz- und Lernentwicklung von Kindern hat. Insgesamt zeigt sich, dass der Anteil derjenigen, denen ein sonderpädagogischer Förderbedarf attestiert wurde, im Verlauf der letzten Jahre kontinuierlich zugenommen hat.

Betrachtet man die Befunde zur Frage ob und inwieweit eine inklusive Beschulung (im Vergleich zu einer Beschulung in einer Förderschule) einen positiven oder negativen Effekt auf die Lernentwicklung bzw. die Kompetenzentwicklung von Kindern besitzt, so zeigen die meisten Studien (sowohl national wie international), dass Kinder, die gemeinsam mit anderen inklusiv unterrichtet werden, davon nicht negativ beeinflusst werden, sondern tendenziell eher davon profitieren. Dies trifft zudem auf alle Förderschwerpunkte (inklusive geistige Entwicklung sowie körperliche Beeinträchtigung) zu (vgl. für eine Zusammenstellung der Befunde Werning, 2019). Etwas uneindeutiger ist hingegen das Bild im Bereich der sozial-emotionalen Entwicklung bzw. der Entwicklung sozialer Fähigkeiten. Hier zeichnet sich ab, dass die Entwicklung in diesem Bereich in stärkerem Maße von den eingesetzten pädagogischen Konzepten abzuhängen scheint (Huber & Wilbert, 2012).

Unter einem erweiterten Begriffsverständnis von Inklusion und mit Blick auf alle Lernenden ist, jenseits der vergleichenden Analyse von Effekten inklusiver vs. exklusiver Beschulung von Kindern/Jugendlichen mit Förderbedarf die Frage interessant, welche Auswirkungen ein gemeinsamer Unterricht auf die Entwicklung derjenigen Kinder und Jugendlichen hat, die keinen sonderpädagogischen Förderbedarf haben. Auch hier sind die Befunde relativ eindeutig. Ein inklusives Setting zeigt keine negativen Auswirkungen im Vergleich zur bisherigen exklusiven Beschulung. Das ist allein schon deshalb interessant, da es insbesondere in Deutschland eine bereits seit Langem geführte Diskussion über das Thema Homogenität vs. Heterogenität von Lerngruppen gibt. Auch hier weisen die empirischen Befunde darauf hin, dass unter Leistungsgesichtspunkten gleichmäßig zusammengesetzte heterogene Lerngruppen für alle Beteiligten durchaus positive Effekte haben. In Lerngruppen, bei denen jedoch leistungsfähigere Schüler*innen fehlen, sind solche Effekte nicht zu finden (Werning, 2019). Dies verdeutlicht nochmals, dass ein lernförderliches Klassenklima auch von der heterogenen Zusammensetzung der Schüler*innenschaft abhängt, wobei jedoch – wie in Bezug auf die sozialräumlichen Segregationen deutlich wurde – die Schulen hier nur begrenzt Möglichkeiten haben, darauf einzuwirken.

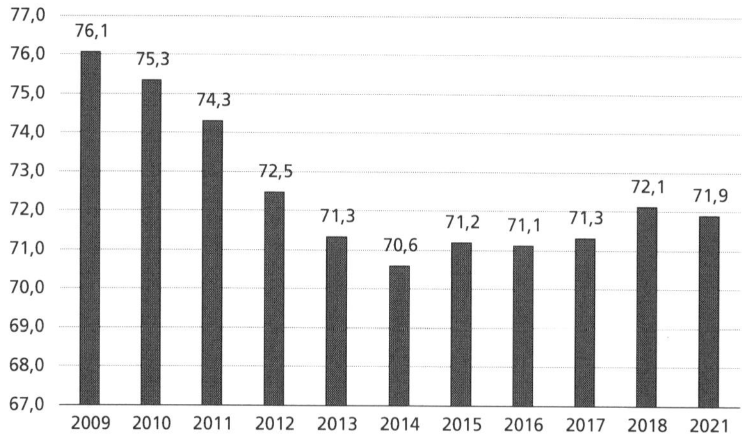

Abb. 12: Anteil Schüler*innen, die zwischen 2009 und 2021 eine Förderschule ohne Abschluss verlassen (in Prozent) (eigene Darstellung mit Daten der KMK sowie des Statistischen Bundesamtes)

Interessant in diesem Zusammenhang ist dann auch die Frage nach den Bildungswegen derjenigen mit sonderpädagogischem Förderbedarf und dies vor allem hinsichtlich des Erwerbs von (schulischen) Abschlüssen. Erfolgreiche Übergänge sind im deutschen Bildungs- und Berufsbildungssystem nach wie vom Vorhandensein entsprechender Zertifikate abhängig. In Abbildung 12 findet sich die Quote derjenigen, die eine Förderschule zwischen 2009 und 2021 ohne Abschluss verlassen haben (▶ Abb. 12).

Zum einen ist zu erkennen, dass sich der Anteil über die Jahre nur wenig verändert und dass es nach einem Rückgang bis 2014 eher auch wieder zu einer Zunahme kommt. Gleichzeitig ist die Zahl mit mehr als 70 % durchaus bedeutsam. Vergleicht man den Wert von 2021 (71,9 %) mit dem Anteil derjenigen Schüler*-innen mit sonderpädagogischem Förderbedarf an Regelschulen, die 2021 die Schule ohne Abschluss verlassen haben, so zeigt sich, dass dieser Wert bei 45,6 % liegt, also weniger als die Hälfte derjenigen in inklusiver Beschulung die Schule ohne Abschluss verlassen haben.

4.4.2 Bildung im gegliederten Schulsystem

Neben diesen Besonderheiten wie sonderpädagogische Förderung und/oder exklusive vs. inklusive Beschulungsformen zeichnet sich das deutsche Bildungssystem zudem durch eine relativ frühe Aufgliederung aus. Wie aus der Abbildung zum Bildungssystem ersichtlich wird (▶ Abb. 2), gliedert sich die Sekundarstufe in unterschiedliche Schularten, die meist ab Klasse 5 beginnen.[41] Da die Planungs- und Gestaltungshoheit über die Schulen und das Schulsystem bei den Bundesländer liegt, unterscheiden sich diese dann auch teilweise deutlich in Bezug auf die genauere Ausgestaltung der Sekundarstufe. Vereinfacht kann man konstatieren, dass es Bundesländer mit einem eher dreigliedrigen und solche mit einem eher zweigliedrigen System gibt, bei einer Gesamttendenz hin zu einer (erweiterten) Zweigliedrigkeit.[42]

Bildungssoziologisch interessant ist dann vor allem, was an der Übergangsschwelle, also dem Übertritt von der Grund- in eine der weiterführenden Schulformen passiert, und dies sowohl bezogen auf größere Entwicklungstrends wie auch im Hinblick auf die genauere Erklärung individueller Bildungsverläufe.

Da die Unterschiede in der Gliedrigkeit von Schulformen in den Bundesländern einfache Vergleiche deutlich erschweren, lassen sich längerfristige Entwicklungen im schulischen Bildungsbereich vor allem entlang der erreichten Abschlüsse sichtbar machen. In Abbildung 13 ist die Verteilung von Schulabschlüssen in der bundesrepublikanischen Bevölkerung (vor 1991 nur in Westdeutschland) dargestellt (▶ Abb. 13).

41 In den Bundesländern Berlin und Brandenburg endet die Grundschule erst nach der sechsten Klasse.

42 Der Nationale Bildungsbericht nutzt in diesem Bereich die Unterscheidung von (1) zweigliedrigen Systemen, (2) zweigliedrig erweiterten Systemen sowie (3) erweitert traditionelle Systeme (Autorengruppe Bildungsberichterstattung, 2022, S. 122).

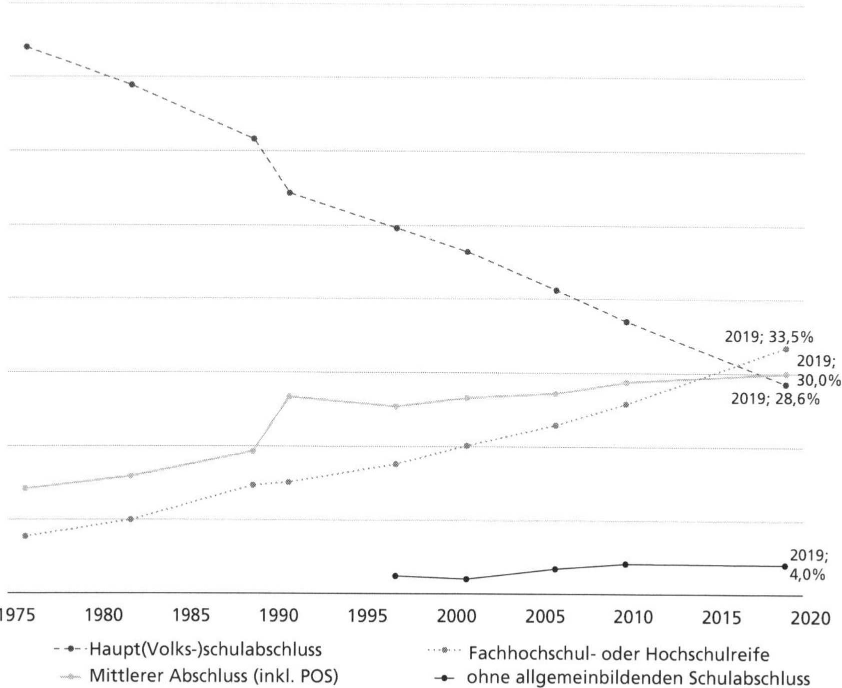

Abb. 13: Bevölkerung nach Bildungsabschluss zwischen 1976 und 2019 (eigene Darstellung mit Daten des Statistischen Bundesamtes)

Während in den 1970er Jahren der überwiegende Teil der Bevölkerung maximal über einen Volksschul- bzw. Hauptschulabschluss verfügte, zeigt sich 2019 eine völlig andere Verteilung. So sind diejenigen, die über eine Fachhochschul- oder Hochschulreife verfügen, mit 33,5 % die mittlerweile relativ größte Teilgruppe. In den jüngeren Altersjahrgängen stellt diese Gruppe sogar die absolute Mehrheit dar (so verfügen 54,2 % der 20- bis 30-Jährigen im Jahr 2019 über eine Fachhochschul- oder Hochschulreife). Dieser stetige Prozess stellt einen Teil dessen dar, was unter dem Begriff der *Bildungsexpansion* seit den 1960er Jahren auch den Kern bildungspolitischer Anstrengungen bildet.

Bildungsexpansion

In einem ersten Verständnis bezieht sich der Begriff Bildungsexpansion vor allem auf die Ausweitung von Bildungsanstrengungen, die sich etwa in einer deutlichen Erhöhung der Finanzierung von Bildung niederschlägt. In diesem Bereich wird auf ganz unterschiedliche Indikatoren zurückgegriffen. Ein auch und gerade für internationale Vergleiche häufig verwendeter Indikator sind »Bildungsausgaben in Prozent des Bruttoinlandsprodukts« (in der Kurzform: das BIP). Bildungsausgaben (der öffentlichen Haushalte) beinhalten alle direkten

Bildungsausgaben im Elementar-, Primar- und Sekundarbereich sowie im Bereich tertiärer Bildung.[43]

Für einen ersten empirischen Eindruck sind in Abbildung 14 die Bildungsausgaben in Deutschland absolut (in Mrd. Euro) sowie als Prozent des BIP (Skala rechts) zwischen 1995 und 2021 dargestellt (▶ Abb. 14).

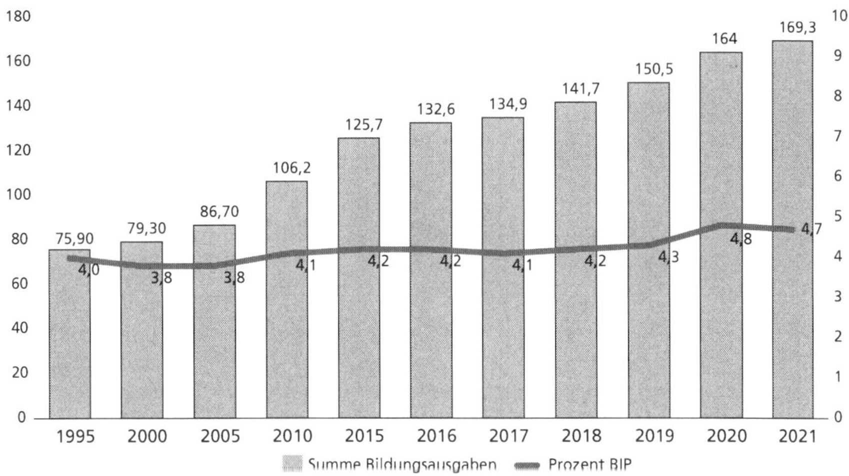

Abb. 14: Bildungsausgaben der öffentlichen Haushalte in Deutschland von 1995 bis 2021 (eigene Darstellung mit Daten des Bildungsfinanzberichts 2022, Statistisches Bundesamt (Destatis), 2022a)

Einerseits ist unschwer zu erkennen, dass die Bildungsausgaben absolut betrachtet durchgehend steigen; betrachtet man jedoch den jeweiligen Prozentanteil des BIP, der für Bildung ausgegeben wird, so zeigt sich nur wenig Steigerung, wobei der kleine Sprung in 2020 vor allem auf den Rückgang des BIP, bedingt auch durch die weltweite Covid-19-Pandemie, zu erklären ist. Insgesamt besehen liegen die Bildungsausgaben konstant teils deutlich unter 5% des BIP, wobei Deutschland mit diesem Wert sowohl hinter anderen europäischen Ländern (etwa Norwegen, Schweden, Dänemark, Großbritannien) zurückbleibt als auch durchgängig unter dem Durchschnitt aller OECD-Länder liegt. Der Schwerpunkt der Bildungsausgaben liegt zudem vor allem im Bereich der Sekundarbildung und es fließt relativ weniger Geld in den Bereich der Primarstufe. Auch hier unterscheidet sich das deutsche Bildungssystem deutlich etwa von den skandinavischen Ländern, in denen

43 Die Bildungsausgaben der öffentlichen Haushalte sind zu unterscheiden vom sogenannten Bildungsbudget, in dem weitere bildungsbezogene Ausgaben einberechnet werden, so etwa Ausgaben der Bundesagentur für Arbeit im Bereich der Bildung sowie Sozialbeiträge für Studierende oder auch Kindergeldzahlungen, die in der Zeit der Bildung/Ausbildung von Kindern/Jugendlichen ausbezahlt werden (genauere Erläuterungen sowie die jeweils aktuellen Zahlen können den Bildungsfinanzberichten des Statistischen Bundesamtes im Auftrag des BMBF sowie der KMK entnommen werden).

relativ gesehen mehr Ausgaben im Bereich der Primarstufe erfolgen. Diese Ausgabenstruktur im Bildungsbereich ist für weiter unten zu behandelnde Fragen von Chancengleichheit und deren Realisierung von Interesse.

4.4.3 Bildungsungleichheiten und soziale Herkunft

In Kapitel 3 wurden zwei Ansätze vorgestellt (die Theorie rationaler Wahlhandlung sowie die kulturelle Reproduktionstheorie von Bourdieu), die sich insbesondere mit dem Zusammenhang von sozialen Ungleichheiten und Bildung bzw. Bildungsverläufen auseinandersetzen. Aus beiden heraus lassen sich nunmehr Erklärungen formulieren, mit denen das Bildungsgeschehen in der Schule (aber auch davor und danach) in den Blick genommen werden kann. Die Theorien rationaler Wahlhandlung fokussieren insbesondere das Zusammenspiel von Herkunft und Bildungserfolg über die beiden zentralen Stellschrauben »herkunftsabhängige Leistungsentwicklung« sowie »herkunftsabhängige Bildungsentscheidungen«. Die kulturelle Reproduktionstheorie von Bourdieu versucht darüber hinaus das (ungleiche) Bildungsgeschehen in einen gesamtgesellschaftlichen Zusammenhang zu bringen und die Mechanismen herauszuarbeiten, die dazu führen, dass die Ungleichheitsstruktur von Gesellschaften eher stabil ist, dass also die Nachkommen derjenigen, die in der sozialen Hierarchie oben sind, auch wieder nach oben kommen und die anderen nicht. Sicherlich sieht man in der sozialen Realität viel Bewegung und es wäre falsch zu behaupten, es gäbe keine soziale Mobilität. Was jedoch festgehalten werden kann, ist, dass die Wahrscheinlichkeiten für sozialen Aufstieg bzw. für das Erreichen einer hohen sozialen Position zwischen divergierenden sozialen Herkünften unterschiedlich ausgeprägt sind.

Exkurs: Soziale Herkunft

Wenn über soziale Herkunft gesprochen wird, dann bezog man sich über lange Zeit vor allem auf die ökonomische Situation von Familien bzw. Haushalten. Menschen, Familien, Gruppen wurden über ihre jeweiligen finanziellen Ressourcen beschrieben; und wenn davon gesprochen wurde, dass soziale Herkunft eine Auswirkung auf etwas hätte, war damit meist der Zusammenhang zwischen der finanziellen (häufig über Einkommen und/oder Vermögen gemessenen) Ausstattung von Familien/Haushalten und dem zu untersuchenden Phänomen gemeint.

Auch heute noch ist dieser Zusammenhang in der bildungssoziologischen Forschung prominent vertreten, vor allem im internationalen Kontext. So nutzt beispielsweise Thomas Piketty (2020, S. 58) für seine Analysen des Zusammenhangs sozialer Herkunft und der Zugangswahrscheinlichkeit zu einer Hochschule in den USA das Elterneinkommen als Indikator und kann damit zeigen, dass der Zusammenhang fast idealtypisch linear ist: je höher das Elterneinkommen desto höher der Anteil der Kinder der jeweiligen Einkommensschicht, die einen Hochschulzugang realisieren. Dieser Zusammenhang findet sich auch in Deutschland (Wößmann, Schoner, Freundl & Pfaehler, 2023).

Neben dieser rein auf die ökonomischen Ressourcen abstellenden Operationalisierung sozialer Herkunft findet sich mittlerweile – nicht zuletzt durch die Arbeiten von Pierre Bourdieu angeregt – eine stärkere Integration von kulturellem Kapital (meist in Form von Bildungs- und/oder Berufsabschlüssen) in diese Herkunftsbestimmung. Bildungs- sowie Ausbildungsabschlüsse werden in vielen quantitativ-empirischen Studien mittels der sogenannten International Standard Classification of Education (ISCED) abgebildet, ein durch die UNESCO genehmigtes Messinstrument für Bildungsniveaus. Diese Klassifikation (in der derzeit gültigen Version des ISCED-2011) unterscheidet auf der obersten Ebene acht Bildungsniveaus, angefangen bei »weniger als Primarstufe« bis hin zu »Promotion oder äquivalentes Niveau« (UNESCO, 2012). Eine Zuordnung der deutschen Bildungs- und Ausbildungsabschlüsse findet sich beispielsweise in einer Veröffentlichung der Statistischen Ämter des Bundes und der Länder, in der internationale Bildungsindikatoren verglichen werden und der Bildungs- bzw. Ausbildungstand in Deutschland unter Nutzung dieser Indikatoren dargestellt wird (Statistische Ämter des Bundes und der Länder, 2021).

Neben Einkommen (als ökonomischem Herkunftsindikator) sowie Bildungs-/Ausbildungsabschlüssen (als kulturellem Herkunftsindikator) stellt ein Migrationshintergrund einen weiteren Herkunftsindikator dar, der in bildungssoziologischen Fragestellungen nach dem Zusammenhang von (sozialer) Herkunft und Bildungsverläufen bzw. Bildungserfolg ebenfalls häufig genutzt wird. Streng genommen handelt es sich hierbei weniger um einen sozialen als um einen eher geografischen Herkunftsindikator. Dieser findet entweder über die Bestimmung des Vorhandenseins eines Migrationshintergrundes oder aber – wie beispielsweise im Abschnitt zur elementaren Bildung bereits genutzt (► Kap. 4.3) – über die Familiensprache Eingang in die Untersuchungen. Die in der Familie gesprochene Sprache könnte jedoch auch als spezifisches kulturelles Kapital oder, wenn man es nur auf die offizielle Verkehrssprache bezieht, als fehlendes kulturelles Kapital verstanden werden.

Maaz und Dumont (2019, S. 303) fassen die unterschiedlichen Dimensionen sozialer Herkunft unter Bezug auf Baumert, Watermann und Schümer (2003) in einem Schaubild zusammen, in dem zwischen Struktur- und Prozessmerkmalen unterschieden wird, wobei erstere dann insbesondere Aspekte wie die *sozioökonomische Stellung* oder auch das *Bildungsniveau* beinhalten. Als Prozessmerkmale fassen die Autor*innen Aspekte wie *Sprache* oder auch die *kulturelle Praxis* innerhalb der Familie. Als drittes nennen Maaz und Dumont Indikatoren des Bildungserwerbs, was etwa Kompetenzen oder auch Noten umfasst. Diese drei Merkmalsarten sind sicherlich diejenigen, die sich in den meisten Untersuchungen unter dem Begriff der sozialen Herkunft dann auch wiederfinden.

In den bildungssoziologischen Debatten der letzten 20 Jahre spielt die Herkunftsabhängigkeit allein schon aufgrund des im Kontext des Vertiefungsthemas Kompetenzen (► Kap. 2.4) angesprochenen sogenannten PISA-Schocks Anfang der 2000er Jahre eine besondere Rolle, war doch eines der Ergebnisse der PISA-2000 Studie der im internationalen Vergleich überdurchschnittlich enge Zusammenhang zwischen Herkunft und Bildungserfolg in Deutschland. Eine solche Abhängigkeit des Bildungsverlaufs von Kindern und Jugendlichen von der sozialen Herkunft ist im Hinblick auf Chancengleichheit, als Voraussetzung eines sich am Meritokratieprinzips orientierenden Bildungssystems, problematisch. Um einen ersten Eindruck davon zu bekommen, was dies empirisch heißt, sei auf die Studie von Hillmert (2014) verwiesen. Die dort berichteten Analysen basieren auf Daten der Westdeutschen Lebensverlaufsstudie für die Geburtskohorte 1964 und beinhalten einen Vergleich des Bildungsverlaufs von Kindern/Jugendlichen unterteilt nach deren sozialer Herkunft (hier unterschieden danach, ob die Eltern über eine Hochschulreife verfügen – was von Hillmert als »höher gebildete Familien« bezeichnet wird – oder nicht). Hillmert kann zeigen, dass von 100 ›gestarteten‹ Kindern aus höher gebildeten Familien 31 erfolgreich einen Universitätsabschluss machen, während dies bei 100 Kindern aus geringer gebildeten Familien fünf sind.[44] Auch wenn sich die Daten auf die Geburtskohorte 1964 beziehen und es sich also in gewisser Weise um einen Blick in die Vergangenheit handelt, hat sich an den Unterschieden der Bildungsverläufe von Kindern/Jugendlichen aus diesen sozialen Herkunftsgruppen bis heute nur wenig verändert (Wößmann et al., 2023). Betrachtet man die von Hillmert berichteten Verläufe im Detail, so zeigt sich, dass über den gesamten Bildungsverlauf und auch innerhalb der einzelnen Bildungsetappen (Schulzeit, Studium) Bewegung stattfindet, dass aber die Übergänge (Grundschule auf Gymnasium; Gymnasium auf Universität) in besonderem Maße als Selektionsereignisse wirken. Nach dem ersten Übergang von der Grund- in die weiterführende Schule finden sich nur mehr ein Fünftel der Kinder aus niedriger gebildeten Familien auf dem Gymnasium, während dies für fast zwei Drittel aus der anderen Gruppe zutrifft.

Die oben eingeführte Unterscheidung von primären und sekundären Herkunftseffekten macht diesen Befund ja auch plausibel, da die sekundären Effekte (also die Effekte herkunftsspezifischer Bildungsentscheidungen) vor allem an den Übergangsstellen wirken. Dort treffen beispielsweise Eltern, später dann auch Jugendliche bzw. junge Erwachsene selbst, Entscheidungen über den weiteren Bildungsweg. Das heißt, genau hier kommen dann beide Herkunftseffekte zusammen und wirken kumulativ in Richtung einer herkunftsspezifischen Sortierung der Gruppen. Insofern kann man die Übergänge im Bildungssystem mit Ditton und Maaz (2015) durchaus als »Gelenkstellen sozialer Ungleichheit« bezeichnen.

Die empirische Bildungssoziologie interessiert sich vor allem für das Zustandekommen dieser Formen von herkunftsabhängiger Ungleichheit in den Bildungsverläufen. Letztlich – das Schaubild zu den Struktur- und Prozessmerkmalen deutete dies ja bereits an (▶ Abb. 4) – wird aus theoretischer Perspektive angenommen, dass Strukturmerkmale vor allem über Prozessmerkmale auf Bildungsverläufe und Bildungsergebnisse wirken. So stehen die Prozessmerkmale mittlerweile im Fokus

44 An dieser Stelle werden die Begrifflichkeit »höher gebildet« und »geringer gebildet« aus der Originalquelle genutzt, wobei hier und sicherlich auch in Bezug auf andere bildungssoziologische Studien angemerkt werden muss, dass diese bewertende Sprache, die sich zudem kaum mehr die Mühe macht, die Kriterien der eigenen Wertungen transparent zu machen, ein Teil dessen ist, worauf Bourdieu mit seiner Diagnose, dass das Bildungssystem der Aufrechterhaltung einer bestimmten symbolischen Ordnung dient, abzielt.

bildungssoziologischer Forschungen, sei es in Form von Untersuchungen innerfamilialer Praktiken und Kommunikationen, auf deren Relevanz bereits im Abschnitt zum Bildungsort Familie hingewiesen wurde (► Kap. 4.2), oder aber auch im Hinblick auf das Vorhandensein sowie die (gemeinsame) Nutzung kultureller Güter. In empirischen Studien verbirgt sich hinter kulturellen Gütern dann meist so etwas wie Bücher und das Lesen selbiger oder aber auch gemeinsame kulturelle Praktiken wie der Besuch von Museen oder anderen Kulturinstitutionen. Die Befunde dieser Untersuchungen sind insofern wenig überraschend, als dass sich zeigt, dass familiäre Praktiken durchaus ein Ausdruck familiärer sozialer Lebenslagen sind.

Genau an solchen Stellen setzten dann auch diejenigen bildungssoziologischen Forschungen an, die stärker mit der Tradition von Bourdieu verbunden sind. Anknüpfend an die im Ansatz von Bourdieu entwickelte Konzeption eines herkunftsspezifischen Habitus, also von – wenn man es auf das Bildungsthema anwendet – herkunftsspezifischen Bildungseinstellungen, Wahrnehmungen in Bezug auf Bildung bzw. Ausbildung wie auch Nähe und Distanz zu bestimmten Formen und Ausprägungen von Bildung, gab und gibt es eine Fülle an meist mit qualitativen Methoden durchgeführte Studien, die sich etwa mit dem auseinandersetzen, was von Helsper et al. (Helsper, Kramer & Thiersch, 2014) mit dem Konzept des *Schülerhabitus* bezeichnet wird. Im Schülerhabitus drücken sich bildungs- und schulbezogene Wahrnehmungen und Einstellungen aus, mit denen die Schüler*innen auf Schulen treffen, die sich wiederum durch je spezifische *Schulkulturen* auszeichnen (Böhme, Hummrich & Kramer, 2015; Helsper, Böhme, Kramer & Lingkost, 2001). Die Kultur einer Schule wird hierbei als eine Kombination von einerseits bildungspolitischen Vorgaben, normativen Rahmungen, aber auch des innerschulischen Interaktionsgeflechts verstanden, was deutlich macht, dass es zwar *einzelschulspezifische* Ausformungen einer Schulkultur gibt; gleichzeitig lassen sich aber eben auch *schulformtypische* Schulkulturen identifizieren. In der Konsequenz des Aufeinandertreffens eines herkunftsspezifischen Habitus mit einer Schulkultur, in der ebenso Bildungsorientierungen eingelagert sind,

> »bietet das kulturelle Feld der jeweiligen Schule für Schülergruppen aus unterschiedlichen Herkunftsmilieus und mit unterschiedlichen Lebensstilen divergierende Bedingungen für die Artikulation und die Anerkennung ihres Selbst im Rahmen schulischer Bewährungssituationen und Bildungsverläufe« (Helsper et al., 2001, S. 26).

Das ist nichts anderes als ein Ausdruck des Passungsverhältnisses zwischen den Bildungsorientierungen und -erwartungen von Schüler*innen bzw. deren Eltern sowie den Erwartungen und Anforderungen der Schule. Letztere manifestieren sich nicht zuletzt in der Klasse und durch die Lehrkraft. An dieser Stelle wird auch ein Blick auf die pädagogische Profession interessant, da sich in entsprechenden Studien zeigt, dass Lehrkräfte aufgrund ihrer je eigenen habituellen Erwartungen, die wiederum ein Ausdruck ihrer eigenen sozialen Herkunft und ihres eigenen Weges durch das Bildungssystem sind, in unterschiedlicher Weise auf Schüler*innen reagieren bzw. ebenfalls typische Erwartungsformen ausprägen. Das klingt ein wenig kompliziert, meint im Kern jedoch zuallererst einmal, dass alle im Bildungssystem aufeinandertreffenden Personen und Gruppen eine soziale Prägung mitbringen, die sich in je typischer Weise in Form von Bildungsorientierungen und -erwartungen ausdrückt. Während die Theorien rationaler Wahlhandlung den durch die Schulen gesetzten Rahmen als gegeben annehmen, stellen diese Rahmenbedingungen für die von Bourdieu inspirierten Ansätze einen Teil des zu Erklärenden dar. Bereits bei der Diskussion über den Einfluss, den die Herkunft von Schüler*innen auf etwa Schulformempfehlungen von Lehrkräften ausüben kann, wurde deutlich, dass diese durchaus einen wichtigen Einfluss auf die Bildungsverläufe haben können. Nicht zuletzt seit der großen Studie des australischen Bildungsforschers John Hattie, der sich Daten aus der ganzen Welt anschaute, um herauszuarbeiten, was die zentralen Einflussfaktoren auf Lernprozesse sind (Hattie, 2020), stehen Lehrkräfte immer wieder im Zentrum auch bildungssoziologischer Studien. Was in vielen Ansätzen aus dem Bereich der pädagogischen Psychologie mittels Konzepten wie Lehrkraftstereotype (Glock & Kleen, 2020) oder auch dem bekannten Pygmalion-Effekt[45] untersucht und diskutiert werden, wird in bildungssoziologischen, an Bourdieu anschließenden Ansätzen um Aspekte der sozialen Herkunft sowie der Bildungsbiografie von Lehrkräften ergänzt.

Insgesamt zeigt sich der Schulbereich im deutschen Bildungssystem gekennzeichnet durch eine deutliche Steigerung höherer Bildungsabschlüsse in den letzten Jahrzehnten, durch eine eher unterdurchschnittliche Finanzierung durch die öffentliche Hand und durch eine innere Strukturierung, die sich durch eine gewisse Parallelität von exklusiven und inklusiven Lösungen auszeichnet.

Die Höherqualifizierung, also etwa die Steigerung der Quote derjenigen, die über eine Hochschulzugangsberechtigung verfügen, zeigt sich auch in der Entwicklung im Bereich hochschulischer Bildung, was im folgenden Abschnitt wiederum entlang ausgewählter zentraler empirischer Befunde vorgestellt wird.

4.5 Tertiäre Bildung

Die OECD propagiert bereits seit Jahren die Notwendigkeit, die Quote von Hochschulabsolvent*innen in den Mitgliedsländern zu steigern. Die zentrale Argumentationslinie hierbei ist eine bildungsökonomische und zielt auf die Wettbewerbsfähigkeit von Volkswirtschaften. Auch wenn man diese Argumentation nicht zuletzt aufgrund eines reichhaltigeren Bildungsbegriffs in Frage stellen kann, orientieren sich nationale Bildungspolitiken bereits seit Längerem an derartigen Forderungen.

Abbildung 15, die an die obige Darstellung des Bildungssystems anschließt (siehe auch KMK 2019; ► Abb. 2), differenziert die institutionellen Angebote des soge-

45 Der Pygmalion-Effekt bezieht sich auf Einschätzungen von Lehrkräften über die Leistungsfähigkeit von Schüler*innen, die sich dann, vermittelt beispielsweise über die Zuwendung zu diesen, auf die tatsächliche Leistung auswirken (Rosenthal & Jacobson, 1971).

nannten tertiären Bildungsbereichs, die sich sowohl hinsichtlich der Zugangsvoraussetzungen wie auch der Abschlüsse unterscheiden (▶ Abb. 15).

Akademischer Abschluss (Bachelorgrad, Mastergrad o. vergleichbares)		Nichtakademischer Abschluss
Universität und gleichgestellte Einrichtungen	Fachhochschule, Berufsakademie, Duale Hochschule, Verwaltungsfachhochschule	Fachschule, Fachakademie, Schulen des Gesundheitswesens (Fachoberschule)
Voraussetzung: Abitur oder gleichwertiger Abschluss	Voraussetzung: Abitur, fachgebundene Hochschulreife oder Fachhochschulreife	Voraussetzung: Abschluss in einem anerkannten Ausbildungsberuf

Abb. 15: Tertiärer Bildungsbereich (eigene Darstellung)

Während Fachschulen, Fachakademien etc. Bildungsangebote im Anschluss an berufliche Erstausbildungen anbieten (also klassische Einrichtungen der Aufstiegsfortbildung sind), ermöglichen Universitäten, Fachhochschulen etc. die Erlangung eines akademischen Abschlusses auf Basis entsprechender Zugangsvoraussetzungen (die aber teilweise auch durch einen erfolgreichen Abschluss einer Fachakademie erworben werden können). In Bayern haben Fachakademien nochmals eine etwas andere Bedeutung und stellen Fachschulen besonderen Typs dar, an denen vor allem berufliche Erstausbildungen (in inhaltlicher Nähe zu einem Fachhochschulstudium angesiedelt) absolviert werden.[46]

4.5.1 Entwicklungen im Bereich hochschulischer Bildung

Die Institution der Universität existiert zwar bereits seit Langem, war jedoch fast ebenso lange nur für einen sehr kleinen Teil der Menschen überhaupt zugänglich. So lag die Zahl der Studierenden in den Jahren vor dem Ersten Weltkrieg im deutschen Kaiserreich noch unter 40.000 (bei einer Einwohnerzahl von bereits mehr als 65 Mio.; zu den Zahlen siehe Kaelble, 1983). Diese Zahl stieg bis 1931 dann bereits auf ca. 125.000 und lag 1959/60 bei etwas mehr als 155.000. Mittlerweile (im WS 2021/22) studieren mehr als 2,94 Mio. Menschen an deutschen Hochschulen und Universitäten. Es zeigt sich also vor allem in den letzten ca. 60 Jahren eine enorme Zunahme an Studierenden im hochschulischen und universitären Bereich und damit eine deutliche Zunahme der Bildungsbeteiligung im tertiären Bildungsbereich. Ein ähnliches Bild vermittelt die sogenannte *Studienanfängerquote*, also der

46 Im Bereich der Ausbildung von Erzieher*innen, die in Deutschland meist an Fachschulen für Sozialpädagogik stattfindet, gibt es darüber hinaus unterschiedliche Modelle und Regelungen (siehe hierzu die einschlägigen Informationen der Weiterbildungsinitiative frühpädagogische Fachkräfte, WiFF: https://www.weiterbildungsinitiative.de) sowie ein von der KMK 2017 verabschiedetes kompetenzorientiertes Qualifikationsprofil (KMK, 2017).

jeweilige Anteil der altersspezifischen Bevölkerung, der ein Studium aufnimmt. In Abbildung 16 ist die Entwicklung der Studienanfängerquote zwischen dem Jahr 2000 und 2021 dargestellt (▶ Abb. 16).

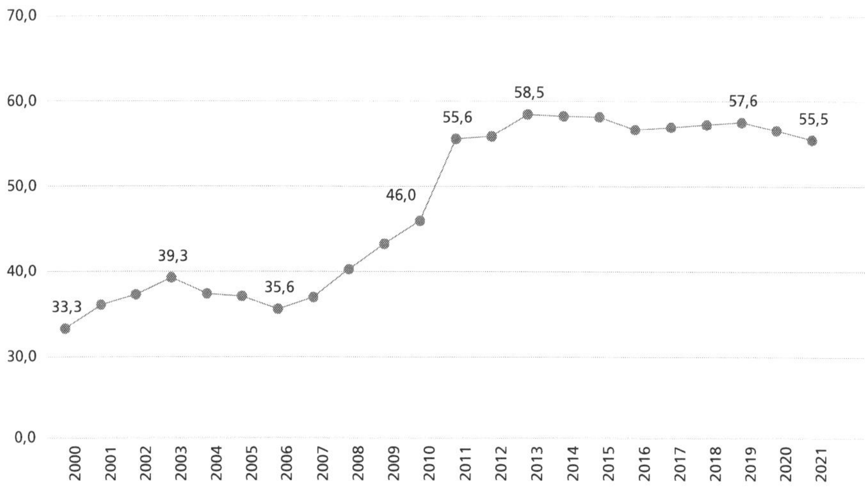

Abb. 16: Studienanfängerquoten in Deutschland von 2000 bis 2021 (in Prozent) (eigene Darstellung mit Daten des Statistischen Bundesamtes, Statistisches Bundesamt (Destatis), 2022c)

Die Studienanfängerquote liegt mittlerweile stabil über 50 %, womit deutlich wird, dass diesem Bildungsweg eine nicht nur relative, sondern mittlerweile auch absolute deutliche Dominanz als Bildungsweg zukommt. Hinter der Ausweitung hochschulischer Bildungsangebote und deren Nutzung steht aber auch eine massive Veränderung der qualifikatorischen Anforderungen, die sich in unterschiedlichen Arbeitsfeldern vollzogen haben und nach wie vor vollziehen. Ein beispielhafter Blick auf die Entwicklungen im Bereich der Einrichtungen der Kinder- und Jugendhilfe zeigt jedoch auch, dass Akademisierung nicht in jedem Fall von hoher Dynamik geprägt ist. In Abbildung 17 ist der Anteil der Beschäftigten in Einrichtungen der Kinder- und Jugendhilfe (ohne Tageseinrichtungen für Kinder) zwischen 2006 und 2020 ablesbar (▶ Abb. 17).

Es zeigt sich, dass die Kinder- und Jugendhilfe zwar einen relativ hohen Grad an Akademisierung aufweist, dieser sich jedoch in den dargestellten 14 Jahren wenig verändert hat.[47] Dem ausgeprägten bildungspolitischen Interesse an einer Steigerung der Zahl an Hochschulabsolvent*innen steht demnach eine Arbeitsplatzstruktur entgegen, die – wie Annen und Maier (Annen & Maier, 2022, S. 29) ausführen – »deutlich konservativer als die Struktur der Absolventinnen und Absolventen des Bildungssystems« ist. Auch diese Ungleichzeitigkeit einer Auswei-

47 Der Anteil von Beschäftigten mit akademischen Abschlüssen variiert innerhalb der Bereiche der Kinder- und Jugendhilfe stark. Insgesamt – also unter Einschluss des Bereichs der Kindertageseinrichtungen, die den größten Anteil an Beschäftigten im Gesamtfeld aufweisen – liegt der Akademisierungsgrad bei ca. 15 %.

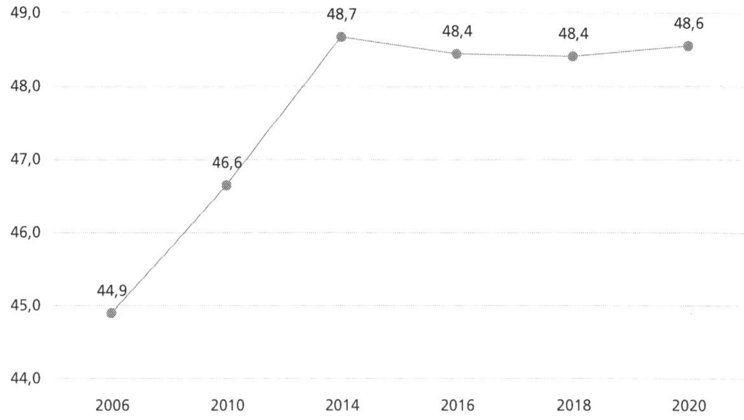

Abb. 17: Anteil akademisch Ausgebildeter an allen Beschäftigten in der Kinder- und Jugendhilfe (ohne Tageseinrichtungen für Kinder) zwischen 2006 und 2020 (eigene Darstellung mit der Kinder- und Jugendhilfestatistik; eigene Berechnungen)

tung des Angebots (an Hochschulabsolvent*innen) bei gleichzeitig eher stabiler Nachfrage (eines konservativen Arbeitsmarktes) ist hinsichtlich der (Ungleichheits-) Folgen von hohem bildungssoziologischem Interesse.

Das hochschulische und universitäre System in Deutschland zeigt sich insgesamt als ein überwiegend staatlich verfasstes und finanziertes System; gleichzeitig finden sich aber gerade in diesem Bereich auch zunehmend private Bildungsanbieter. Während 1995 weniger als ein 1 % aller Studierenden an einer privaten Hochschule bzw. Universität studierten, erhöhte sich diese Zahl im Jahr 2021 auf mehr als 11 % (in diesem Jahr begannen zudem 15,5 % aller Studienanfänger*innen ihr Studium an einer privaten Hochschule; Statistisches Bundesamt (Destatis), 2022b).

Das Hochschul- und Universitätssystem in Deutschland, so lässt sich zusammenfassen, zeichnet sich durch eine auch bildungspolitisch gewollte zunehmende Bedeutsamkeit aus. Die Anzahl an Studierenden nahm in den letzten Jahrzehnten deutlich zu und ein immer größerer Anteil derjenigen, die das Allgemeinbildende Schulsystem verlassen, beginnt direkt oder mittelfristig ein Studium an einer Hochschule oder einer Universität. Entsprechend verfügen mittlerweile (Stand 2019) ca. 30 % der 30- bis 35-Jährigen in Deutschland über ein abgeschlossenes Hochschulstudium auf Bachelor- oder Masterniveau. Ob und inwiefern dies eine Reaktion auf veränderte Bedarfe von Seiten der Wirtschaft ist, lässt sich (noch) nicht abschließend beurteilen; einiges deutet jedoch darauf hin, dass die formale Höherqualifizierung zumindest auch noch andere Ursachen hat. Nicht zuletzt scheint es auch auf internationaler Ebene eine bildungspolitische Setzung zu sein, eine möglichst hohe Akademiker*innenquote zu erreichen.

4.5.2 Ungleichheiten in den Bildungszugängen zu Hochschulen

Im Kontext eines solchen bildungs- und arbeitsmarktpolitisch formulierten Bedarfs an Hochschulabsovent*innen stellt sich aber auch die für das gesamte Bildungssystem relevante Frage nach Chancengleichheit bzw. Chancengerechtigkeit in den Zugängen zu den an die Schule anschließenden Bildungsinstitutionen. Auch dies ist bereits seit Langem im Fokus bildungssoziologischer Zugänge – sowohl aus der stärker entscheidungsorientierten Perspektive wie auch aus der an Bourdieu anknüpfenden Perspektive auf Bildungsungleichheiten.

Eine der ersten Fragen ist demzufolge die nach der (sozialen) Herkunft dieser 2,94 Mio. Studierenden, die sich aktuell im deutschen Hochschulsystem aufhalten. Aus den Daten der 21. Sozialerhebung des Deutschen Studentenwerks (Middendorff et al., 2017), einer Befragung, an der ca. 60.000 Studierende teilnahmen, lässt sich als ein erster diesbezüglich wichtiger Indikator der elterliche Bildungshintergrund von Studierenden ermitteln. In Abbildung 18 findet sich die Zusammensetzung der Studierendenschaft im Zeitvergleich (► Abb. 18).

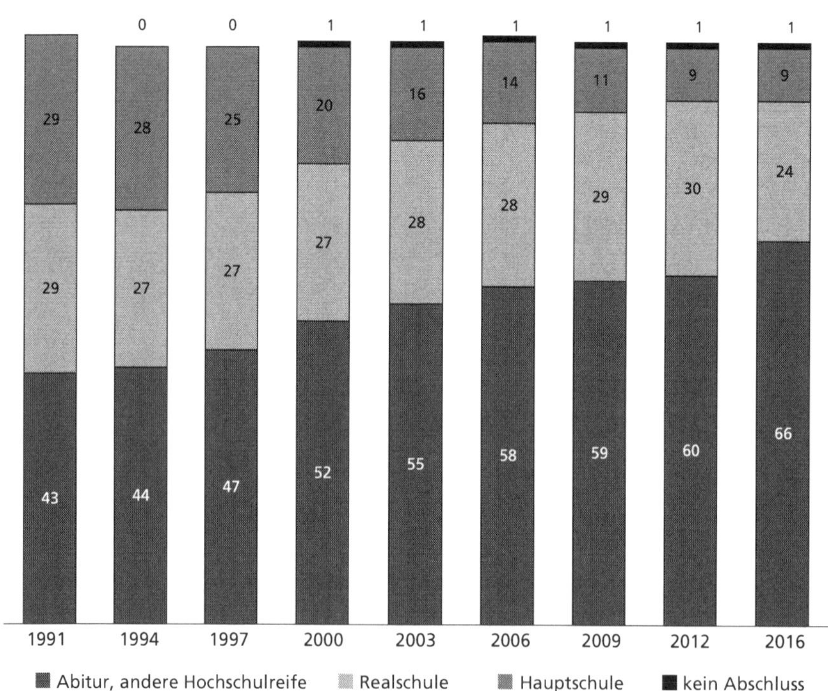

Abb. 18: Höchster Schulabschluss der Eltern von Studierenden 1991 bis 2016 (in Prozent) (eigene Darstellung mit Daten der 21. Sozialerhebung, Middendorff et al., 2017)

Abbildung 18 zeigt, dass 66 % der Studierenden im Jahre 2016 aus Elternhäusern kamen, in denen mindestens eine Hochschulzugangsberechtigung bei den Eltern vorlag. Bezieht man mit ein, dass in der Gruppe derjenigen zwischen 40 und 55 Jahren (was so in etwa die Altersgruppe darstellt, der die Eltern dieser Studierenden angehören) der Anteil von Personen mit Hochschulzugangsberechtigung in der Bevölkerung bei ca. 35 % lag, so macht dies deutlich, dass diese Herkunftsgruppe deutlich überproportional an Hochschulen und Universitäten vertreten ist. Wenn man die Studierenden nochmals nach Universitäten und Fachhochschulen unterscheidet, zeigt sich, dass die Universitäten hinsichtlich der sozialen Herkunft (in diesem Fall der Bildungsherkunft) noch exklusiver sind als Fachhochschulen.

Bereits Bourdieu und Passeron (1971) wiesen in ihrer Studie zur Exklusivität des Hochschulzugangs im französischen Bildungssystem darauf hin, dass es hinsichtlich der Art der Hochschulen und der Verteilung über die Studienfächer wiederum deutliche Unterschiede bezüglich der sozialen Herkunft von Studierenden gibt. In einem Überblick zum entsprechenden Forschungsstand weist Lörz (2017) darauf hin, dass neben den vertikalen Ungleichheiten (also Ungleichheiten im herkunftsspezifischen Zugang zu Hochschulen überhaupt) auch horizontale Ungleichheiten (etwa im Bereich der Fächerwahl und auch des Hochschulstandortes) wirken. So unterscheidet sich die soziale Herkunft der Studierenden der Fächer Jura und Medizin sehr deutlich vom Herkunftsprofil Studierender wirtschaftswissenschaftlicher oder technischer Studiengänge. Darüber hinaus zeigt sich, dass Studierende aus benachteiligten sozialen Herkünften häufiger parallel zum Studium arbeiten (müssen) und auch häufiger das Studium abbrechen (Isleib, 2019). Zudem produziert die im Zuge der Bologna-Reformen implementierte neue Studienstruktur (Bachelor- und Masterstudiengänge), die einen weiteren Übergang beinhaltet, fast erwartungsgemäß höhere Übertrittsquoten in Masterstudiengänge durch Studierende aus privilegierten sozialen Herkünften.

Die qualitative Bildungsforschung interessierte sich darüber hinaus auch für das, was man mit Bourdieu als habituelle Passung bezeichnen kann, und konnte zeigen, dass Studierende aus weniger bildungsprivilegierten Herkünften (beispielsweise Studierende aus der Arbeiterklasse und/oder sogenannte Erststudierende) ausgeprägter das Gefühl haben »nicht am rechten Platz zu sein« (vgl. hierzu die diesbezüglich eindrucksvolle Studie von Schmitt, 2010). Zudem gibt es nicht ohne Grund eine Initiative wie arbeiterkind.de, die Kinder aus der Arbeiterklasse an Universitäten und Hochschulen unterstützt. Die Passungsherausforderungen, mit denen sich Studierende ohne das entsprechende kulturelle Kapital auseinandersetzen müssen, wurde von Bourdieu bereits in den 1980er Jahren in einer großen Studie zu den Elitehochschulen in Frankreich herausgearbeitet (Bourdieu, 2004). Er konnte sehr detailliert zeigen, dass die Hochschullehrenden ein feines Gespür für soziale Nähe bzw. Distanz besaßen und dies sich beispielsweise in den (qualitativen) Beurteilungen der Leistungen der Studierenden wiederfindet. Hier wirkt dann das, was bereits unter dem Stichwort der Bildungssprache in den vorigen Abschnitten ausgeführt wurde (► Kap. 2.4), und führt dazu, dass etwa Studierende aus nicht akademisch geprägten Milieus sich bereits auf Ebene der Sprachverwendung vor Hürden gestellt sehen. Je prestigeträchtiger ein Studium, also je höher in der Fächerhierarchie ein Studiengang angesiedelt ist, desto stärker wirken solche Exklusionsmechanismen. Studiengänge mit einer sozialen Ausrichtung wie etwa die Soziale Arbeit oder die Kindheitspädagogik sind in dieser Hinsicht wenig(er) exklusiv; entsprechend höher ist in solchen Studiengängen der Anteil von Studierenden aus nicht-akademischen Elternhäusern.

Insgesamt und unabhängig von der Art des Studiums bzw. des Studienabschlusses ist der Übergang in den Arbeitsmarkt für Hochschulstudierende meist problemlos. Ein Indikator, der in diesem Bereich immer wieder genutzt wird, bezieht sich auf die (aus-)bildungsbezogenen Arbeitslosenquoten. In Abbildung 19 sind die Arbeitslosenquoten für beide Zweige des tertiären Bereichs aufgeführt, also für die hochschulische Bildung/Ausbildung sowie die berufliche Aufstiegsqualifizierung (▶ Abb. 19).

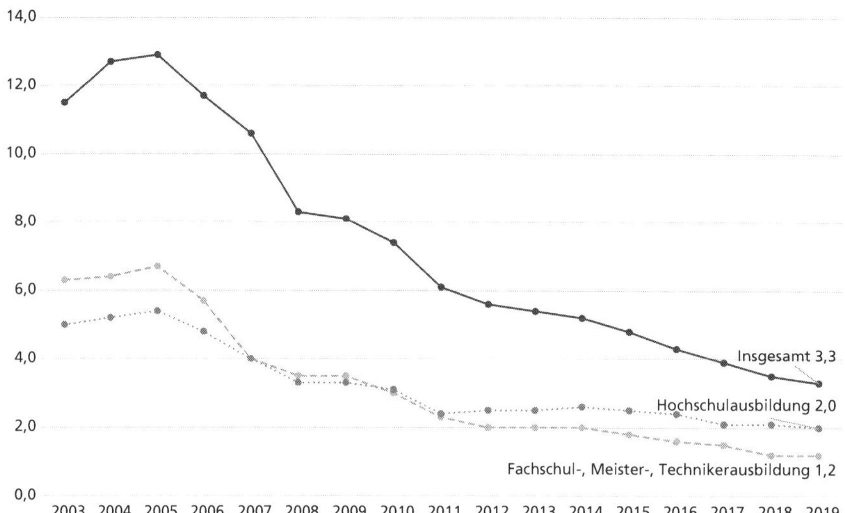

Abb. 19: Qualifikationsspezifische Erwerbslosenquoten in Deutschland (eigene Darstellung mit Daten aus Röttger, Weber & Weber, 2020)

Beide Gruppen liegen in ihren Arbeitslosenquoten nochmals deutlich unter der allgemeinen Arbeitslosenquote (das höchste Arbeitslosigkeitsrisiko haben Menschen ohne Ausbildung).

4.6 Vertiefungsthema – Bildungsarmut

In den bisherigen Ausführungen zu formaler Bildung wurde deutlich, dass ein immer größerer Teil der Bevölkerung über immer ›höhere‹ formale Bildungsabschlüsse verfügt, was einen Teil von Bildungsexpansion darstellt. Gleichzeitig wurde aber auch deutlich, dass Bildungsprozesse – und hier insbesondere der Erwerb von Bildungsabschlüssen – mit der sozialen Herkunft der Bildungsteilnehmer*innen zusammenhängen. Mit dem vor allem durch Jutta Allmendinger in die deutsche

Diskussion eingebrachten Begriff der *Bildungsarmut* (Allmendinger, 1999) wird auf die Kehrseite dieser Expansionsentwicklung geblickt.

Bildungsarmut – Definition

Bildungsarmut ist kein selbsterklärender Begriff; dennoch findet sich dieser in jüngerer Zeit gehäuft auch im Bereich der soziologischen Bildungsforschung. In Anlehnung an eine im Bereich der (materiellen) Armutsforschung gebräuchliche Unterscheidung wird auch im Feld der Bildungsarmut auf der Ebene des Messmodells von *absoluter* und *relativer* Bildungsarmut gesprochen. Darüber hinaus wird zwischen sogenannter *Zertifikatsarmut* und *Kompetenzarmut* als Armutstypen unterschieden. Auch wenn man lange über die Frage diskutieren könnte, ob der Begriff der *absoluten* Bildungsarmut überhaupt sinnvoll ist (absolute Armut im materiellen Bereich bezieht sich ja auf die Überlebensfähigkeit des Menschen als Organismus), ist mit der Unterscheidung von absoluter und relativer Bildungsarmut der Versuch unternommen, einerseits diejenigen zu identifizieren, die unabhängig von der Bildung aller anderen mit ihrer eigenen Bildung ausgeprägten Lebensverlaufsrisiken ausgesetzt sind (absolute Bildungsarmut), und andererseits diejenigen, die im Vergleich zur Bildung der anderen über eine deutlich unterdurchschnittliche Bildung verfügen (relative Bildungsarmut). Die Idee hinter diesem Bildungsarmutskonzept ist also äquivalent zu derjenigen im Bereich der materiellen Armut.

Die Unterscheidung von Zertifikatsarmut und Kompetenzarmut schließt hingegen an die bereits in anderen Kapiteln skizzierte Diskussion bezüglich relevanter Bildungsindikatoren an. Zertifikate, also Zeugnisse, stellen wichtige Belege für institutionalisierte Bildung dar, die Signalcharakter besitzen und für Übergänge und damit für Zugänge zu den nächsten Etappen entscheidend sein können. Über die zunehmende Bedeutung von Kompetenzen in den bildungssoziologischen Zugängen wurde bereits ebenfalls einiges ausgeführt. Welcher Indikator für die Bestimmung von Bildungsarmut angemessen ist, kann hier nicht entschieden werden. Allmendinger selbst hält Kompetenzen als Indikator für Bildungsarmut für valider als Zertifikate (Allmendinger & Leibfried, 2003). In Tabelle 1 sind mögliche inhaltliche Bestimmungen der jeweiligen Armutslagen zusammengefasst (▶ Tab. 1).

Tab. 1: Systematik der Bildungsarmutstypen und der Messmodelle

	Absolute Bildungsarmut	Relative Bildungsarmut
Zertifikatsbezug	Nichterreichen eines Mindestabschlusses; Solga (2009): Jugendliche ohne Schulabschluss	Abschluss unter dem von der Mehrheit der Altersgruppe erreichten modalen Abschlussniveau; Solga (2009): Jugendliche und junge Erwachsene ohne Ausbildungsabschluss

Tab. 1: Systematik der Bildungsarmutstypen und der Messmodelle – Fortsetzung

	Absolute Bildungsarmut	Relative Bildungsarmut
Kompetenzbezug	Funktionale Illiteralität; *PISA:* Leistungen unterhalb der Kompetenzstufe I *LEO-Studie:* Alpha-Levels 1–3	Zugehörigkeit zum unteren Quintil oder Quartil der Verteilung von Basiskompetenzen

Eigene Darstellung

Funktionale Illiteralität als absolute Grenze für eine kompetenzbezogene Bildungsarmut ist in der LEO-Studie[48] über sogenannte Alpha-Levels definiert. Nachstehend findet sich die entsprechende inhaltliche Zuordnung zu den einzelnen Ebenen.

- »Kompetenzen auf dem **Alpha-Level 1** entsprechen der Buchstabenebene. Dass jemand allenfalls auf der Ebene von Buchstaben literalisiert ist, ist in Deutschland sehr selten.
- Kompetenzen auf dem **Alpha-Level 2** entsprechen der Wortebene. Auf diesem Alpha-Level sind Personen in der Lage, einzelne Wörter zu lesen oder zu schreiben, sie scheitern jedoch an der Ebene von Sätzen. Selbst gebräuchliche Wörter werden beim Lesen und Schreiben oftmals Buchstabe für Buchstabe zusammengesetzt.
- Kompetenzen auf dem **Alpha-Level 3** entsprechen der Satzebene. Auf diesem Alpha-Level sind Personen in der Lage, einzelne Sätze zu lesen und zu schreiben, sie scheitern aber an der Ebene zusammenhängender – auch kürzerer Texte« (Grotlüschen & Buddeberg, 2020, S. 15; Hervor. im Orig.)

Während sich die LEO-Studie und die dort genutzten Kompetenzstufen auf die erwachsene Bevölkerung beziehen, werden in der PISA-Studie Kompetenzen bei 15-Jährigen ermittelt. Auf dieser Studie basierende Bildungsarmutskonzepte nutzen als Armutsgrenze die Kompetenzstufe I, die durch die KMK als Grenze für die Identifizierung derjenigen definiert ist, die dann als Risikogruppe verstanden werden (KMK, 2009). Im Bereich des Leseverstehens beinhaltet die Stufe I ein nur oberflächliches Verständnis einfacher Texte.

Im Bereich der relativen Bildungsarmut ist die Grenze bzw. die inhaltliche Bestimmung, wann jemand als bildungsarm gilt, abhängig von der Bildung (den Kompetenzen) aller. Während diese Bestimmbarkeit bei Kompetenzen noch vergleichsweise einfach ist (und auch äquivalent zur Bestimmung etwa von relativer Einkommensarmut), wird es im Bereich der relativen Zertifikatsarmut deutlich schwieriger, da es sich hierbei um kategoriale Unterschiede handelt, und letzten Endes gibt es hier auch keine befriedigende Lösung.

Um einen Einblick in das Ausmaß an absoluter Kompetenzarmut nach der PISA-Definition zu erhalten, finden sich in Tabelle 2 die Prozentanteile von 15-jährigen Schüler*innen, die im Bereich Lesen die Kompetenzstufe I nicht überschreiten – sowohl im zeitlichen wie auch im internationalen Vergleich (▶ Tab. 2).

48 Die »LEO – Leben mit geringer Literalität«-Studie, die erstmals 2010 und dann 2018 durchgeführt wurde, konzentriert sich insbesondere auf die Gruppen der Bevölkerung, die über eine geringe Literalität, auch als funktionaler Analphabetismus bezeichnet, verfügen (Grotlüschen & Buddeberg, 2020).

Tab. 2: Prozent derjenigen Schüler*innen, die im Lesen die Kompetenzstufe I nicht überschreiten zwischen 2000 und 2018 im internationalen Vergleich

Land	PISA 2000	PISA 2006	PISA 2015	PISA 2018
Belgien	18,9	19,4	19,5	21,3
Dänemark	18,0	16,0	15,0	16,0
Deutschland	22,5	20,0	16,2	20,7
Finnland	6,9	4,8	11,1	13,5
Frankreich	15,2	21,7	21,5	20,9
Norwegen	17,5	22,4	14,9	19,3
Österreich	14,7	21,5	22,5	23,6
Schweden	12,6	15,3	18,4	18,4
Schweiz	20,4	16,4	20,0	23,6

Eigene Darstellung mit Daten von Baumert, Maaz, Lühe & Schulz, 2019, S. 267; Reiss, Sälzer, Schiepe-Tiska, Klieme & Köller, 2016, S. 61

Die Zahlen für Deutschland bewegen sich hierbei um 20 % herum. Das ist im Vergleich der dargestellten Länder zwar leicht überdurchschnittlich; interessanter ist jedoch, dass wenn man die unteren 20 % der Verteilung als relatives Bildungsarmutskriterium anlegen würde (was ja eine der gängigen Kriterien darstellt), die Gruppe der absolut Bildungsarmen und der relativ Bildungsarmen hier fast identisch wäre. Es ist aber in jedem Fall ein bildungspolitisch hochproblematisches Ergebnis, wenn man feststellt, dass ca. ein Fünftel aller 15-Jährigen als absolut bildungsarm im Bereich ihrer Kompetenzen gelten.

Bezogen auf die Zertifikate sieht das hingegen etwas anders aus. So liegt der Anteil derjenigen, die das Schulsystem ohne Abschluss verlassen, bei ca. 6 %. Im Abschnitt zur inklusiven Bildung (▶ Kap. 4.4.1) wurde zudem bereits deutlich, dass es sich hierbei insbesondere um Personen handelt, die eine Förderschule besucht haben (so kamen 2016 mehr als 50 % der Schulabgänger*innen, die die Schule ohne Abschluss verlassen haben, aus einer Förderschule). Keinen Schulabschluss vorweisen zu können, stellt insofern ein Problem dar, als dass der Übergang in die berufliche Ausbildung hierdurch erschwert ist. So finden sich im Jahr 2020 70 % derjenigen, die die Schule ohne Abschluss, verlassen im sogenannten Übergangssektor wieder (Autorengruppe Bildungsberichterstattung, 2022, S. 168), in dem kein qualifizierender Berufsabschluss erworben werden kann. Allerdings zeigt sich im Zeitvergleich, dass 2005 noch mehr als 85 % dieser Gruppe in den Übergangssektor übergetreten sind und damals nur 12 % eine duale Ausbildung begannen. Dieser Anteil von Abgänger*innen ohne Abschluss, die eine duale Ausbildung aufnehmen, hat sich seitdem auf 27 % mehr als verdoppelt.

Insgesamt lässt sich jedoch festhalten, dass es eine relativ große Gruppe gibt (ca. ein Fünftel), die gegen Ende ihrer Schulzeit über ein Kompetenzniveau verfügen, das ein deutliches Risiko für die weitere Bildungsentwicklung und auch für die weitere berufliche Entwicklung darstellt. Dieses Risiko auf Ebene der vorhandenen Kompetenzen kann, muss aber nicht mit dem zusätzlichen Risiko eines fehlenden Schulabschlusses kombiniert sein. Es ist durchaus untersuchenswert, weshalb ein Schulsystem, das Kinder und Jugendliche mindestens neun Jahre beschult, es dennoch bei ca. einem Fünftel nicht vermag, Kompetenzen auf einem basalen Niveau zu vermitteln. Bereits im Jahr 2009 formulierten Heike Solga und Rosine Dombrowski in einem viel beachteten Arbeitspapier zu Sozialer Ungleichheit in schulischer und außerschulischer Bildung (Solga & Dombrowski, 2009) Vorschläge bzw. Forderungen, wie und auf welchen Wegen Ungleichheiten im Bildungssystem reduziert werden können. Jungbauer-Gans griff diese Handlungsvorschläge jüngst wieder auf und resümierte den bisherigen Stand des Erreichten (Jungbauer-Gans, 2021). Hierzu zählen …

- die Ganztagsschule (einschließlich Hausaufgabenbetreuung und kulturellen Freizeitangeboten),
- die Intensivierung der frühkindlichen Bildung insbesondere im Bereich von Kindern mit Migrationshintergrund,
- die Abschaffung früher Selektion im Bildungssystem bzw. von Hauptschulen,
- integrative bzw. inklusive Schulen,
- die Aufklärung über die Wirkmechanismen von Benachteiligung,
- eine Erhöhung der Fachkompetenz von Lehrenden, um so eine gezielte Sprachförderung bei Kindern mit Sprachdefiziten zu ermöglichen,
- eine Erhöhung der Studierendenquote insbesondere unter bislang weniger beteiligten Gruppen und
- die Beseitigung von Bildungsarmut.

In Bezug auf einige der genannten Felder und Aspekte ist auch bereits einiges passiert. Ob und inwiefern sich dadurch an den strukturellen Ungleichheiten bislang etwas geändert hat und vor allem inwiefern die im letzten Punkt angesprochene *Abschaffung der Bildungsarmut* angegangen wurde, ist durchaus fraglich.

Defizitrhetorik

Ein noch in Bezug auf kindheits- bzw. sozialpädagogische Professionen wichtiger Aspekt im Zusammenhang mit Bildungsarmut wird von Doris Bühler-Niederberger unter dem Begriff der Defizitrhetorik gefasst (Bühler-Niederberger, 2016). In dieser vor allem durch pädagogische Fachkräfte, aber auch durch die wissenschaftlichen Professionen produzierten defizitorientierten Rhetorik werden die Ursachen für Bildungsarmut in starkem Maße in den Familien verortet. Einerseits – und dies schließt an die bildungs- und ungleichheitssoziologischen Überlegungen von Bourdieu an – weist sie darauf hin, dass die Bildungsinstitutionen, und hier auch die frühkindlichen Bildungseinrichtungen, mit einer an Mittelschichten orientierten Normalitätsvorstellung arbeiten (hierzu auch der von Helga Kelle und Johanna Mierendorff herausgegebene Band zu »Normierung und Normalisierung der Kindheit«, Kelle & Mierendorff, 2013). Mit dieser

Fixierung auf Mittelschichten geht gleichzeitig auch eine Fehleinschätzung der Differenzen zwischen sozialen Gruppen einher, so dass teils geringe Unterschiede zwischen Eltern auf Basis herkunftsspezifischer Erwartungen überschätzt werden, so etwa im Bereich der Qualität von Eltern-Kind-Beziehungen. Bühler-Niederberger plädiert dafür, aus der bisherigen Defizitrhetorik gegenüber Eltern herauszutreten und die deutlich auswirkungsreicheren strukturellen Faktoren (wie Bildungsabschlüsse von Eltern, sozioökonomische Stellung oder auch den Migrationshintergrund) in den Vordergrund zu stellen.

Wie Eltern in Armut mit den tagtäglichen Herausforderungen umgehen und welche Stresspotenziale sich aus prekären Lebensverhältnissen sowohl für Eltern wie für Kinder ergeben, zeigt auch die Studie von Andresen und Galjic (2015), in der mit qualitativ-ethnografischen Methoden der Alltag von Familien in Armut ausgeleuchtet wird.

4.7 Berufliche Bildung

4.7.1 Das berufliche Bildungssystem in Deutschland

Neben der hochschulischen Bildung stellt berufliche Bildung (und später dann berufliche Weiter- und Fortbildung) einen zweiten großen Zweig der Bildung/Ausbildung von Menschen dar. Auch hier spielt die Qualifizierung im Hinblick auf Tätigkeiten eine zentrale Rolle. In ähnlicher Weise wie im Bereich der hochschulischen Bildung zeigen sich innerhalb des Ausbildungsbereichs Ausprägungen sozialer, ethnisch bedingter wie auch geschlechtsbezogener Ungleichheiten.

In einer ersten Annäherung soll jedoch die Struktur des beruflichen Bildungssystems im Fokus stehen. Dieses unterteilt sich in drei Sektoren: das duale Ausbildungssystem, das Schulberufssystem und den sogenannten Übergangssektor. Betrachtet man die Zugangswege zum beruflichen und hochschulischen Bereich, so lässt sich dies anhand von Abbildung 20 hinsichtlich typischer Wege aufzeigen (vgl. auch Protsch & Solga, 2019) (▶ Abb. 20).

Während ein mittlerer Schulabschluss für den Zugang zum Schulberufssystem notwendig ist, liegen die Hürden im Bereich der dualen Ausbildung niedriger und lassen Zugänge auch ohne Schulabschluss zu. Diejenigen ohne Schulabschluss bzw. mit einem an Förderschulen erworbenen Förderschulabschluss (was einen Schulabschluss unterhalb des Hauptschulabschlusses darstellt) finden sich wiederum gehäuft im Übergangssektor. In Abbildung 21 sind die entsprechenden Anteile in den jeweiligen Schulabschlussgruppen für das Jahr 2020 abgetragen, bezogen auf diejenigen, die neu in das berufliche Bildungssystem übergehen (▶ Abb. 21).

Deutlich zu sehen ist, dass mehr als zwei Drittel aller Schulabgänger*innen ohne Schulabschluss in den Übergangssektor eintreten, d. h. keine reguläre berufliche

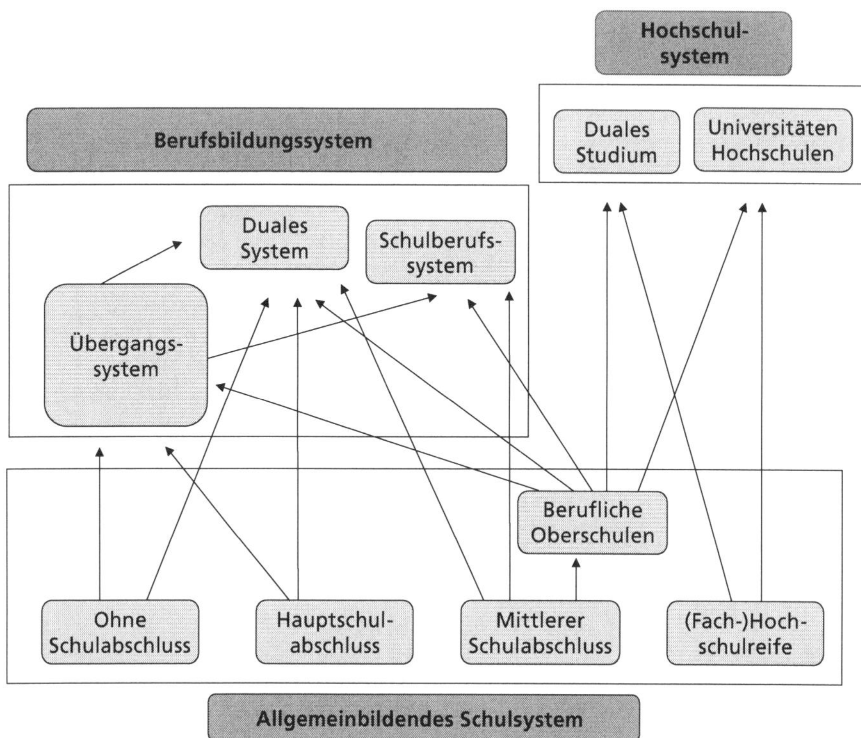

Abb. 20: Darstellung typischer Wege in das berufliche sowie hochschulische Bildungssystem (eigene Darstellung)

Erstausbildung beginnen. Selbst mit einem Hauptschulabschluss (also dem ersten Schulabschluss in der Notation des Bildungsberichts) tritt die relativ größte Gruppe ebenfalls ins Übergangssystem über. In der Gesamtverteilung (rechter Balken) wird deutlich, dass das duale System nach wie vor große Popularität hat, wobei sich die Anteile in den letzten Jahren wenig verändert haben (Duales System 2010: 49%; 2020: 50%). Von den absoluten Zahlen her zeigt sich jedoch eine Verschiebung: So gingen 2005 noch insgesamt ca. 517.000 Personen in das duale Ausbildungssystem über, während sich diese Zahl im Jahr 2020 nurmehr auf ca. 432.000 Personen beläuft (was einem Rückgang um ca. 16% entspricht). Entsprechend angestiegen ist die Zahl derjenigen, die nach Verlassen des Schulsystems ein Studium beginnen. Sowohl bildungspolitisch aber auch ungleichheitssoziologisch interessant ist die Gruppe derjenigen, die ins Übergangssystem wechseln. Diese Gruppe soll im nächsten Abschnitt etwas genauer dargestellt und hinsichtlich ihrer Struktur untersucht werden.

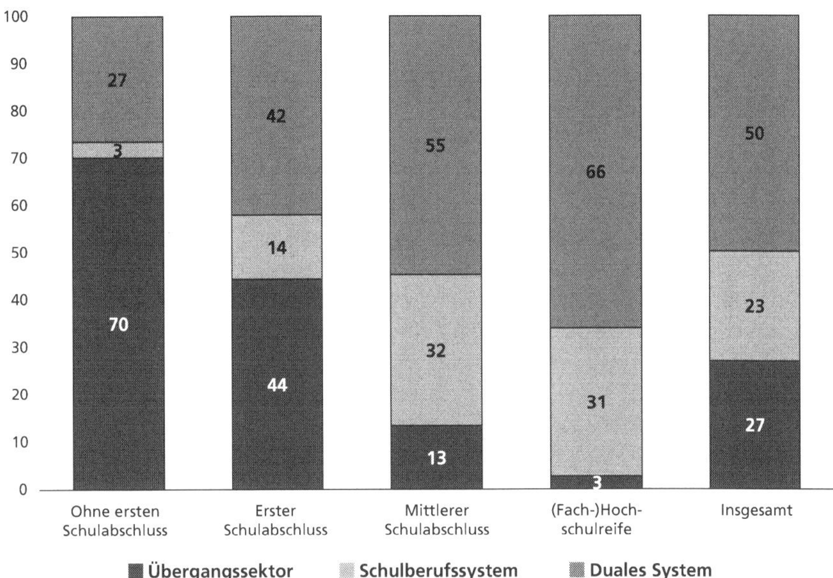

Abb. 21: Verteilung der Neuzugänge auf die drei Sektoren des Berufsbildungssystems 2020 nach schulischer Vorbildung (in Prozent) (eigene Darstellung mit Daten der Autorengruppe Bildungsberichterstattung, 2022)

4.7.2 Der Übergangssektor und die berufliche Entwicklung von Personen mit niedrigen Schulleistungen

In der Definition des letzten Abschnitts zum Vertiefungsthema Bildungsarmut (► Kap. 4.6) wurde herausgearbeitet, dass das Vorhandensein von maximal einem Hauptschulabschluss (erstem Schulabschluss) mittlerweile als ein Indikator für eine etwaige zertifikatsbezogene relative Bildungsarmut gewertet wird, wodurch diese Gruppe in einer wissensbasierten Gesellschaft mit erhöhten Lebensverlaufsrisiken konfrontiert wird. Die Maßnahmen im sogenannten Übergangssektor greifen daher vorhandene Qualifikationsdefizite auf und sollen, so die Diktion der Bildungspolitik, die Jugendlichen zu einer berufsqualifizierenden Ausbildung führen. Euler und Nikolaus (2018) nennen drei Funktionen, die das Übergangssystem erfüllen soll.

1. »[D]ie Weiterentwicklung fachlicher Kompetenzen und damit verbunden die Ermöglichung weiterführender Abschlüsse;
2. die Weiterentwicklung sozialer und personaler Kompetenzen insbesondere auch bezogen auf die eigenen beruflichen Orientierungen und darüber
3. vermittelt die (berufliche) bzw. gesellschaftliche Integration« (Euler & Nickolaus, 2018, S. 531).

Höhere Abschlüsse, verbesserte soziale und personale Kompetenzen sowie eine daraus resultierende erhöhte Integrationsfähigkeit – das ist ein durchaus ambitioniertes Programm für einen Bereich, der letzten Endes vorhandene Defizite in relativ kurzer Zeit bearbeiten soll.

In diesem Bereich kommen ganz unterschiedliche konkrete Maßnahmen, wie etwa die Einstiegsqualifizierung (EQ), das Berufsgrundbildungsjahr (BGJ) oder auch eine ein- oder zweijährige Berufsfachschule (BFS) zur Anwendung. Menze und Holtmann (2019) können allerdings mit Daten des Nationalen Bildungspanels zeigen, dass aktuell nur ein kleiner Teil der Maßnahmenteilnehmer*innen einen Schulabschluss nachholt und dass dies vor allem denjenigen gelingt, die bereits über bessere Schulabschlussnoten verfügen.

Betrachtet man die Struktur der Gruppe hinsichtlich des Merkmals der Staatsangehörigkeit[49], so zeigt sich, dass Jugendliche ohne deutsche Staatsangehörigkeit deutlich stärker im Übergangssektor vertreten sind und deutlich seltener im Bereich der dualen Ausbildung (vgl. hierzu Richter & Baethge, 2017 und auf Länderebene Seeber et al., 2019). Der Übergangssektor schwankt in seiner Größe immer wieder, teils sehr ausgeprägt (siehe hierzu Richter & Baethge, 2017); er stellt jedoch einen nach wie vor relativ unregulierten Bereich dar, in dem es an klaren Zielvorgaben sowie an einem einheitlichen Monitoring fehlt. Es wird immer wieder darauf verwiesen, dass der Übergangssektor einerseits ein deutlicher Hinweis auf vorhandene Passungsprobleme zwischen Allgemeinbildendem Schulsystem und Ausbildungssystem darstellt, dass jedoch – letztlich bis heute – wenig darüber bekannt ist, weshalb die Effektivität des Übergangssystem eher begrenzt ist (Baethge, 2012). Außerdem lassen sich in der beruflichen Bildung selbst bereits seit Längerem Segmentationsmuster finden, die neben Staatsangehörigkeit auch Geschlecht als Merkmal ausweisen (Baethge, 2010).

Entsprechend dieser fehlenden Strukturierung des Bereichs ist es wenig verwunderlich, dass es zu den hier avisierten Kompetenzzuwächsen bislang noch wenig aussagekräftige Befunde gibt. Insgesamt, darauf deuten ja auch die sozialstrukturellen Hintergründe der typischen Zugänge ins Übergangssystem hin, dürfte dieser Bereich jedoch von anhaltend hohem Interesse sein und müsste als ein, wie Richter und Baethge (2017) dies ausdrücken, eigener Bildungsraum auch entsprechend strukturiert bzw. reguliert werden.

4.8 Vertiefungsthema – Menschen mit Migrationserfahrung bzw. Migrationshintergrund im Bildungssystem

Während in den 1960er Jahren noch das durch Ralf Dahrendorf initiierte und in der Kunstfigur der »katholischen Arbeitertochter vom Lande« (Peisert, 1967) verdich-

49 In der Berufsbildungsstatistik wird nur entlang des Staatsangehörigkeitsmerkmals und nicht des Merkmals des Migrationshintergrundes differenziert.

tete Bild damaliger Bildungsrisiken vorherrschend war, also Herkunft aus der Arbeiterklasse, weibliches Geschlecht, geografisch auf dem Land verortet und Zugehörigkeit zur katholischen Konfession, spricht man heute analog eher vom männlichen Jugendlichen mit Migrationshintergrund aus dem städtischen Problemviertel und dokumentiert damit einen deutlichen Wandel im Hinblick auf Bildungsarmutsrisiken (Geißler, 2005).

Wo und wie genau wirkt sich jedoch ein Migrationshintergrund oder auch eine eigene Migrationsgeschichte auf den Bildungsverlauf von Kindern, Jugendlichen und jungen Erwachsenen aus?

Exkurs: Migrationshintergrund

Über lange Zeit wurden Zugewanderte in der Statistik nur über Staatsangehörigkeit erfasst. Teilweise findet sich nach wie vor in manchen Statistiken und Daten auch nur dieser Indikator. Seit dem Jahr 2005 wird in den Erhebungen des Mikrozensus (der sogenannten »kleinen Bevölkerungszählung«) des Statistischen Bundesamtes Migration differenzierter erfasst (Staatsangehörigkeit, das Geburtsland, das Jahr des Zuzugs sowie weitere Informationen zur Einbürgerung). Erst diese weiteren Informationen, neben der Staatsangehörigkeit, ermöglichen es, eingebürgerte Personen, die nicht in Deutschland geboren sind, in der Statistik zu identifizieren. Das Statistische Bundesamt arbeitet hierbei mit folgender Definition von Migrationshintergrund: »Eine Person hat einen Migrationshintergrund, wenn sie selbst oder mindestens ein Elternteil nicht mit deutscher Staatsangehörigkeit geboren wurde. Im Einzelnen umfasst diese Definition zugewanderte und nicht zugewanderte Auslanderinnen und Ausländer, zugewanderte und nicht zugewanderte Eingebürgerte, (Spät-)Aussiedlerinnen und (Spät-)Aussiedler sowie die als Deutsche geborenen Nachkommen dieser Gruppen« (https://www.destatis.de/DE/Themen/Gesellschaft-Umwelt/Bevoelkerung/Migration-Integration/Glossar/migrationshintergrund.html). Diese Definition liegt den meisten empirischen Studien zugrunde, so dass insgesamt vier Gruppen unterscheidbar sind:

- Personen ohne Migrationshintergrund
- Personen, mit eigener Migrationserfahrung (erste Generation)
- Personen mit Migrationshintergrund (zweite Generation)
- Personen ohne deutsche Staatsangehörigkeit.

Die letzte Kategorie liegt quer zu den beiden Migrationsgruppen, da Personen mit Migrationserfahrung/-hintergrund sowohl eingebürgert sein können oder auch nicht.

Im Nationalen Bildungspanel (NEPS) ist ein Erfassungskonzept implementiert, das es ermöglicht, insgesamt zehn Gruppen hinsichtlich eines Migrationshintergrundes zu unterscheiden (Olczyk, Will & Kristen, 2014). Hierbei wird u. a. differenzierter erfasst, ob etwa nur ein oder beide Elternteile im Ausland geboren sind. Zudem ermöglicht dieses Konzept neben den ersten beiden eine dritte

Generation zu identifizieren, bei der bereits die Großeltern eingewandert sind. Die meisten Studien nutzen jedoch kein derart differenziertes Erfassungskonzept, so dass, wenn überhaupt mehr als die Staatsangehörigkeit erfragt wird, nur die erste sowie die zweite Generation unterscheidbar ist.

Bereits im Abschnitt zur elementaren Bildung (▶ Kap. 4.3) wurde gezeigt, dass der Migrationshintergrund in seiner Bildungsrelevanz auch über die Aspekte Sprache und Sprachfähigkeiten wirkt. Gleichzeitig wurde dargestellt, dass Menschen mit Migrationshintergrund räumlich segregiert wohnen und die Zugangsmöglichkeiten zu Bildungs- und Betreuungseinrichtungen (und später dann zu Schulen) dementsprechend unterschiedlich sind. Studien zeigen zudem, dass Kinder mit Migrationshintergrund häufiger in Einrichtungen der frühkindlichen Bildung zu finden sind, die in ihren Qualitätsindikatoren eher durchschnittlich bis unterdurchschnittlich sind (Tietze et al., 2013). Beckh et al. (2014) weisen mit Daten der NUBEKK-Studie nach, dass Kinder mit türkischem und russischem Migrationshintergrund vom Besuch qualitativ hochwertiger Einrichtungen in ihrer Sprachentwicklung deutlich profitieren könn(t)en. Die Realität sieht hingegen anders aus. So lassen sich auf Ebene der frühkindlichen Einrichtungen ebenfalls ausgeprägte Segregationen finden, die dann dazu führen, dass etwa Kinder mit einem hohen (Sprach-)Förderbedarf in manchen Einrichtungen in hoher Zahl vorhanden sind, was die entsprechende Förderung schwierig macht.

Betrachtet man ethnische bzw. migrationsspezifische Segregation auf Ebene der Einrichtungen, so zeigen sich im Bundesländervergleich deutliche Unterschiede, wie der DJI Kinder- und Jugendmigrationsreport 2020 berichtet. In Abbildung 22 wird der Anteil an Einrichtungen auf Ebene der Bundesländer aufgeführt, in denen mindestens die Hälfte der Kinder ein Elternteil haben, das im Ausland geboren ist (▶ Abb. 22).

Es werden – entsprechend auch der jeweiligen Anteile an Kindern mit Migrationshintergrund – teils deutliche Unterschiede zwischen den Bundesländern sichtbar. Während die ostdeutschen Flächenländer sehr niedrige Anteile aufweisen, liegt der Wert im Stadtstaat Bremen bei knapp 40 %. Ein Flächenland wie Bayern liegt hingegen mit ca. 17 % eher im Bereich des Bundesdurchschnitts. Allerdings verbergen sich hinter diesen Bundeslanddurchschnitten wiederum sehr unterschiedliche Ausprägungen, so vor allem auch Stadt-Land-Unterschiede. Wenn man beispielsweise auf das Bundesland Bayern blickt, so finden sich in den Städten deutlich höhere Quoten als im ländlichen Raum. In der Stadt Nürnberg besuchen beispielsweise 74,7 % aller Kinder unter 14 Jahren, die eine Tageseinrichtung nutzen und bei denen mindestens ein Elternteil im Ausland geboren ist, eine Einrichtung, in der mehr als 50 % der Kinder ebenfalls einen Migrationshintergrund aufweisen. Das heißt, diese Kinder besuchen sehr oft (zu fast 75 %) Einrichtungen, in denen sie mehrheitlich wiederum auf Kinder treffen, bei denen das ebenso der Fall ist. Diese Ausprägungen an migrationsspezifischer Segregation auf Ebene von Einrichtungen im Bereich frühkindlicher bzw. vorschulischer Bildung zeigt sich in den Großstädten mittlerweile in deutlich verschärfter Form. Einerseits – hierauf wurde bereits hingewiesen – spiegeln diese einrichtungsbezogenen Segregationen die entspre-

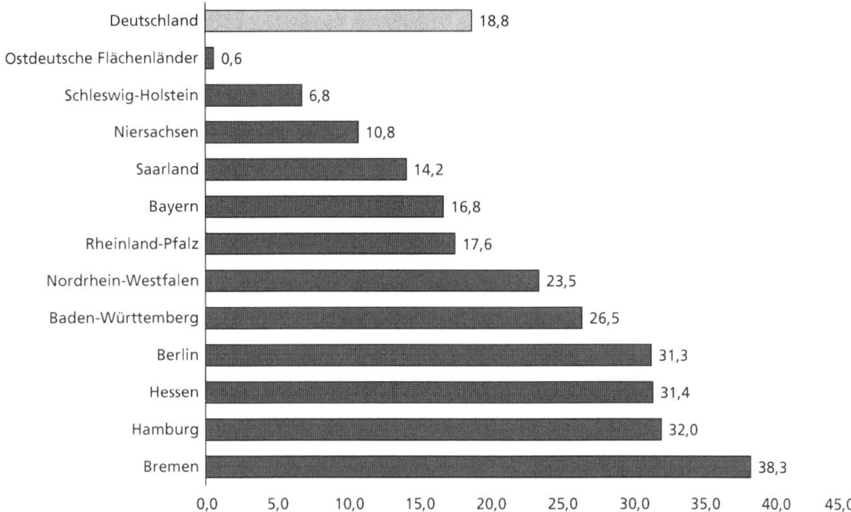

Abb. 22: Einrichtungen (in Prozent), in denen mindestens die Hälfte der Kinder mindestens ein Elternteil haben, das im Ausland geboren ist, im Jahr 2018 (eigene Darstellung mit Daten aus Lochner & Jähnert, 2020)

chenden wohnbezogenen Segregationen wider; andererseits erfährt jedoch letztere – also die Frage wer wohnt wo – darüber hinaus eine Verstärkung etwa durch das Umzugsgeschehen mit Blick auf die Einschulung von Kindern.[50]

Blickt man auf das, was in der Sprache der neueren Bildungsökonomie oftmals als Bildungsoutcomes bezeichnet wird, also Bildungsergebnisse wie etwa Zeugnisse oder Zertifikate im Allgemeinen, so wird deutlich, dass es markante Unterschiede zwischen denjenigen mit und ohne Migrationshintergrund gibt, wie in Abbildung 23 auf Basis neuerer Daten des Statistischen Bundesamtes ersichtlich wird (▶ Abb. 23).

Insbesondere im Bereich fehlender beruflicher Abschlüsse zeigen sich markante Unterschiede zwischen der Gruppe mit und der ohne Migrationshintergrund. Gleichzeitig ist der Anteil von denen, die eine Lehre absolviert haben, in der Gruppe derjenigen ohne Migrationshintergrund fast doppelt so hoch wie in der Gruppe derjenigen mit Migrationshintergrund. Anknüpfend an das Thema Bildungsarmut zeigt sich hier also auch ein deutliches Armutsrisiko für Menschen mit Migrationshintergrund, da fehlende berufliche Abschlüsse ein solches Risiko erheblich steigern.

In den öffentlichen Diskussionen wird immer wieder eine angeblich geringer ausgeprägte Bildungsorientierung von Menschen mit Migrationshintergrund als eine Erklärung angeführt. Dies lässt sich in den einschlägigen Studien jedoch so nicht belegen. Eltern von Kindern mit Migrationshintergrund aber auch erwachsene

50 Oeltjen und Windzio (2019, 2022) zeigen, dass insbesondere Eltern aus der Mittelschicht bzw. Eltern mit hohen eigenen Bildungsabschlüssen vor der Einschulung ihrer Kinder verstärkt in Gegenden umziehen, in denen sich die gewünschte Grundschule befindet.

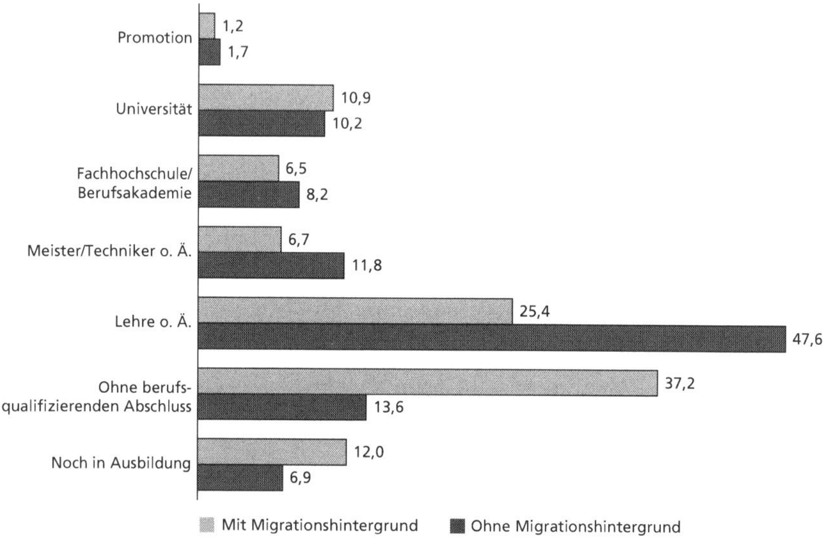

Abb. 23: Bildungsstand der Bevölkerung ab 15 Jahren in Deutschland nach Migrationshintergrund im Jahr 2022 (in Prozent) (eigene Darstellung mit Daten des Statistisches Bundesamtes; eigene Berechnungen)

Bildungsteilnehmer*innen mit Migrationshintergrund weisen keine bedeutsamen Unterschiede hinsichtlich ihrer Bildungsorientierungen auf. Eher im Gegenteil, wie das Phänomen zeigt, das vor allem unter dem Begriff eines Aspirationsparadox bei Migrant*innen diskutiert wird.

Das Aspirationsparadox bei Migrant*innen

Dieses Paradox bezieht sich darauf, dass die Bildungsorientierungen (also beispielsweise, das eigene Kind an einem Gymnasium anzumelden) in Migrant*innenfamilien häufig höher sind, als man dies auf Basis der sozioökonomischen Situation der Familie erwarten würde. Becker und Gresch (2016) weisen darauf hin, dass es nach wie vor wenig empirisch gesicherte Befunde zur Klärung dieses »Paradoxes« gibt, dass aber einiges darauf hindeutet, dass zwei Faktoren hierbei eine Rolle spielen. Einerseits ein vorhandener Zuwander*innenoptimismus und andererseits Informationsdefizite hinsichtlich des deutschen Bildungssystems.

Auch wenn es bezüglich dieser Frage noch keine abschließende Klärung gibt, bleibt zumindest festzuhalten, dass die deutlichen Unterschiede im Hinblick auf Ausbildungsabschlüsse nicht auf (fehlende) Bildungsmotivation auf Seiten der Migrant*innen bzw. deren Eltern zurückzuführen sind.

Was hingegen durchaus relevant zu sein scheint, sind die in Bildungskontexten wirksam werdende Stereotype, die sich beispielsweise in Form eines Pygmalion-Effekts (▶ Kap. 4.4.3) auch auf die Leistungsentwicklung von Schüler*innen mit

Migrationshintergrund auswirken können. Bonefeld und Dickhäuser (2018) fanden entsprechende Beurteilungseffekte auch bei Lehramtsstudierenden, die die Leistungen von Schüler*innen mit Migrationshintergrund deutlich schlechter einschätzten als von Schüler*innen ohne Migrationshintergrund. Gleichzeitig wird aus entsprechenden Studien zu Lehrkrafterwartungen und -beurteilungen aber auch deutlich, dass Migrationshintergrund nicht gleich Migrationshintergrund ist. So kann beispielsweise Gentrup et al. (2018) zeigen, dass sich etwa ein osteuropäischer Migrationshintergrund auch positiv auf die Lehrkrafterwartungen und deren Beurteilungen in Mathematik auswirken kann.

Aus der konflikttheoretischen Perspektive von Bourdieu heraus überraschen derartige Befunde sicherlich weniger, da sich in ihnen auch spezifische Erwartungen von Bildungseinrichtungen und Lehrkräften ausdrücken, die mit milieuspezifischen Zugehörigkeiten korrespondieren. Mechthild Gomolla und Frank-Olaf Radtke (2009) konnten in ihrer Studie zu institutionellen Diskriminierungen im Bildungssystem zeigen, dass und wie ethnische Zugehörigkeiten, also beispielsweise Migrationshintergründe, in den Bildungsinstitutionen zu systematischen Benachteiligungen führen.

Zusammengefasst zeigen sich aus bildungssoziologischer Perspektive mehrere Faktoren als relevant für Unterschiede – und letztlich Ungleichheiten – in den Bildungsverläufen von Menschen mit Migrationshintergrund und solchen ohne. *Erstens* lassen sich Unterschiede in den sprachlichen Kompetenzen feststellen, die sich zwar über die Generationen hinweg abbauen können – so finden sich etwa bei Kindern aus der ehemaligen Sowjetunion, bei denen die Großeltern eingewandert sind, die also zur dritten Generation gehören, bereits im Kindergarten in den sprachlichen Kompetenzen keine bedeutsamen Unterschiede mehr zur Vergleichsgruppe ohne Migrationshintergrund (Olczyk, Seuring, Will & Zinn, 2016, S. 58). Anders sieht es jedoch bei Nachkommen türkischer Einwander*innen aus, die in dieser Bildungsetappe und in der dritten Generation nach wie vor signifikant negativ in ihren sprachlichen Fähigkeiten von der Vergleichsgruppe ohne Migrationshintergrund abweichen. Dies zeigt, wie wichtig es ist, nicht von Migrant*innen als solche zu sprechen, sondern die einzelnen Gruppen mit ihren je spezifischen Herausforderungen in den Blick zu nehmen. *Zweitens* stellt man fest, dass jenseits von Unterschieden in der Leistungsentwicklung von Kindern und Jugendlichen mit Migrationshintergrund das Bildungssystem selbst auf sowohl institutioneller Ebene als auch in Form spezifischer (und teilweise eben auch stereotyper) Erwartungen und Beurteilungen Einfluss auf die Bildungschancen und damit auch auf die Bildungsverläufe nimmt. Beide Aspekte stellen für pädagogische Professionen Herausforderungen dar, die sowohl auf Ebene der Qualifizierung von pädagogischem Fachpersonal wie auch auf Ebene unterrichtlicher oder frühpädagogischer Praxis liegen.

Für eine weiterführende Auseinandersetzung mit dem Thema Migrationshintergrund, auch hinsichtlich anderer Bildungsetappen bzw. Bildungsorte, gibt es mittlerweile eine Fülle an Literatur.

Literaturempfehlungen

Aus dem Bereich der *quantitativen empirischen Bildungsforschung* ist hier der Sammelband »Ethnische Ungleichheiten im Bildungsverlauf: Mechanismen, Befunde, Debatten« von Diehl, Hunkler und Kristen (2016) zu nennen, der Beiträge zu allen Bildungsbereichen beinhaltet, angefangen bei den Herausforderungen im Bereich Sprache in der frühkindlichen und vorschulischen Bildung bis zu den Schwierigkeiten von Menschen mit Migrationshintergrund in den Bildungsbereichen Hochschule und berufliche Ausbildung. Auch wenn dieser Band mittlerweile bereits einige Jahre alt ist, stellen die Beiträge nach wie vor den weitgehend aktuellen Forschungstand zum Thema dar.

Eine für sozial- und kindheitspädagogische Leser*innen interessante Gruppe steht im Zentrum der Studie von Albert Scherr und Lena Sachs (2017), die sich in ihrem Buch »Bildungsbiografien von Sinti und Roma. Erfolgreiche Bildungsverläufe unter schwierigen Bedingungen« vor allem mit erfolgreichen Bildungsbiografien beschäftigen und unter einer diskriminierungstheoretischen Perspektive die Hindernisse und Herausforderungen herausarbeiten, denen sich Angehörige dieser Minderheitengruppen gegenübersehen. Die Autor*innen leiten aus ihrer Studie zudem einige bemerkenswerte und wichtige Veränderungsvorschläge für das Bildungssystem ab.

Nach wie vor lesenswert – auch wenn die erste Auflage bereits 2003 erschien – ist das Buch »Institutionelle Diskriminierung. Die Herstellung ethnischer Differenz in der Schule« von Mechthild Gomolla und Frank-Olaf Radtke (2009). Gerade wenn es um Fragen von Vorurteilen, Stereotypen und Diskriminierungen geht, ist es wichtig, zwischen den unterschiedlichen Diskriminierungsformen zu unterscheiden, was es erst ermöglicht, an den richtigen Stellen zu intervenieren.

5 Bildungssoziologie, Bildungsforschung und Bildungspraxis

Bildungssoziologisches Wissen wird in bildungspraktischen Kontexten, sei dies ein pädagogischer Kontext im engeren oder ein eher bildungspolitischer Kontext im weiteren Sinne, nicht nur rezipiert; vielmehr findet dieses Wissen Eingang in das Verständnis dessen, was passiert, und in die Handlungen, die relevante Akteure in diesem Feld vollziehen. Welches Wissen hierbei wie und an welchen Orten in besonderem Maße Eingang findet bzw. – normativ gewendet – finden sollte, steht in diesem Kapitel im Zentrum der Ausführungen.

In seinem Plädoyer für, wie er das nennt, eine »rationale Hochschuldidaktik«, führt Pierre Bourdieu aus: »Blindheit gegenüber sozialer Ungleichheit zwingt und berechtigt zugleich, jegliche Ungleichheit, besonders aber die des akademischen Erfolgs, als natürliche, als Ungleichheit der Begabung anzusehen« (Bourdieu, 2018, S. 221). Wenn man jetzt die Debatten, die im Nachgang etwa zu den PISA Ergebnissen auch und gerade im Hinblick auf den Einfluss der sozialen Herkunft auf die Bildungsverläufe junger Menschen Revue passieren lässt, so zeigt sich, zumindest auf der Ebene der öffentlich geführten Diskussionen, eine gewisse Abkehr von dieser einfachen Erklärung, dass der Bildungserfolg Ausdruck ungleicher Begabungen wäre (siehe zum Begabungsbegriff den nachstehenden Exkurs). Vielmehr zeichnen sich die letzten 20 Jahre nicht nur durch eine intensive Ausweitung von auf Bildung bezogener Forschung aus; sondern es fanden und finden massive Interventionen in die konkreten Bildungsprozesse statt. Einiges wurde bereits an anderer Stelle angesprochen, so etwa die Einführung von Bildungsstandards oder auch die deutliche Ausweitung eines Bildungsmonitorings, das bildungspolitischen Akteuren Informationen zur Verfügung stellen soll, auf deren Grundlage Bildungspolitik gemacht wird.

Exkurs: Begabung – ein Zentralbegriff bildungsbezogener Debatten seit den 1960er Jahren

Im Jahr 1969 publizierte der Deutsche Bildungsrat in einer seiner zwei Schriftenreihen eine Expertise zum Thema *Begabung und Lernen* (H. Roth, 1969), in der sich eine ganze Reihe an Einzeltexten findet, die sich mit pädagogischen, psychologischen, aber auch soziologischen Fragen rund um das Begabungsthema auseinandersetzen. Dieser Band gewann in der Folge großen Einfluss, nicht nur auf die weitere pädagogisch orientierte Forschung, sondern darüber hinaus auch auf bildungspolitische und insbesondere bildungsreformpolitische Bemühungen. Karl Dietrich Erdmann weist in seinem Vorwort auf einen seiner Einschätzung nach zentralen Befund aller Expertisen hin: »Gesichert steht [...] die negative Feststellung, daß die tonangebenden psychischen Naturfaktoren wie Erbe und Reifung nicht den Grad von determinierender Bedeutung für die Begabungsentwicklung besitzen, der ihnen landläufig zugemessen wird, und daß umgekehrt demgegenüber den vom Menschen beeinflußbaren oder von ihm gesteuerten Einwirkungen durch Umwelt und schulischen Lernen ein für jede praktische Orientierung größeres Gewicht zukommt« (H. Roth, 1969, S. 5). Diese Zusammenschau der Befunde spielt selbstredend einer an pädagogischer Intervention interessierten Profession und einer an Steuerung interessierten Bildungspolitik in die Hände.

Ca. 30 Jahre später greift Franz Emanuel Weinert in einem 2012 abgedruckten Beitrag (Weinert, 2012), der den gleichen Titel wie der damalige Gutachtenband trägt (»Begabung und Lernen«) diese auswirkungsreiche Feststellung von Erdmann nochmals auf und konfrontiert sie mit dem (damals aktuellen) Forschungsstand. Er bezeichnet die damaligen Schlussfolgerungen als »pädagogische Utopie« und als »psychologisches Fehlurteil«. Es sind vor allem Befunde aus Studien, die Weinert selbst am MPI für psychologische Forschung durch- bzw. weitergeführt hat (hier insbesondere die LOGIK-Studie, die SCHOLASTIK-Studie sowie die GOLD-Studie), die die Grundlage seiner kritischen Einschätzung bilden. Bei diesen Studien handelt es sich teilweise um Zwillingsstudien, die in der Psychologie insbesondere für die Klärung der Frage von Erblichkeit oder kultureller Prägung genutzt werden. Weinert wirft nochmals die schon in den früheren Gutachten behandelte Frage nach dem Zusammenhang von Lernprozessen und kognitiver Kompetenzentwicklung auf. Ein zentraler Befund, den er den Expertisen aus den 1960er Jahren entgegenhält, lautet: »Bei allen kognitiven Kompetenzen, bei denen sich in der Frühphase der Ontogenese bedeutsame interindividuelle Unterschiede zeigen, bleiben diese Differenzen langfristig auch unter dem Einfluss extern angeregter und geförderter Lernprozesse erhalten und beeinflussen in bedeutsamer Weise das individuell erreichbare, maximale Leistungsniveau im frühen Erwachsenenalter« (Weinert, 2012, S. 28). Das heißt, Lernprozesse als solche tragen wenig zur Veränderung der Unterschiede zwischen Individuen bei; deutlich ausschlaggebender für interindividuelle Unterschiede sind genetische Ähnlichkeiten oder Differenzen. Allerdings weist er aber auch auf einen Befund hin, der für bildungssoziologische Fragestellungen von großem Interesse ist: »dass unterdurchschnittlich intelligente Menschen eher schlechte berufliche Aussichten haben, es sei denn, ihre Eltern verfügten über einen hohen Bildungsgrad und über die damit im Durchschnitt verbundenen Privilegien. In diesem Fall sind die weniger intelligenten Kinder im späteren Erwachsenenalter fast ebenso erfolgreich wie die intelligenten Probanden« (Weinert, 2012, S. 33).

Beruflicher bzw. allgemeiner Lebenserfolg ist also durchaus von sozialen Faktoren abhängig – und die Bedeutsamkeit genetischer Ausstattungsunterschiede lässt sich durch kulturelle Ressourcen massiv beeinflussen. Damit kommen jedoch Faktoren zum Tragen, die gerechtigkeitstheoretisch von hoher Bedeutsamkeit sind. An dieser Stelle wird aber auch deutlich, dass diese neuere Publikation mit ihrem Verzicht auf eine soziologische Perspektive (alle Autor*-

innen kommen entweder aus dem Bereich der Pädagogik, der Psychologie oder aber der Praxis) genau diesen Aspekten deutlich zu wenig Aufmerksamkeit schenken. Die Expertise von 1969 beinhaltete hingegen mit dem sehr profunden Beitrag von Ulrich Oevermann (1969) eine dezidiert soziologische Perspektive, in der – anknüpfend an die damals viel diskutierten Studien von Basil Bernstein (1960, 1961) – herausgearbeitet wurde, dass vor allem Unterschiede im Sprachgebrauch innerhalb der familiären Sozialisation die kognitive Entwicklung beeinflussen.

Bildungsprozesse als Bestandteil von Sozialisation müssen jedoch gleichzeitig daran gemessen werden, inwiefern sie das erfüllen, was Niklas Luhmann als Anforderung an Sozialisation formulierte: »Sozialisation muß [...] auf ein Leben in permanenter Unsicherheit vorbereiten« (Luhmann, 2002, S. 49). Gleichzeitig jedoch, Bourdieu bringt das wiederum auf den Punkt, gilt auch: »Das Erziehungssystem muss [...] Individuen hervorbringen, die ein für alle Mal und für das ganze Leben ausgewählt und in eine Rangordnung eingestuft sind« (Bourdieu, 2018, S. 222). Also doch eher ein Leben in permanenter Unsicherheit, das sich jedoch für die Individuen sozial ganz unterschiedlich darstellt.

Was kann nun in dieser Gemengelage aus bildungspolitisch vorgetragenen Anforderungen an das Bildungssystem und je nach sozialem Kontext unterschiedlichen Bedarfen der Bildungsteilnehmer*innen die bildungssoziologische Perspektive und Forschung beitragen? Die Frage lässt sich – wenn man in der wissenschaftlichen Perspektive verbleibt – nicht im Sinne eines normativen Statements beantworten.

Rolle der Bildungssoziologie

Auch die Bildungssoziologie kann nicht die Frage beantworten: Was sollen wir tun? Sie kann höchstens die Frage beantworten: Mit welchen Mitteln sollte man ein gesetztes Ziel am besten verfolgen? Und die Formulierung des »gesetzten Ziels« beinhaltet so einiges an Konflikten und Diskussionsstoff. Die Bildungssoziologie tritt hierbei mindestens in zweifacher Gestalt auf: Einerseits als eine aktive Teilnehmerin, die mit Hilfe von empirischen Befunden und im Zusammenspiel mit bildungspolitischen Akteuren Interventionen und Veränderungen am und im Bildungssystem mitinitiiert, und andererseits als eine Selbstbeobachterin, die dieses Verflochtensein mit dem Bildungssystem und seinen Akteuren mit eigenen wissenschaftlichen Mitteln zu reflektieren sucht.

In der besten aller Welten würde dies von jedem*r Bildungssoziolog*in geleistet werden; in der Realität sprechen wir hier jedoch eher über unterschiedliche Bereiche der Bildungssoziologie. Mit Bourdieu wurde bereits jemand vorgestellt, der sich eher mit kritischem Blick auf die eigene Disziplin um eine Korrektur der bildungssoziologischen Annahmen und Vorgehensweisen bemüht. Mit den Ansätzen der rationalen Wahl wurde hingegen ein bildungssoziologischer Ansatz eingeführt, der sich vermeintlich von normativen Fragen fern hält, jedoch de facto ebenso in solche Fragen verstrickt ist.

Wenn also in den folgenden Ausführungen der Versuch unternommen wird, zu klären, wo und wie bildungssoziologische Befunde sinnvollerweise in pädagogischen Kontexten Eingang finden sollten, dann sollte auch im Blick behalten werden, dass die Bildungssoziologie selbst keine völlig unabhängige Beobachterin des Bildungssystems ist (und auch noch niemals war), sondern ein Bestandteil von diesem.

5.1 Bildungssoziologie in der Bildungspraxis

Die Bildungspraxis ist, unabhängig vom konkreten Kontext, in erster Linie eine pädagogische Veranstaltung. Das heißt, in der Bildungspraxis wird pädagogisch gehandelt, und dieses Handeln ist gekennzeichnet durch eine prinzipielle Ungewissheit über das Ergebnis (Gruschka, 2018). Diese Ungewissheit, mit der sich die Pädagogik seit Langem auseinandersetzt, wurde von Niklas Luhmann und Karl-Eberhard Schorr (1982) mit dem Begriff des *Technologiedefizits* pädagogischen Handelns bezeichnet.

Technologiedefizit

Dieser Begriff sollte verdeutlichen, dass es sich bei Lehr-Lern-Prozessen, also bei Bildungsprozessen, um Formen der Interaktion handelt (zwischen Erzieher*in und Kind oder zwischen Lehrkraft und Schüler*in oder zwischen Ausbilder*in und Auszubildenden), die sich gegen eine Technologisierung auf einer ganz grundsätzlichen Ebene sperren. Die Überwindung dieses Defizits sollte auch und gerade durch den Einsatz sozialwissenschaftlichen Wissens ermöglicht werden (Hollstein, 2011).

Das Problem selbst ist auch deshalb bis heute virulent, weil es hier um Fragen der Autonomie der pädagogischen Profession geht, die sich vor allem daran festmachen lassen, wer eigentlich die Ziele von Bildung definiert. Die einfache, aber weitgehend unbefriedigende Antwort lautet: die pädagogische Profession nur zu einem geringen Teil.

Die von Bourdieu benannte Einstufung in eine Rangordnung entstammt nicht dem Absichtskatalog von Pädagog*innen, sondern vielmehr den durch andere gesellschaftliche Teilsysteme formulierten Erwartungen an das Bildungssystem. Damit ist das Spannungsfeld skizziert, in dem sich die Rezeption bildungssoziologischen Wissens im Bildungssystem durch die dort tätigen Akteure bewegt. Dieses Wissen soll von einer Profession rezipiert werden, die gleichzeitig – und dies aus guten Gründen – um die Aufrechterhaltung ihrer Autonomie bemüht ist, wozu u. a. die Formulierung von Zielen des eigenen Handelns gehört. Mit einer solchen Beschreibung bewegt man sich jedoch relativ weit entfernt von den aktuellen bildungspolitischen, bildungsökonomischen und bildungssoziologischen Ambitionen, in denen diese Fragen sowie die professionsbezogenen Auswirkungen von Veränderungen am und im Bildungssystem eine eher nachgelagerte Bedeutung haben. Diese Diskrepanz wird bzw. würde auch soziologisch erst dann sichtbar, wenn die Bildungssoziologie selbst als Gegenstand einer soziologischen Analyse in den Blick gerückt wird, was weiter unten am Beispiel einer durch Bourdieu inspirierten Feldanalyse des Bildungssystems durch Richard Münch näher ausgeführt wird (▶ Kap. 5.2.2).

Das Wissen, des durch die bildungssoziologischen Zugänge erzeugt wird, kann jedoch in direkterer Weise Relevanz für die unterschiedlichen Bereiche und auch die unterschiedlichen Etappen innerhalb von Bildungsverläufen von Menschen gewinnen. Das Wissen selbst bezieht sich vor allem auf drei Bereiche von Bildungsstrukturen und Bildungsprozessen.

1. Das Wissen über die *Herkunftsabhängigkeit* von Bildungsteilnahme und Bildungserfolg (Bereich der Ungleichheitsbedingungen innerhalb der Bildungspraxis)
2. Das Wissen über die *strukturellen Gegebenheiten*, unter denen Bildung stattfindet (Bereich der historischen und globalen (Pfad-)Abhängigkeiten von Bildungspraxis)
3. Das Wissen über die (soziale) *Positionierung* von Erziehenden/Bildenden (Bereich der Selektivität der eigenen Perspektive).

Für den ersten Bereich – der Ungleichheitsstrukturiertheit von Gesellschaft und Bildung – wurde bereits einiges an Befunden erarbeitet, die auch in Kapitel 4 dieses Bandes entlang der einzelnen Bildungsbereiche und -orte vorgestellt und diskutiert wurden (▶ Kap. 4). Nicht alle Befunde besitzen hierbei Relevanz für die Bildungspraxis im engeren Sinne. Die Bearbeitung der Herkunftsabhängigkeit von Bildungsverläufen kann innerhalb der Bildungspraxis nur mit Mitteln eben dieser Bildungspraxis erfolgen. Vereinfacht ausgedrückt: Bildungspraktiker*innen sind keine Sozialpolitiker*innen, sie verteilen kein Geld und sie können beispielsweise die soziale oder ethnische Herkunft oder die sozioökonomische Situation von Haushalten nicht bearbeiten. Aber bereits das Wissen um den Einfluss bzw. um die Wirkwege der sozialen Herkunft auf etwa außerschulische Lernprozesse gibt (Sozial-)Pädagog*innen und/oder Erzieher*innen etwas an die Hand.

Exkurs: Schulsozialarbeit als sozialpädagogische Bildungspraxis

Blickt man in den Bereich Schule, so findet sich hier mit der Schulsozialarbeit[51] ein dezidiert sozialpädagogisches Handlungsfeld in einer zentralen Bildungsin-

51 Der Begriff der Schulsozialarbeit wird nicht einheitlich verwendet. So finden sich daneben auch Begriffe wie *Jugendsozialarbeit an Schulen* oder *Ausbildungsbezogene Jugendsozialarbeit* (vgl. hierzu Aden-Grossmann, 2016).

stitution mit einem deutlichen Bezug zum Thema Ungleichheit bzw. Benachteiligung. Spies und Pötter beschreiben die Aufgabe der Schulsozialarbeit sehr ambitioniert: »Insofern muss als grundsätzlicher Auftrag für Soziale Arbeit an Schule gelten, dass sie für förderliche Entwicklungsbedingungen zu sorgen, bestehende Benachteiligungen abzubauen und drohende zu vermeiden sowie insgesamt zur Reduktion von sozialer Ungleichheit beizutragen hat« (Spies & Pötter, 2011, S. 60). Insgesamt identifizieren Spies und Pötter drei Arbeitsbereiche der Schulsozialarbeit (Spies & Pötter, 2011, S. 91):

1. Der Bereich des Sozialen Lernens
2. Der Bereich der individuellen Orientierung und Hilfe
3. Der Bereich der Bildungsbedingungen.

Obwohl allen drei Bereichen eine zunehmende Relevanz zukommt, ist Schulsozialarbeit bei der Bearbeitung dieser Arbeitsfelder in hohem Maße auf die Kooperation der jeweiligen Schule angewiesen, die nicht immer unproblematisch verläuft. Gleichzeitig – Baier und Deinet (2011) weisen darauf hin – erfuhr auch die Schulsozialarbeit durch die bildungspolitischen Diskussionen der frühen 2000er Jahre einen deutlichen Aufschwung als Themenfeld der Bearbeitung von Benachteiligung. Schulsozialarbeit hat ihren Fokus jedoch gerade nicht auf den strukturellen Ursachen der Bildungsbenachteiligung, sondern eher auf dem, was bereits sehr früh als sozialisatorische Defizite beschrieben wurde (Abels, 1970). Im Gegensatz etwa zu den skandinavischen Ländern oder auch den USA funktioniert Schulsozialarbeit in Deutschland jedoch entlang der bereits im Reichswohlfahrtsgesetz von 1922/24 (ab 1961 dann Jugendwohlfahrtsgesetz und ab 1991 dann Kinder- und Jugendhilfegesetz im SGB VII) angelegten Trennung von Schule und Jugendhilfe, deren Konsequenzen von Rademacker (2011, S. 22) prägnant zusammengefasst werden:

- Es entstehen unterschiedliche Professionen (Schulpädagog*innen und Sozialpädagog*innen), die in unterschiedlicher Weise an unterschiedlichen Orten ausgebildet und dann auch unterschiedlich entlohnt werden.
- Die Jugendhilfe (und damit auch die Schulsozialarbeit) erbringt ihre Leistungen auf Basis des Subsidiaritätsprinzips, während die Schulen hingegen eine weitgehend staatliche Leistung anbieten.
- Während die Hoheit über die Schulen bei den Bundesländern liegt und diese auch die finanziellen Ressourcen zur Verfügung stellen, sind für die Schulsozialarbeit einerseits der Bund und anderseits die Kommunen (auch als Kostenträger) zuständig.

Die daraus resultierende Struktur sowie die entsprechenden Herausforderungen für eine tatsächliche Kooperation zwischen beiden Bereichen prägt die Stellung sowie die Möglichkeiten der Schulsozialarbeit in Deutschland. Das gleichzeitig zunehmende Interesse an diesem Bereich, auch und gerade um den Herausforderungen einer nach wie vor vorhandenen Chancenungleichheit zu begegnen, entspricht jedoch kaum den durch diese Struktur vorgegebenen Möglichkeiten.

5.1.1 Strukturbedingungen von Bildungspraxis

Die soziologische Bildungsforschung hat zweifelsohne einiges an Befunden erarbeitet, die auch für Bildungspraktiker*innen wichtig und relevant sind und dies auch nicht erst jüngst. So konnten bereits James Coleman et al. (1966) in einer sehr frühen und bis heute einflussreichen Studie sowie Christopher Jencks et al. (1972) darauf aufbauend für den Bereich der ethnischen Zugehörigkeiten in den USA zeigen, dass vor allem Unterschiede in den familiären Bedingungen und weniger die Ausstattung der Schulen die Leistungsunterschiede von Schulkindern aus unterschiedlichen ethnischen Gruppen erklären. Jencks et al. (1972) ziehen hieraus auch den Schluss, dass die Wirksamkeit von bildungsreformerischen Maßnahmen eher begrenzt ist, da Bildungspolitik wenig Wirkungen auf den familiären Bereich entfalten kann.

Ditton hält für diese Studien und die daran anschließende Debatte als ein wichtiges Zwischenfazit fest,

> »dass die simple Vorstellung, schulische Effektivität sei im Wesentlichen von materiellen Bedingungen abhängig, wenig tragfähig ist. Verabschieden sollte man sich ebenfalls von der Fantasie, Schule könne allein auf sich gestellt – unabhängig von gesellschaftlich-sozialen Rahmenbedingungen – beliebig erfolgreich sein. Schulen scheinen nur innerhalb gewisser Grenzen wirksam zu sein, und die familiale Herkunft der Schüler sowie die Schulzusammensetzung sind relevante Faktoren für den schulischen Erfolg« (Ditton, 2011, S. 263).

Diese wichtigen bildungssoziologischen Befunde und Einschätzungen machen nicht nur deutlich, dass Bildungspraktiker*innen letzten Endes mit dem arbeiten müssen, was sie gesellschaftlich-strukturell vorfinden, sondern weisen darüber hinaus durchaus in Richtung des frühkindlichen Bereichs, an dem angesetzt werden kann (▶ Kap. 4.3). Die mittlerweile sehr intensiv geführte Diskussion und die hieraus resultierenden auch gesetzlichen Veränderungen bezüglich der Möglichkeiten des frühkindlichen Bildungsbereichs sowie der Blick über die nationalen Grenzen hinaus, lassen vor allem die ersten Lebensjahre bildungspolitisch und bildungspraktisch in neuem Licht erscheinen.

Außerdem konnte die Bildungssoziologie auch einige Befunde erarbeiten, die für die konkrete Bildungspraxis und für die Einschätzung von Vor-Ort-Bedingungen durchaus interessant sein können. Hierzu gehören u. a. die Befunde zu den Einflüssen sozialräumlicher Segregation auf Bildung und Bildungsprozesse, die sich in den unterschiedlichen Bildungsetappen in je spezifischer Weise auswirken. So konnten beispielsweise Ditton und Krüsken (2006) für Berliner Grundschüler*-innen zeigen, dass die aus der sozialräumlichen Segregation resultierende unterschiedliche Zusammensetzung der Schulklassen nach sozialen Herkunftsmerkmalen der Schüler*innen einen gewichtigen Teil der Unterschiede in den

Schüler*innenleistungen erklärt. In Brandenburg hingegen zeigte sich ein deutlich geringerer Einfluss der Herkunftsmerkmale sowohl auf die Klassenzusammensetzungen wie auch auf die Leistungen (Ditton & Krüsken, 2007). Das zeigt, der sozialräumliche Kontext, in dem Bildungsprozesse stattfinden, ist in hohem Maße relevant für das, was sich dann beispielsweise in Schulklassen finden lässt. Leistungsheterogene Schulklassen – hierauf wurde bereits an anderer Stelle hingewiesen – sind für diejenigen Schüler*innen, die sich eher dort im unteren Leistungssegment befinden, förderlich, während im unteren Leistungssegment homogene Klassen eher Entwicklungsnachteile für diese Schüler*innen mit sich bringen.

Auf der Ebene der einzelnen Schulen oder einzelner Kindertageseinrichtungen lässt sich an der sozialen Umgebungsstruktur wenig ändern; hier wirkt sich soziale (oder auch ethnische) Segregation (oder auch die herkunftsspezifisch unterschiedlichen Mobilitäten) in entsprechender Weise auf die Zusammensetzung von Kitas oder Schulen aus. Familien – auch dies wurde oben bereits ausführlich gezeigt – investieren auf Basis ihrer eigenen Ressourcen oder Kapitalien in ganz unterschiedlicher Weise in die (Bildungs-)Entwicklung ihrer Kinder. Insbesondere zeigt sich dies hinsichtlich der Unterschiede in den sprachlichen Fähigkeiten, mit denen Kinder in die Einrichtungen der frühkindlichen Bildung kommen. Prochnow kommt hier zu einer eindeutigen Einschätzung hinsichtlich der Aufgaben dieser Einrichtungen: »Sprachförderung und sprachliche Bildung stellen […] eine zentrale Aufgabe pädagogischer Fachkräfte in der KiTa dar« (Prochnow, 2022, S. 476). Der Abbau von Ungleichheiten über die Förderung von Sprachfähigkeiten in Deutsch wird von der Kultusministerkonferenz bereits seit Längerem in gleicher Weise gesehen.

> »Die Sprachentwicklung und Sprachförderung in der Familie und in den Kindertageseinrichtungen sind zentral bedeutsam für die Chancengerechtigkeit in der Schule, deshalb muss Sprachförderung Prinzip in Kindertageseinrichtungen und Grundschulen sein« (KMK, 2004, S. 9).

Sprache, Spracherwerb und Sprachförderung stellen entsprechend zentrale Aufgaben frühkindlicher und grundschulischer Bildungsprozesse dar. Sprachförderung benötigt neben der grundlegenden Möglichkeit zur sprachlichen Interaktion, die im frühkindlichen Bereich u. a. vom Personalschlüssel in den Einrichtungen abhängt, auch eine entsprechende Ausbildung der jeweiligen Fachkräfte. Schneider resümiert den diesbezüglichen Forschungsstand hierbei folgendermaßen:

> »Die Chancen dafür, positive Effekte zu erzielen, scheinen dann besonders hoch, wenn die Sprachförderung frühzeitig einsetzt, insbesondere Kinder aus bildungsfernen Familien und Migrantenkinder betrifft, von sorgfältig weitergebildeten pädagogischen Fachkräften in Kleingruppen umgesetzt wird und dabei sowohl strukturiert-additive und unstrukturiert alltagsintegrierte Komponenten unterschiedlichen Inhalts kombiniert« (Schneider, 2018, S. 71).

Als Zwischenfazit lässt sich festhalten, dass eine sehr früh ansetzende Sprachförderung – soweit bisher bekannt und erforscht – vor allem für Kinder aus benachteiligten sozialen Lagen wirksam ist. Diese ist jedoch von sowohl strukturellen Rahmenbedingungen abhängig, unter denen Einrichtungen arbeiten, wie etwa die u. a. am Personalschlüssel hängende Möglichkeit zur ausgeprägten (sprachlichen) Interaktion zwischen Fachkräften und Kindern, aber auch von den diesbezüglichen Kompetenzen der Fachkräfte selbst. In diesem Zusammenhang ist von der Akademisierung dieses Bildungsbereichs einiges zu erwarten, immer jedoch abhängig davon, ob und inwiefern der Sprachförderthematik in der Ausbildung bzw. dem Studium angehender Fachkräfte ein entsprechendes Gewicht zukommt. Aber bereits heute zeigt sich, dass die Sprachförderkompetenz akademisch ausgebildeter U3-Fachkräfte höher ist als diejenige nicht-akademisch ausgebildeter Fachkräfte. Zudem lassen sich auch Steigerungseffekte der Sprachförderkompetenz durch entsprechende Fort- und Weiterbildungen feststellen (Geyer, 2018).

Die Befunde zum Einfluss von Lehrenden auf die Bildungsverläufe und -erfolge von Schüler*innen, Auszubildenden und Studierenden und insbesondere die damit einhergehenden Forderungen nach einer größeren Diversität auch auf dieser Seite, sind von der bildungssoziologischen Forschung in jüngerer Zeit nochmals verstärkter aufgegriffen worden. Diagnosen, wie diejenige von Jungen als den neuen Bildungsverlierern (Diefenbach, 2010), wurden auch darüber zu erklären versucht, dass etwa die Lehrer*innenschaft an Schulen mehrheitlich weiblich ist. Dahinter stand die Vermutung, dass Lehrerinnen sich Mädchen und jungen Frauen gegenüber anders verhielten, andere Leistungserwartungen haben und insbesondere zu anderen Leistungsbeurteilungen kommen als bei Jungen. In ähnlicher Weise findet die Diskussion auch bezogen auf Kinder mit Migrationshintergrund oder Migrationserfahrung statt. Auch hier wird angenommen, dass der vergleichsweise geringe Anteil an Lehrkräften, die selbst über einen Migrationshintergrund bzw. eigene Migrationserfahrung verfügen, dazu führen würde, dass hier andere Leistungserwartungen und -beurteilungen vorgenommen werden. Die Forschungsbefunde sprechen jedoch eine deutlich andere Sprache. So zeigen sich weder im Hinblick auf die Geschlechterkonstellation von Lehrkraft und Schüler*in (Bayer, Zinn & Rüdiger, 2021) noch hinsichtlich der Beurteilung (oder auch Förderung) von Lehrkräften mit Migrationshintergrund gegenüber Schüler*innen mit einem Migrationshintergrund (Neugebauer, Klein & Jacob, 2022) entsprechende Effekte. Die vorhandenen Unterschiede bzw. eben auch Ungerechtigkeiten in der Beurteilung unterschiedlicher Schüler*innengruppen (bzw. auch Studierendengruppen) lassen sich auf diesem Weg nicht erklären und entsprechend auch nicht lösen.

5.1.2 Die soziale Positioniertheit von Lehrenden/Erziehenden

Was sich hingegen immer wieder als auswirkungsreich in Studien zeigt, ist die Bildungsherkunft von Schüler*innen oder auch Studierenden. An diese Befunde schließen dann auch Vorschläge an, die aus einer stärker an Bourdieu orientierten Perspektive habituelle Distanzen zwischen Bildungsinstitutionen bzw. Lehrenden auf der einen und Lernenden auf der anderen Seite als zentrale Herausforderung für Kinder und Heranwachsende aus bildungsbenachteiligten Lagen annehmen und hier für eine stärker am Konzept der Habitussensibilität ansetzende Form des pädagogischen Umgangs plädieren (Sander, 2014). Hierzu ist es jedoch notwendig, dass professionell Erziehende und Lehrende die eigenen habituellen Prägungen reflektieren, was jedoch deutlich einfacher klingt, als es dann in der Bildungspraxis auch tatsächlich umsetzbar ist. Bremer und Lange-Vester (2014) konnten zumindest zeigen, dass sich bei Lehrkräften je nach deren sozialer Herkunft unterscheidbare aber eben auch typisierbare Habitusmuster finden lassen, die wiederum Erklärungsgehalt für den Umgang mit Schüler*innen und deren Leistungen besitzen.

Werner Helsper verknüpft beide Aspekte – das Vorhandensein herkunftsspezifischer habitueller Prägungen von Lehrkräften sowie die (normative) Forderung nach einer habitussensiblen Pädagogik – indem er ausführt: »Es geht dabei um die Herausbildung eines wissenschaftlich-reflexiven, forschenden Habitus, der in der Lage ist, auch eigene ideale Ziele, normative Entwürfe und Orientierungen [...] einer Relativierung und Geltungsüberprüfung zu unterziehen« (Helsper, 2018, S. 129). Dann ist es auch möglich die eigenen habituellen Prägungen ›in den Griff zu bekommen‹, was nichts anderes meint, als dass diese nicht (mehr) in ungefilterter Weise in die Bewertungen, Beurteilungen und Erwartungen einfließen. Es geht nicht darum, Erziehende, Lehrkräfte oder Dozierende mit der Forderung einer Art von Dauerreflexion zu konfrontieren, sondern vielmehr – idealerweise als Bestandteil der jeweiligen Ausbildungen – den »forschenden Habitus« als Element professioneller Identität zu etablieren.

Noch einen Schritt konkreter wird hierzu bereits Bourdieu selbst, der in seinem »Plädoyer für eine rationale Hochschuldidaktik« (Bourdieu & Passeron, 1971, S. 82 ff.) deutlich macht, dass es angemessen wäre, die unterschiedlichen Ausgangsbedingungen auch dahingehend zu berücksichtigen, dass man nicht die »Stufe des erreichten Erfolgs«, sondern vielmehr deren Verhältnis zum jeweiligen Ausgangspunkt in die Beurteilung einbezieht, also den Bildungsprozess des Individuums als solches zum zentralen Beurteilungskriterium macht. »Nach dieser Logik würde [...] die Berücksichtigung der unterprivilegierten Klassen und eine Wertung proportional zum überwundenen Handikap dazu führen, ungleiche Leistungen gleich und gleiche Leistungen ungleich einzustufen« (Bourdieu & Passeron, 1971, S. 83). Diese jedoch nur formale Gleichheit müsste mit pädagogischen Maßnahmen zur Behebung tatsächlicher Ungleichheit gekoppelt werden, wobei hier seiner Ansicht nach zu schnell die Familien in die Verantwortung genommen werden. Eine echte Demokratisierung von Bildung würde jedoch voraussetzen, dass die Institutionen in die Verantwortung genommen werden, diejenigen Fähigkeiten und Fertigkeiten zu vermitteln, die für erfolgreiche Bildungsverläufe benötigt werden. Diese Einlassungen sowie die darauf aufbauenden und von Bourdieu maßgeblich verantworteten Vorschläge des Collège de France für ein Bildungswesen der Zukunft von 1985 haben durchaus Ähnlichkeiten mit Vorschlägen des Deutschen Bildungsrats aus den 1970er Jahren, worauf etwa Liebau (2006) hinweist.

Exkurs: Resonanzpädagogik

Die aus der Allgemeinen Soziologie stammende *Resonanztheorie* von Hartmut Rosa (2016) wird innerhalb der Bildungssoziologie sowie der empirischen Bildungsforschung bislang noch kaum rezipiert. Sie fand jedoch über das Konzept der Resonanzpädagogik bereits Eingang in insbesondere reformpädagogische

Diskussionen (Rosa & Endres, 2016), wobei die erziehungswissenschaftliche Bildungstheorie – ähnlich der empirischen Bildungsforschung – eher auf Distanz zu dieser »Soziologie der Weltbeziehung« bleibt (Tenorth, 2020, S. 595 ff.). Mit dem Begriff bzw. Konzept der Resonanz stärkt Rosa indirekt auch noch einmal einen Bildungsbegriff, der sich sehr kritisch mit der mittlerweile dominanten Kompetenzperspektive auseinandersetzt. Wie Wolfgang Endres in dem gemeinsam mit Hartmut Rosa publizierten Band zur Resonanzpädagogik (Rosa & Endres, 2016) einleitend formuliert, wird damit auch ein Weg von Performanz und Kompetenz hin zu Resonanz skizziert.

Während Kompetenz sich auf das Beherrschen von Techniken (der Weltaneignung) bezieht, versteht Rosa unter Resonanz eine Art des In-Beziehung-Tretens zu Dingen, aber auch zu Menschen (eine Weltbeziehung im Modus der Weltanverwandlung). »Anverwandlung bedeutet, sich eine Sache so zu eigen machen, dass sie mir nicht nur gehört, sondern dass sie mich existentiell berührt oder tendenziell sogar verändert« (Rosa & Endres, 2016, S. 16). Die Schule, so führt Rosa aus, kann ein Ort sein, an dem Resonanz erfahrbar wird. Ob die Schule jedoch als ein Resonanzraum fungiert oder doch eher als eine – wie Rosa dies bezeichnet – Entfremdungszone, ist von der Gestaltung der Beziehung zwischen Lehrkraft, Schüler*in und (Unterrichts-)Stoff abhängig. Rosa greift hier explizit auch eine Bildungsvorstellung wieder auf, die bereits von Humboldt in den Bruchstücken zu einer Theorie der Bildung formuliert wurde (Humboldt, 1997).

5.2 Vertiefungsthema – Bildungsforschung, Bildungspolitik und Bildungsmonitoring

Bereits mehrfach wurde darauf hingewiesen, dass die Bildungssoziologie in einem engeren und die (empirische) Bildungsforschung in einem weiteren Sinne seit Längerem auch im Zusammenspiel mit Bildungspolitik gesehen werden müssen. Seit den in den 1960er Jahren sich verstärkenden Bemühungen von Regierungen in Europa, aber auch den USA zu bildungsreformerischen Maßnahmen, die zu Beginn eine Reaktion auf den sogenannten Sputnikschock[52] darstellten, operierte die Bildungsforschung immer auch als eine Form von Politikberatung. Spätestens mit Gründung des Max-Planck-Instituts für Bildungsforschung in Berlin im Jahr 1963 fand dies auch einen ersten institutionellen Niederschlag in Deutschland (Singer & Frevert, 2014; Thoms, 2018).

Grünkorn et al. (2019, S. 264) formulieren hinsichtlich der Ziele eines Bildungsmonitorings, also einer auf Dauer gestellten, mit wissenschaftlichen Verfahren

52 Am 4. Oktober 1957 gelang es der Sowjetunion den ersten künstlichen Satelliten zu starten, was vor allem in den USA, aber auch in westeuropäischen Ländern zu einer massiven Verstärkung technologischer und auch bildungspolitischer Anstrengungen führte.

durchgeführten Beobachtung des Bildungssystems wie auch seiner Teilnehmer*-innen, wie folgt:

> »Zentrale Herausforderungen bestehen darin, anwendungsbezogenes Wissen für Bildungspolitik und pädagogische Praxis bereitzustellen und die Nutzung datengestützter Rückmeldungen auf Schul- und Klassenebene, wie Vergleichsarbeiten oder Schulinspektionen, zu optimieren und solche Rückmeldesysteme in ein kohärentes System der Qualitätsentwicklung einzubetten.«

Hier zeigt sich ein durchaus ambitioniertes Programm, in dem es nicht nur um detaillierte Beobachtungen des Bildungssystems geht, sondern diese Beobachtungen sollten auch in sich und aufeinander abgestimmt sein. Qualität und Qualitätsentwicklung sind hierbei die zentralen Begrifflichkeiten. Alle an diesen Diskussionen Beteiligten sind sich klar darüber, dass es nicht die eine Vorstellung von Qualität gibt und dass Qualität immer in Abhängigkeit von den hier eingesetzten Messindikatoren zu verstehen ist. Auch wenn das fast schon trivial zu sein scheint, zeigt sich hier, dass die Auswahl der Messinstrumente damit zu einem entscheidenden Schritt wird.

5.2.1 Monitoringinstrumente neuerer Bildungssteuerung

Heutzutage stehen Bildungspolitik und Bildungsforschung in einem stetigen und auf Dauer gestellten Austausch, der in unterschiedlichen Formaten stattfindet und der auch für die Bildungspraxis allein schon deshalb von Interesse ist oder sein sollte, weil hier eine Fülle an Informationen über das jeweils aktuelle Bildungsgeschehen produziert wird. Ein wichtiges Instrument des regelmäßigen Monitorings stellt der sogenannte »Nationale Bildungsbericht« dar, der seit 2006 zweijährlich erscheint und der einer sogenannten Indikatorenlogik folgt (zur genaueren Erläuterung sei auf die online verfügbaren Konzeptionspapiere auf der offiziellen Bildungsberichtsseite www.bildungsbericht.de verwiesen). Die Leitidee hinter dem Bildungsbericht ist die Zurverfügungstellung grundlegenden Orientierungswissens über das deutsche Bildungssystem, basierend auf einem definierten Set von Indikatoren, mit denen sowohl die Leistungsfähigkeit wie auch die Qualität von Bildungsstrukturen und -prozessen dokumentiert werden soll.[53]

Dieser Bericht stellt einen Baustein von bereits seit mehreren Jahrzehnten diskutierten und implementierten Maßnahmen des Monitorings von Bildungsprozessen dar, deren Anfänge insbesondere wirtschaftspolitisch motiviert waren, aber auch im Kontext des sich verfestigenden »Kalten Krieges« gelesen werden müssen (vgl. hierzu unter kritischer Perspektive Tröhler, 2013). Ein zentraler Aspekt dieses Monitorings von Bildungssystemen ist die internationale Vergleichbarkeit und die damit verknüpfte Idee, dass sich Bildungssysteme hinsichtlich des dort Produzierten mit Bildungspolitiken steuern lassen (vgl. zum Indikatorenkonzept der nationalen Bildungsberichterstattung Maaz & Kühne 2018).

53 Andere Instrumente eines stärker schulbezogenen Bildungsmonitorings sind beispielsweise auch die an den Bildungsstandards der KMK orientierten Vergleichsarbeiten (VERA) in den Klassenstufen 3 und 8.

Die Idee, sich auf zentrale Indikatoren zu konzentrieren und diese über die Zeit hinweg zu beobachten, hat einiges für sich. Dies ermöglicht eine auf empirischer Evidenz aufbauende Beschäftigung mit Bildungsstrukturen und Bildungsprozessen. Entscheidend für die Aussagemöglichkeiten ist hierbei allerdings die Auswahl der Indikatoren (bzw. in der Bildungsberichtsdiktion dann auch der sogenannten Kennzahlen), die im Zentrum eines solchen Monitorings stehen. Zudem – dies ist eine direkte Konsequenz des Interesses an einer internationalen Vergleichbarkeit der Befunde – werden analytische Dimensionen wie etwa die von der UNESCO entwickelte sogenannte International Classification of Education (ISCED) genutzt, die eine Vergleichbarkeit von Bildungsabschlüssen bzw. -niveaus über nationale Grenzen hinaus gewährleisten soll (für eine Übersicht über die aktuelle ISCED-2011 Klassifikation und die Zuordnung der Bildungs- und Ausbildungsabschlüsse siehe Statistisches Bundesamt (Destatis), 2023, Anhang A2).

Die Rahmenkonzeption des Nationalen Bildungsberichts folgt der Konzeption des neueren Bildungsmonitorings insgesamt, in der die Qualität von Bildung entlang eines Kontext-Input-Prozess-Output/Outcome-Modells verstanden wird (auch als CIPO-Modell bekannt; siehe für die ursprüngliche Konzeption als Input-Prozess-Output-Modell Purves, 1987, für die Erweiterung Klieme & Vieluf, 2013). Hierbei werden Inputfaktoren sowie Prozessfaktoren als erklärend für den Output bzw. die Outcomes von Bildung angesehen. Alle drei Faktorenbündel werden durch den jeweiligen Kontext beeinflusst. In Abbildung 24 finden sich auch Beispiele für die einzelnen Faktorgruppen (▶ Abb. 24).

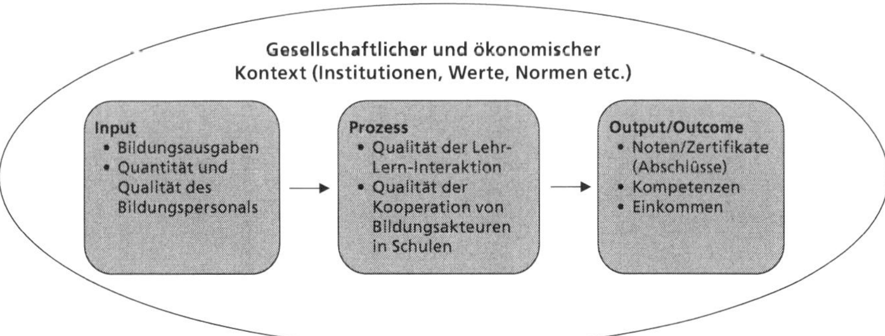

Abb. 24: Inhaltliche Füllung des Kontext-Input-Prozess-Output/Outcome-Modells (eigene Darstellung)

Während das deutsche Bildungs- und insbesondere das deutsche Schulsystem bis zu Beginn des 21. Jahrhunderts sehr stark einer inputorientierten Logik folgte, änderte sich dies auch und gerade aufgrund der im internationalen Vergleich eher unterdurchschnittlichen Ergebnisse in der PISA-Studie im Jahr 2000. Der seit diesem Zeitpunkt einsetzende Wandel in Richtung einer stärkeren Output- bzw. Outcome-Orientierung nutzt vor allem Instrumente, die aus ökonomischen Perspektiven stammen (typisch hierfür z. B. G. S. Becker, 1976). Es sind dann – wenn man etwa auf die Entwicklungen in den USA blickt (vgl. hierzu sehr kritisch Ravitch, 2010) –

vor allem Elemente eines marktlichen Wettbewerbs, mit denen diejenigen Faktoren gestärkt werden sollen, die den gewünschten Output erzeugen.

5.2.2 Kritische Perspektiven auf die neuere Bildungsforschung und Bildungspolitik

Auf der einen Seite erzeugt ein derartiges Bildungsmonitoring eine Fülle an Daten und Informationen, die einen empirisch gesättigten Blick auf Bildungssysteme sowie Bildungsprozesse ermöglichen; auf der anderen Seite reduziert die angestrebte internationale Vergleichbarkeit nicht nur die Detailgenauigkeit des Blicks auf nationaler Ebene, sondern unterwirft sich hier auch Vorgaben von Akteuren (etwa in Form verschiedener Expert*innenkreise der OECD), denen keinerlei demokratische Legitimation zukommt, sondern die darüber hinaus vor allem wirtschaftliche Interessen verfolgen.

Wie Richard Münch (2012) in einer diesbezüglich interessanten Studie und unter Bezug auf den theoretischen Ansatz von Bourdieu herausarbeiten konnte, fand und findet im Zuge dessen, was Münch die Transnationalisierung des Bildungsfeldes nennt, eine Restrukturierung auch des nationalen Bildungsfeldes statt, wozu dann etwa ein deutlicher Macht- und Einflussgewinn neuer (quantitativ-empirisch aufgestellter) Forschungsakteure (etwa das bereits erwähnte IQB oder auch das Leibniz-Institut für Bildungsverläufe, LIfBi, in Bamberg), aber auch das Bundesministerium für Bildung und Forschung (BMBF) gehören, während etwa der Deutsche Philologenverband (DPhV) deutlich an Einfluss im Bildungsfeld zu verlieren scheint. Für Münch drückt sich in diesen Machtverschiebungen eine zunehmende Dominanz eines neuen Paradigmas aus, das er als »Paradigma der neoliberalen Governance von Bildung, Schule und Unterricht« bezeichnet und die die nachstehenden Merkmale aufweist:

- »Outputsteuerung statt Inputsteuerung
- Schulautonomie bei gleichzeitig verschärfter Kontrolle des Outputs
- freie Schulwahl
- Wettbewerb
- zentrale und standardisierte Leistungstests
- Belohnung von ›guten‹, Bestrafung von ›schlechten‹ Leistungen von Schulen, Lehrern und Schülern
- ›evidenzbasierte‹ Technologie für die Steuerung von Bildungssystem, Schule und Unterricht« (Münch, 2012, S. 419f.).

Mit dieser Perspektive markiert Münch eine äußerst kritische Position (vgl. etwa auch Münch, 2018), mit der er an die bereits angeführten und diskutierten Arbeiten von Bourdieu anschließt. Es finden sich im internationalen Bereich viele Arbeiten, die die Interpretationen von Münch stützen (Hartong, 2012, 2014; Ravitch, 2010).

5.3 Vertiefungsthema – Bildung und Digitalisierung

Nicht erst seit der im Jahr 2020 beginnenden weltweiten sogenannten Covid-19-Pandemie, die u. a. in Deutschland – aber auch in vielen anderen Ländern – dazu führte, dass Schulen zeitweilig komplett geschlossen wurden und Schüler*innen zuhause unterrichtet werden mussten, begann das Thema »Digitalisierung« auch im Bildungsbereich an Relevanz zu gewinnen. Bereits Anfang der 2000er Jahre wurde insbesondere über die ungleichen Zugänge zur digitalen Welt – dann meist unter dem Stichwort eines sogenannten »digital divide« – diskutiert. Während jedoch die Pandemie in vielen europäischen Ländern zu einer deutlichen Beschleunigung des Digitalisierungsprozesses im Bildungs- und insbesondere im Schulbereich führte (Cone et al., 2022), muss für Deutschland hier differenziert werden. *Einerseits* trifft diese Beschleunigungsdiagnose durchaus auch auf das deutsche Bildungssystem zu, *andererseits* finden sich hier aber – im Vergleich mit den Entwicklungen in anderen Ländern – deutliche Widerstände, die sowohl in der sehr komplexen Struktur des deutschen Bildungssystems (föderale Struktur und begrenzter Einfluss des Bundes) liegen, die aber auch mit dem stärkeren Hinterherhinken der deutschen Digitalisierungsentwicklung im Bildungsbereich insgesamt zu tun haben dürften.

5.3.1 Politische Strategien der Digitalisierung von Lernen und Bildung

Bevor man auf die bildungssoziologischen Aspekte des Themas Digitalisierung bzw. Digitalität blickt, wird in einem ersten Schritt vorgestellt, wie sich die Bildungspolitik selbst und insbesondere die Bildungsakteure mit diesem Thema auseinandersetzen und welche Vorstellungen von Digitalisierung sich hier finden lassen. Digitalisierung ist ein Thema, über das gar nicht primär im Bildungsbereich diskutiert wird, sondern vor allem im Bereich der Wirtschaft. Erst 2016 verabschiedete die Kultusministerkonferenz ein Strategiepapier zu »Bildung in einer digitalen Welt« (KMK, 2016), in dem für die Bereiche Schule, berufliche Bildung, Hochschule sowie Weiterbildung strategische Positionierungen formuliert wurden. 2021 ergänzte die KMK diese Strategie unter dem Titel »Lehren und Lernen in der digitalen Welt« (KMK, n. d.), in der der durch die Covid-19-Pandemie forcierte Digitalisierungsschub im Bildungsbereich mitreflektiert wurde.

Insbesondere der bereits in der Primarstufe beginnende Erwerb »grundlegender Kompetenzen für das Lernen in einer Kultur der Digitalität« (KMK, n. d., S. 9) wird als eines der prioritären Ziele formuliert. Es sind mithin mindestens zwei Begriffe, die in den bildungspolitischen Diskussionen immer wieder auftauchen: der Begriff der Digitalisierung und der Begriff einer Kultur der Digitalität.

Digitalisierung ist ein schillernder und mit vielen Hoffnungen, aber auch Ängsten verknüpfter Begriff, der jedoch sowohl in der Fachliteratur wie auch in der breiteren (bildungspolitischen) Öffentlichkeit unterschiedlich definiert und verwendet wird. Hemminger präsentiert in ihrer thematischen Annäherung eine erste, rein auf das Technische bezogene Definition. Hier meint Digitalisierung dann, »die

Umwandlung analoger Daten, wie beispielsweise Bilder, Töne oder Zahlen in digitale Daten« (Hemminger, 2023, S. 44). Das ist auch der Kern jeder Definition von Digitalisierung (ob er nun expliziert wird oder implizit bleibt). Allerdings sagt diese technische Definition kaum etwas über die sozialen Prozesse, die im Zuge dieser Umstellung von analog auf digital angestoßen wurden und werden.

Für den Kulturwissenschaftler Felix Stalder zeigen sich hier kulturelle Transformationen, die er mit seinem Begriff einer (neuen) Kultur der Digitalität zu fassen versucht (Stalder, 2016, 2021). Für Stalder zeichnen drei zentrale Merkmale eine Kultur der Digitalität aus: *Referentialität*, *Gemeinschaftlichkeit* und *Algorithmizität* (Stalder, 2016). Während Referentialität vor allem auf die Art und Weise des Beitragens des*der Einzelnen abzielt und Gemeinschaftlichkeit auf die (neue) Subjekteinheit rekurriert (eben die Gemeinschaft), ist Algorithmizität der Begriff für die Technik (die Methodik), mit der die Informationen (vor-)bearbeitet werden. Es ist nicht nur, aber vor allem das dritte Merkmal, an dem sich die kritische (in Teilen ablehnende) Diskussion über Digitalisierungsprozesse festmacht (etwa O'Neil, 2017).

Digitalisierung stellt sich aus Sicht der Bildungspolitik vor allem in zweierlei Gestalt dar. Erstens als neuer Lerninhalt bzw. als neue relevante (Schlüssel-)Kompetenzen, »die für eine aktive, selbstbestimmte Teilhabe in einer digitalen Welt erforderlich sind« (KMK, 2016, S. 12 und 16 f.). Zweitens aber auch als Technik, die im Rahmen eines pädagogischen Didaktik-Primats beispielsweise im Schulunterricht eingesetzt werden kann und soll. Im Einklang mit dem ersten Aspekt entwickelte die KMK einen Kompetenzrahmen für Bildung in einer digitalen Welt. Hier finden sich sechs zentrale Kompetenzbereiche definiert, die in Abbildung 25 grafisch aufgeführt sind (▶ Abb. 25).

Sicherlich kann man jetzt mit guten Gründen über die Sinnhaftigkeit der ein oder anderen Kompetenz innerhalb dieses Rahmens diskutieren, das wird auch durchaus gemacht (auf einer eher grundsätzlichen Ebene im Hinblick auf die Gesamtstrategie der KMK Braun et al., 2021, hinsichtlich der Behandlung des Themas Digitalisierung im Bildungsbereich und insbesondere im Bereich des Bildungsmonitorings Kamp-Hartong, 2020). Gleichzeitig jedoch besitzt man damit zumindest eine Vorstellung möglicher Operationalisierung digitaler Kompetenzen, die – in solch operationalisierter Form – dann auch messbar und überprüfbar sind, auch und gerade im Hinblick auf die Herausbildung und die Entwicklung dieser Fähigkeiten. Hinsichtlich des Niveaus digitaler Fähigkeiten orientiert sich die nationale Bildungspolitik an europäischen Standards, die sich im »Digitalen Kompetenzrahmen für Bürger*innen der Europäischen Union« (https://op.europa.eu/en/publication-detail/-/publication/3c5e7879-308f-11e7-9412-01aa75ed71a1/language-en) finden. Hier werden in der aktuellen Fassung innerhalb von fünf Kompetenzbereichen (die oben dargestellten ohne den Bereich *Analysieren und Reflektieren*) acht Kompetenzniveaus unterschieden, mit denen die digitalen Fähigkeiten der Bürger*innen bestimmt werden können (European Commission, Joint Research Centre, Carretero, Vuorikari & Punie, 2017).

1. Suchen, Verarbeiten und Aufbewahren	**2. Kommunizieren und Kooperieren**	**3. Produzieren und Präsentieren**
1.1. Suchen und Filtern 1.2. Auswerten und Bewerten 1.3. Speichern und Abrufen	2.1. Interagieren 2.2. Teilen 2.3. Zusammenarbeiten 2.4. Umgangsregeln kennen und einhalten 2.5. An der Gesellschaft aktiv teilhaben	3.1. Entwickeln und Produzieren 3.2. Weiterverarbeiten und Integrieren 3.3. Rechtliche Vorgaben beachten
4. Schützen und sicher Agieren	**5. Problemlösen und Handeln**	**6. Analysieren und Reflektieren**
4.1. Sicher in digitalen Umgebungen agieren 4.2. Persönliche Daten und Privatsphäre schützen 4.3. Gesundheit schützen 4.4. Natur und Umwelt schützen	5.1. Technische Probleme lösen 5.2. Werkzeuge bedarfsgerecht einsetzen 5.3. Eigene Defizite ermitteln und nach Lösungen suchen 5.4. Digitale Werkzeuge und Medien zum Lernen, Arbeiten und Problemlösen nutzen 5.5. Algorithmen erkennen und formulieren	6.1. Medien analysieren und bewerten 6.2. Medien in der digitalen Welt verstehen und reflektieren

Abb. 25: Kompetenzbereiche von Bildung in einer digitalen Welt (eigene Darstellung)

5.3.2 Das deutsche Bildungssystem in einer digitalisierten Welt

Ob und inwiefern sich im deutschen Bildungssystem durch Digitalisierungsprozesse Änderungen nachhaltig verankern, ist aktuell kaum abschließend beurteilbar. Soziologisch betrachtet stellt Digitalisierung – unabhängig vom konkreten Bereich der Digitalisierung – zuallererst einmal einen sozialen Prozess dar, der sowohl auf der Verursachungs- wie auch auf der Wirkungsseite immer bereits mehr als nur ein technisches Geschehen war und ist. Der Soziologe Stefan Selke zeigte erst jüngst, dass und wie etwa Künstliche Intelligenz nicht nur als Technik funktioniert, sondern auch als ein gesellschaftlich relevantes und wirkmächtiges Verheißungsnarrativ (Selke, 2023). Da wird dann auch sehr viel und in Teilen auch zu viel auf etwas projiziert, so dass die Realisierung letzten Endes nur Enttäuschungen produzieren kann.

Sicherlich kann man sich gegen die Zugriffe einer durch Datafizierung[54] geprägten Realität auch im Bildungsbereich kaum mehr wehren, zu ausgeprägt ist die Verbreitung von digitalen Geräten und dem entsprechenden Nutzungsverhalten. So zeigt beispielsweise der Medienpädagogische Forschungsverbund Südwest im Rahmen seiner Studien zum Mediennutzungsverhalten von Jugendlichen (den sogenannten JIM-Studien), dass der Anteil derjenigen Jugendlichen, die ein Smartphone besitzen, in Deutschland im Jahr 2023 mehr als 95 % beträgt und das bereits die 12- bis 13-Jährigen Bildschirmzeiten von mehr als zwei Stunden pro Tag berichten (Medienpädagogischer Forschungsverbund Südwest, 2023). Daran setzt Bildungspolitik mit dem skizzierten Kompetenzrahmen zur digitalen Bildung dann auch an, indem versucht wird, das Nutzungsverhalten mit entsprechenden Fähigkeiten zu flankieren, die es den Nutzenden ermöglichen sollen, ihre eigene Autonomie – auch und gerade ihre Datenautonomie – selbst sicherstellen zu können (vgl. hierzu auch Gapski, 2015).

Nicht erst seit den Diskussionen im Kontext der pandemiebedingten Schulschließungen im Jahr 2020 wurde sehr viel über die Ausstattung deutscher Bildungseinrichtungen und vor allem der Schulen mit digitalen Geräten diskutiert. Die bildungssoziologischen Studien, die bereits sehr früh in der Zeit der Pandemie durchgeführt wurden, konnten zeigen, dass Schulen, die über eine entsprechende digitale Ausstattung verfügten, den Kontakt zu ihren Schüler*innen besser aufrechterhalten konnten, was sich in Teilen vor allem entlang der Schulformen unterscheidet (Huebener, Spieß & Zinn, 2020). Vergleicht man die Situation der deutschen Schulen mit der von Schulen in anderen europäischen Ländern, so zeigt sich, dass der Stand der Digitalisierung (hier noch vor der Pandemie 2020) deutscher Schulen deutlich hinter Ländern wie Schweden, Frankreich oder den Niederlanden zurückbleibt (Freundl, Stiegler & Zierow, 2021).

Aus einer soziologischen Perspektive heraus ist es jedoch jenseits dieser für die Bildungspolitik zweifellos relevanten und interessanten Befunde untersuchenswert, inwiefern sich auch in dieser Thematik – Digitalisierung im Bildungsbereich – Ungleichheiten zeigen und/oder auch verstärken bzw. reduzieren.

Bereits lange vor den aktuellen Diskussionen fand unter dem Stichwort eines digitalen Grabens (*digital divide*) eine intensive Analyse der sozial ungleichen Verteilung von digitalen Geräten (*first divide*) und der Computernutzung (*second divide*) statt (für eine Übersicht siehe Attewell, 2001). Hier zeigte sich, dass sich die vorhandenen sozialen Ungleichheiten in der neuen digitalen Welt reproduzierten, was schlicht heißt, dass dieselben sozialen Gruppen (Klassen, Milieus) privilegiert sind, die auch in anderen Bereichen entsprechende Gewinne erzielen. Bezieht man jedoch die Befunde etwa der Studien zum Gerätebesitz und der Gerätenutzung von Kindern und Jugendlichen mit ein (etwa die KIM- und JIM-Studien), so zeigt sich aktuell

54 Zum Datafizierungskonzept im Bildungs- und insbesondere im Schulbereich siehe Breiter & Bock (2023).

kaum mehr ein Unterschied zwischen den sozialen Herkunftsgruppen in Bezug auf den reinen Besitz derartiger Geräte[55].

Was hingegen nach wie vor und zunehmend bildungssoziologisch eine bedeutsame Rolle zu spielen scheint, ist die Frage nach den Inhalten, mit denen sich Kinder und Jugendliche online auseinandersetzen, und den Effekten, die hierdurch erzeugt werden. Aber hier stößt man dann aktuell auch an die Grenzen des Forschungsstandes, da langfristige Effekte (noch) kaum untersucht werden konnten und sich die Befundlage insgesamt doch (noch) sehr unübersichtlich darstellt.

Hinsichtlich dieser stärker inhaltsbezogenen Forschungsfragen treffen sich dann auch wieder bildungssoziologische, pädagogische und psychologische Fragestellungen, zumal auch eine zunehmende Diskussion über die negativen Folgen der Nutzung digitaler Inhalte beginnt. Ausgangspunkt hier war u. a. das für eine breitere Öffentlichkeit geschriebene Buch des Neurowissenschaftlers Manfred Spitzer, das allein schon mit seinem Titel »Digitale Demenz« (Spitzer, 2012) sofort deutlich machte, dass es hier um eine Analyse teils drastischer Effekte des Konsums digitaler Inhalte ging (für eine Replik nach zehn Jahren siehe Spitzer, 2022). Darüber hinaus sind es insbesondere Analysen und Forschungen zum Bereich der digitalen Kompetenzen, die mittlerweile auch in den Fokus bildungssoziologischer Studien gerückt sind.

So können beispielsweise Passaretta und Gil-Hernández (2023) zeigen, dass sich hinsichtlich der digitalen Kompetenzen (gemessen mit dem Konzept der ICT Literacy[56]) Unterschiede in Abhängigkeit vom sozioökonomischen Hintergrund beginnend im Alter von acht bis neun Jahren zeigen, die auch bis ins Alter von 14 bis 15 Jahren stabil bleiben. Eine wichtige Rolle für die Unterschiedsentwicklung, so die Autor*innen dieser neueren Studie, die mit Daten des Nationalen Bildungspanels arbeitet, spielt die im Alter von ca. zehn Jahren vorgenommene Trennung in unterschiedliche Schulformen. Bachmann et al. (2022) untersuchen mit derselben Datenbasis die digitalen Kompetenzen in Deutschland über alle Altersgruppen hinweg und können einerseits die Befunde von Passaretta und Gil-Hernández reproduzieren, darüber hinaus aber für die Erwachsenen in Deutschland zeigen, dass die soziale Herkunft sowie das Vorhandensein eines Migrationshintergrundes auch bei den Älteren die bedeutsamsten Erklärungsfaktoren für geringe digitale Kompetenzen sind. Zudem zeigt sich auch hier ein geschlechterspezifischer Unterschied, der bereits seit Langem auch unter den Stichworten *digital gender gap* oder auch *digital gender divide* international diskutiert wird (Organisation for Economic Cooperation, Organisation and Development, 2018). Der damit angesprochene Unterschied im Zugang und der Nutzung von digitalen Geräten, aber auch dem In-

55 Wobei aber auch nicht unterschätzt werden sollte, dass es immer noch Gruppen gibt, die sich außerhalb des gängigen Fokus der empirischen Bildungsforschung befinden und bei denen sich deutliche Deprivationen hinsichtlich deren digitaler Teilhabe finden (in Bezug auf Menschen mit geistiger Beeinträchtigung siehe etwa Albrecht & Hüning, 2024; hinsichtlich der Gruppe der Älteren siehe die Expertise von Ehlers et al., 2020, zum Achten Altersbericht der Bundesregierung).

56 ICT steht hierbei für die drei englischen Begriffe von Information, Kommunikation und Technologie. Für das Konzept der ICT Literacy siehe Katz (2007).

ternet zum Nachteil von Mädchen bzw. Frauen steht ebenso im Fokus auch der Bildungspolitik wie die Nutzungsnachteile von älteren Menschen.

Immer wieder zeigen Studien, dass es deutliche Unterschiede zwischen den selbsteingeschätzten digitalen Fähigkeiten und den durch entsprechende Kompetenztests gemessenen gibt. Hier zeigen sich u. a. wiederum Geschlechtereffekte, die von Ihme und Senkbeil wie folgt beschrieben werden:

> »Jungen [...] unterliegen bezüglich ihrer computerbezogenen Kompetenzen [...] offenbar besonders der Gefahr, die eigene Kompetenzillusion aufrecht zu erhalten und daher keine hinreichende Anstrengung zu unternehmen, ihre Kompetenzen selbst initiiert auszubauen« (Ihme & Senkbeil, 2017, S. 34).

Insgesamt sind die Differenzen zwischen Jungen und Mädchen im Altersbereich zwischen 15 und 18 Jahren hinsichtlich ihrer digitalen Kompetenzen jedoch nicht stark ausgeprägt (Gnambs, 2021).

> Insgesamt zeigt sich das Thema Digitalisierung als ein Thema, das aktuell und auch noch in absehbarer Zeit hinsichtlich der damit verknüpften bildungssoziologischen Aspekte kaum abschließend beurteilbar ist. Allerdings, und das ist ein *erster* wichtiger und festhaltenswerter Punkt, deutet einiges darauf hin, dass sich vorhandene soziale Ungleichheiten eher reproduzieren, als dass sie sich durch neue Techniken reduzieren (lassen). Auch das Bildungssystem, darauf deuten die derzeit vorhandenen Forschungsbefunde hin, zeigt sich noch nicht als fähig, kompensierend oder korrigierend zu wirken.

Zweitens, und dies betrifft dann eher die Frage nach generationalen Effekten (also Wirkungen, die etwa die jüngeren Generationen insgesamt betreffen), lassen sich längerfristige Auswirkungen etwa des Konsums digitaler Inhalte oder auch die Auswirkungen, die der Umgang mit sozialen Medien für die Identitätsbildungsprozesse von Heranwachsenden haben, nurmehr vorläufig skizzieren. Es zeigen sich aber, und dies scheint sich in der Forschung mittlerweile als Befund in der Breite zu verdichten, Effekte dahingehend, dass die ältere, dichotome Unterscheidung von online und offline für die jüngeren Generationen als Beschreibungsmodell durch Konzepte *hybrider Identität* ersetzt werden sollten, was es auch notwendig erscheinen lässt, über die methodischen Zugänge neu nachzudenken. So scheint die bislang in Befragungen vorgenommene Unterscheidung von »online-Zeit« und »offline-Zeit« inklusive des Konzepts der Nutzungsdauer dadurch obsolet zu werden bzw. zielt für jüngere Befragte an der Lebens- und Nutzungsrealität vorbei.

Ein *dritter* Aspekt betrifft die Frage nach der Relevanz und der Funktion von Digitalisierung im Bildungsbereich als solches und den Auswirkungen, die bildungspolitische Digitalisierungsstrategien auf den Bildungsbereich in Zukunft haben werden. Dies beinhaltet aus einer bildungssoziologischen Perspektive auch Fragen nach eventuellen Machtverschiebungen im Bildungsbereich durch die breite Integration digitaler Elemente auf Organisations- wie auch auf Unterrichtsebene. Hier gibt es erste, meist jedoch nicht-empirische Beiträge (Froebus & Holzer, 2022).

6 Schlussbemerkungen

Der Ausgangspunkt dieser Einführung war die Feststellung der Mehr- oder Multidimensionalität des Bildungsverständnisses in einzelnen Disziplinen – aber insbesondere über Disziplingrenzen hinweg. Im globalen Kontext und in historischer Perspektive zeigte sich bereits zu Beginn der Darstellungen in diesem Buch die Wirkmächtigkeit, die mit Bildung im Sinne des Erlernens von Kulturtechniken wie Lesen und Schreiben einhergeht. In Alphabetisierungsprozessen werden dann vor allem auch Effekte im Hinblick auf die wirtschaftliche Entwicklung von Ländern und Gesellschaften sichtbar. Es wurde in einem nächsten Schritt deutlich gemacht, dass aktuell kaum von Bildung die Rede ist, ohne dass auch gleichzeitig über Kompetenzen gesprochen wird. Kompetenzen sind – so lässt sich das hier Ausgeführte zusammenfassen – nicht dasselbe wie Bildung, und mit Kompetenzen werden auch kaum diejenigen Probleme gelöst, die mit Bildung auch nicht gelöst wurden; gleichzeitig jedoch erscheinen beide Begriffe zumindest in den öffentlichen und bildungspolitischen Diskussionen teilweise austauschbar zu sein.

Die Bildungssoziologie greift mittlerweile zwar verstärkter auf Kompetenzkonzepte zurück, ist jedoch aufgrund der soziologischen Verankerung nach wie vor sensibel für die hohe Bedeutsamkeit von (formalen) Zertifikaten für die Bildungs- und Lebensverläufe von Menschen. Zudem kann die Bildungssoziologie zeigen, dass die (empirisch-statistischen) Zusammenhänge zwischen (in Tests gemessenen) Kompetenzen und durch Lehr- bzw. Fachkräfte vorgenommene Bewertungen/Beurteilungen teilweise nur moderat in ihrer Stärke sind. Bildung stellt aus soziologischer Perspektive eben nicht nur eine individuelle Ressource dar bzw. sollte nicht als solche missverstanden werden; vielmehr ist Bildung auch auf die Anerkennung durch andere oder durch Institutionen angewiesen, um als spezifische Ressource wirken zu können.

An dieses Verhältnis von Kompetenz und zertifizierter Bildung anschließend ist es vor allem die Analyse der Ungleichheit der Bildungschancen und der Bildungsverläufe, die eine bildungssoziologische Perspektive ausmachen. Wer Bildung wie erwirbt bzw. erwerben kann, ist auch in unserer Gesellschaft eben nicht (nur) das Ergebnis einer freien Wahl von autonomen Individuen, sondern findet in einem vorstrukturierten sozialen Feld statt, in dem die einen bereits bessere Startchancen haben als die anderen. Flankiert durch einen kurzen historisch motivierten Blick in die Geschichte des deutschen Bildungssystems wurde deutlich, dass sich dieses einerseits durch eine vielen Institutionen eigene Trägheit auszeichnet, andererseits diese Trägheit eben auch zur Persistenz von Ungleichheiten beiträgt. Die Bildungssoziologie bietet für die Erklärung dessen eine Reihe an theoretischen Modellen an, die in je spezifischer Weise Beiträge zur Erhellung dieser Ungleichheitszusammenhänge liefern.

Bildung findet sowohl in der Zeit wie auch im Raum statt und beide Dimensionen spielen eine Rolle, wenn es um die Analyse von Bildungsungleichheiten geht. Aus individueller Perspektive ist Bildung Teil eines Lebensverlaufs, einer Biografie und wird an unterschiedlichen Orten erworben. Die für eine Erklärung des Bildungserwerbs sowie von Bildungs- und Lebenschancen relevanten Orte wie etwa die Familie, die Schule oder auch die Einrichtungen des nachschulischen Bildungserwerbs wurden vorgestellt und diskutiert. Einiges wurde dabei ausgeklammert, so etwa der gesamte Bereich des informellen Lernens. Im Zentrum stand vor allem die Erarbeitung eines Überblicks über die Bildungsstationen, aber auch die Bildungsverläufe, die das formale Bildungssystem in Deutschland prägen. An vielen Stellen werden deutliche Herausforderungen für zukünftige Forschungen, aber auch für Bildungspolitik deutlich. Die Anstrengungen, die im Rahmen der Bildungspolitik unternommen werden, sowie die Zusammenarbeit zwischen Wissenschaft und Politik wurden im abschließenden Kapitel entlang der mittlerweile etablierten Instrumente der Bildungsbeobachtung auf der einen und den Herausforderungen, die mit der Thematik der Digitalisierung auf der anderen Seite auf das Bildungssystem zukommen, ausgeleuchtet.

Abbildungs- und Tabellenverzeichnis

Literatur

Abels, H. (1970). Schulsozialarbeit: Ein Beitrag zum Ausgleich von Sozialisationsdefiziten. *Soziale Welt, 21/22*(3), 347–359. Online unter http://www.jstor.org/stable/40877023

Abels, H. (2019). *Einführung in die Soziologie: Band 2: Die Individuen in ihrer Gesellschaft.* Wiesbaden: Springer Fachmedien. doi: 10.1007/978-3-658-22476-9_3

Aden-Grossmann, W. (2016). *Geschichte der sozialpädagogischen Arbeit an Schulen. Entwicklung und Perspektiven von Schulsozialarbeit.* Wiesbaden: Springer Fachmedien.

Albrecht, J. & Hüning, N. (2024). *Digitale Teilhabe von Menschen mit einer geistigen Beeinträchtigung: Entwicklung einer Definition, eines Modells und eines Erhebungsinstruments.* Wiesbaden: Springer Fachmedien. doi: 10.1007/978-3-658-44380-1

Allmendinger, J. (1999). Bildungsarmut. *Soziale Welt, 50*(1), 35–50.

Allmendinger, J. & Leibfried, S. (2003). Bildungsarmut. *Aus Politik Und Zeitgeschichte, B 21–22*, 12–18.

Anders, Y., Grosse, C., Rossbach, H.-G., Ebert, S. & Weinert, S. (2013). Preschool and primary school influences on the development of children's early numeracy skills between the ages of 3 and 7 years in Germany. *School Effectiveness and School Improvement*, *24*(2), 195–211. doi: 10.1080/09243453.2012.749794

Andresen, S. & Galic, D. (2015). *Kinder. Armut. Familie. Alltagsbewältigung und Wege zu wirksamer Unterstützung.* Gütersloh: Bertelsmann Stiftung.

Annen, S. & Maier, T. (2022). *Akademisierung, Hybridqualifikationen und Fachkräftebedarf. Ist die Konkurrenz zwischen akademisch und beruflich Qualifizierten Mythos oder Realität?* Bonn: Bundesinstitut für Berufsbildung.

Artelt, C. & Schneider, W. (2011). Editorial: Herausforderungen und Möglichkeiten der Diagnose und Modellierung von Kompetenzen und ihrer Entwicklung. *Zeitschrift für Entwicklungspsychologie und Pädagogische Psychologie*, *43*(4), 167–172. doi: 10.1026/0049-8637/a000050

Artelt, C., Stanat, P., Schneider, W., Schiefele, U. & Lehmann, R. (2004). Die PISA-Studie zur Lesekompetenz: Überblick und weiterführende Analysen. In U. Schiefele, C. Artelt, W. Schneider & P. Stanat (Hrsg.), *Struktur, Entwicklung und Förderung von Lesekompetenz: Vertiefende Analysen im Rahmen von PISA 2000* (S. 139–168). Wiesbaden: Springer VS. doi: 10.1007/978-3-322-81031-1_7

Atkinson, A. B. (2016). *Ungleichheit: Was wir dagegen tun können.* Stuttgart: Klett-Cotta.

Attewell, P. (2001). Comment: The First and Second Digital Divides. *Sociology of Education*, *74*(3), 252–259. doi: 10.2307/2673277

Autorengruppe Bildungsberichterstattung (2020). *Bildung in Deutschland 2020. Ein indikatorengestützter Bericht mit einer Analyse zu Bildung in einer digitalisierten Welt.* Bielefeld: wbv.

Autorengruppe Bildungsberichterstattung (2022). *Bildung in Deutschland 2022. Ein indikatorengestützter Bericht mit einer Analyse zum Bildungspersonal.* Bielefeld: wbv.

Autorengruppe Fachkräftebarometer (2021). *Fachkräftebarometer Frühe Bildung 2021.* München: Deutsches Jugendinstitut e.V.

Bachmann, R., Hertweck, F., Kamb, R., Lehner, J. & Niederstadt, M. (2022). Digitale Kompetenzen in Deutschland. *Zeitschrift Für Wirtschaftspolitik*, *71*(3), 266–286. doi: 10.1515/zfwp-2022-2082

Baethge, M. (2010). Neue soziale Segmentationsmuster in der beruflichen Bildung. In H.-H. Krüger, U. Rabe-Kleberg, R.-T. Kramer & J. Budde (Hrsg.), *Bildungsungleichheit revisited* (S. 275–298). Wiesbaden: Springer VS. doi: 10.1007/978-3-531-92201-0_15

Baethge, M. (2012). Übergangssystem: Institutionelle Heterogenität als Effektivitätsbarriere in der Berufsbildung. *RdJB – Recht der Jugend und des Bildungswesens*, *60*(3), 327–339.

Baier, F. & Deinet, U. (2011). Einleitung: Schulsozialarbeit als soziale Innovation. In F. Baier & U. Deinet (Hrsg.), *Praxishandbuch Schulsozialarbeit. Methoden, Haltungen und Handlungsorientierungen für eine professionelle Praxis* (2., erweiterte Auflage, S. 9–13). Opladen & Farmington Hills: Verlag Barbara Budrich.

Baumert, J., Maaz, K., Lühe, J. & Schulz, S. (2019). Bildungsungleichheit und Bildungsarmut. Der Beitrag von Large-Scale-Assessments. In G. Quenzel & K. Hurrelmann (Hrsg.), *Handbuch Bildungsarmut* (S. 261–285). Wiesbaden: Springer Fachmedien.

Baumert, J., Stanat, P. & Demmrich, A. (2001). PISA 2000: Untersuchungsgegenstand, theoretische Grundlagen und Durchführung der Studie. In Deutsches PISA Konsortium (Hrsg.), *PISA 2000. Basiskompetenzen von Schülerinnen und Schülern im internationalen Vergleich* (S. 15–68). Opladen: Leske + Budrich.

Baumert, J., Watermann, R. & Schümer, G. (2003). Disparitäten der Bildungsbeteiligung und des Kompetenzerwerbs. *Zeitschrift für Erziehungswissenschaft*, *6*(1), 46–71. doi: 10.1007/s11618-003-0004-7

Baumrind, D. (1966). Effects of Authoritative Parental Control on Child Behavior. *Child Development*, *37*(4), 887–907. doi: 10.2307/1126611

Bayer, M., Zinn, S. & Rüdiger, C. (2021). Grading in Secondary Schools in Germany –The Impact of Social Origin and Gender. *International Journal of Educational Research Open*, *2*, 100101. doi: https://doi.org/10.1016/j.ijedro.2021.100101

Becker, B. (2012). Ethnische Bildungsungleichheit in der frühen Kindheit: Ergebnisse aus dem Projekt ESKOM-V. *Frühe Bildung*, *1*(3), 150–158. doi: 10.1026/2191-9186/a000035

Becker, B. & Gresch, C. (2016). Bildungsaspirationen in Familien mit Migrationshintergrund. In C. Diehl, C. Hunkler & C. Kristen (Hrsg.), *Ethnische Ungleichheiten im Bildungsverlauf: Mechanismen, Befunde, Debatten* (S. 73–115). Wiesbaden: Springer Fachmedien. doi: 10.1007/978-3-658-04322-3_3

Becker, G. S. (1976). *The Economic Approach to Human Behavior.* Chicago/London: The University of Chicago Press.

Becker, R. (2017). Bildungssoziologie –Was sie ist, was sie will, was sie kann. In R. Becker (Hrsg.), *Lehrbuch der bildungssoziologie* (S. 1–32). Wiesbaden: Springer Fachmedien. doi: 10.1007/978-3-658-15272-7_1

Becker, R. & Solga, H. (2012). *Soziologische Bildungsforschung.* Wiesbaden: Springer VS.

Beckh, K., Mayer, D., Berkic, J. & Becker-Stoll, F. (2014). Der Einfluss der Einrichtungsqualität auf die sprachliche und sozial-emotionale Entwicklung von Kindern mit und ohne Migrationshintergrund. *Frühe Bildung*, *3*(2), 73–81. doi: 10.1026/2191-9186/a000150

Bell, D. (1975). *Die nachindustrielle Gesellschaft.* Frankfurt a. M.: Campus.

Bellenberg, G. & Brahm, G. im. (2019). Abbau von Übergangsschwellen und Verlagerung der pädagogischen Verantwortung auf die Einzelschule. In G. Quenzel & K. Hurrelmann (Hrsg.), *Handbuch Bildungsarmut* (S. 799–824). Wiesbaden: Springer Fachmedien. doi: 10.1007/978-3-658-19573-1_32

Benner, D. & Brüggen, F. (2011). Bildung. In G. Mertens, U. Frost, W. Böhm, L. Koch & V. Ladenthin (Hrsg.), *Allgemeine Erziehungswissenschaft I. Handbuch der Erziehungswissenschaft 1* (S. 215–317). Paderborn: Schöningh. doi: 10.30965/9783657763504_012

Berger-Schmitt, R. (1999). Human Development Report 1998: neuer Armutsindex und Indexentwicklung seit 1990. *Informationsdienst Soziale Indikatoren*, (21), 14–15. doi: https://doi.org/10.15464/isi.21.1999.14-15

Bernfeld, S. (1973[1925]). *Sisyphos oder die Grenzen der Erziehung.* Frankfurt a. M.: Suhrkamp.

Bernstein, B. (1960). Language and social class. *British Journal of Sociology*, *11*, 271–276. doi: 10.2307/586750

Bernstein, B. (1961). Social Structure, Language and Learning. *Educational Research*, *3*(3), 163–176. doi: 10.1080/0013188610030301

Blossfeld, H.-P., Bos, W., Daniel, H.-D., Hannover, B., Köller, O., Lenzen, D., Wößmann, L. et al. (2015). *Bildung mehr als Fachlichkeit.* (vbw – Vereinigung der Bayerischen Wirtschaft e. V., Hrsg.). Münster: Waxmann. Online unter https://www.vbw-bayern.de/Redaktion/Frei-zugaengliche-Medien/Abteilungen-GS/Bildung/2015/Downloads/Gutachten-2015_Internet.pdf

BMBF (2019). *Mit MINT in die Zukunft. Der MINT-Aktionsplan des BMBF.* Berlin: Bundesministerium für Bildung und Forschung. Online unter https://www.bmbf.de/bmbf/shareddocs/downloads/files/mint-aktionsplan-2.pdf?__blob=publicationFile&v=1

BMFSFJ (Bundesministerium für Familie, Senioren, Frauen und Jugend) (Hrsg.) (2002). *Elfter Kinder- und Jugendbericht. Bericht über die Lebenssituation junger Menschen und die Leistungen der Kinder- und Jugendhilfe in Deutschland.* Berlin: Bundesministerium für Familie, Senioren, Frauen und Jugend.

Böhme, J., Hummrich, M. & Kramer, R.-T. (Hrsg.) (2015). *Schulkultur. Theoriebildung im Diskurs.* Wiesbaden: Springer VS.

Bonefeld, M. & Dickhäuser, O. (2018). (Biased) Grading of Students' Performance: Students' Names, Performance Level, and Implicit Attitudes. *Frontiers in Psychology, 9.* Original Research. Online unter https://www.frontiersin.org/articles/10.3389/fpsyg.2018.00481

Boudon, R. (1974). *Education, opportunity, and social inequality: changing prospects in Western society.* New York [usw.]: Wiley-Interscience.

Bourdieu, P. (1982). *Die feinen Unterschiede.* Frankfurt a. M.: Suhrkamp.

Bourdieu, P. (1987). *Sozialer Sinn. Kritik der theoretischen Vernunft.* Frankfurt a. M.: Suhrkamp.

Bourdieu, P. (2001). *Meditationen. Zur Kritik der scholastischen Vernunft.* Frankfurt a. M.: Suhrkamp.

Bourdieu, P. (2004). *Der Staatsadel.* Konstanz: UVK.

Bourdieu, P. (2017). *Sprache. Schriften zur Kultursoziologie 1.* Berlin: Suhrkamp.

Bourdieu, P. (2018). *Bildung. Schriften zur Kultursoziologie 2.* Berlin: Suhrkamp.

Bourdieu, P. & Passeron, J.-C. (1971). *Die Illusion der Chancengleichheit.* Stuttgart: Ernst Klett.

Bourdieu, P. & Passeron, J.-C. (2007). *Die Erben. Studenten, Bildung und Kultur.* Konstanz: UVK.

Bourdieu, P. & Wacquant, L. J. D. (1996). *Reflexive Anthropologie.* Frankfurt a. M.: Suhrkamp.

Braches-Chyrek, R. (2021). Elementare Bildung. In *Handbuch Bildungs- und Erziehungssoziologie* (S. 1–17). Wiesbaden: Springer Fachmedien. doi: 10.1007/978-3-658-31395-1_42-1

Braun, T., Büsch, A., Dander, V., Eder, S., Förschler, A., Fuchs, M., Sieben, G. et al. (2021). Positionspapier zur Weiterentwicklung der KMK-Strategie »Bildung in der digitalen Welt«. *MedienPädagogik: Zeitschrift für Theorie und Praxis der Medienbildung*, 1–7. doi: 10.21240/mpaed/00/2021.11.29.x

Breiter, A. & Bock, A. (2023). Datafizierte Gesellschaft – Bildung – Schule. In A. Bock, A. Breiter, S. Hartong, J. Jarke, S. Jornitz, A. Lange & F. Macgilchrist (Hrsg.), *Die datafizierte Schule* (S. 1–35). Springer Fachmedien. doi: 10.1007/978-3-658-38651-1_1

Bremer, H. & Lange-Vester, A. (2014). Die Pluralität der Habitus- und Milieuformen bei Lernenden und Lehrenden. Theoretische und methodologische Überlegungen zum Verhältnis von Habitus und sozialem Raum. In W. Helsper, R.-T. Kramer & S. Thiersch (Hrsg.), *Schülerhabitus: Theoretische und empirische Analysen zum Bourdieuschen Theorem der kulturellen Passung* (S. 56–81). Wiesbaden: Springer Fachmedien. doi: 10.1007/978-3-658-00495-8_3

Bröckling, U. (2007). *Das unternehmerische Selbst. Soziologie einer Subjektivierungsform.* Frankfurt a. M.: Suhrkamp.

Büchner, P. & Brake, A. (Hrsg.) (2006). *Bildungsort Familie. Transmission von Bildung und Kultur im Alltag von Mehrgenerationenfamilien.* Wiesbaden: Springer VS.

Bühler-Niederberger, D. (2016). Kindheit und Ungleichheit – Kritik einer Defizitrhetorik. *Diskurs Kindheits- und Jugendforschung/Discourse. Journal of Childhood and Adolescence Research*, (3), 287–299.

Castells, M. (2001). *Der Aufstieg der Netzwerkgesellschaft* (Bd. 1). Opladen: Leske + Budrich.

Castells, M. (2002). *Die Macht der Identität* (Bd. 2). Opladen: Leske + Budrich.

Castells, M. (2003). *Jahrtausendwende* (Bd. 3). Opladen: Leske + Budrich.

Cheadle, J. E. & Amato, P. R. (2011). A quantitative assessment of lareau's qualitative conclusions about class, race, and parenting. *Journal of Family Issues*, *32*, 679–706. doi: 10.1177/0192513X10386305

Coleman, J. S., Campbell, E. Q., Hobson, C. S., McPartland, J., Mood, A. M., Weinfeld, F. D. & York, R. L. (1966). *Equality of educational opportunity.* Washington: U. S. Department of Health, Education, and Welfare: U. S. Government Printing Office.

Cone, L., Brøgger, K., Berghmans, M., Decuypere, M., Förschler, A., Grimaldi, E., Vanermen, L. et al. (2022). Pandemic Acceleration: Covid-19 and the emergency digitalization of European education. *European Educational Research Journal, 21*(5), 845–868. doi: 10.1177/14749041211041793

Dahrendorf, R. (1965). *Bildung ist Bürgerrecht. Plädoyer für eine aktive Bildungspolitik.* Hamburg: Nannen-Verlag.

Davis, K. & Moore, W. E. (2009). Einige Prinzipien der sozialen Schichtung. In H. Solga, J. Powell & P. A. Berger (Hrsg.), *Soziale Ungleichheit. Klassische Texte zur Sozialstrukturanalyse* (S. 49–55). Frankfurt a. M.: Campus.

Destatis, WZB & BiB (Hrsg.) (2021). *Datenreport 2021. Ein Sozialbericht für die Bundesrepublik Deutschland.* Bonn: Bundeszentrale für politische Bildung.

Deutsches PISA Konsortium (Hrsg.) (2001). *PISA 2000. Basiskompetenzen von Schülerinnen und Sc hülern im internationalen Vergleich.* Opladen: Leske + Budrich.

Diefenbach, H. (2010). Jungen – die neuen Bildungsverlierer. In G. Quenzel (Hrsg.), *Bildungsverlierer* (S. 245–271). Wiesbaden: Springer VS.

Diehl, C., Hunkler, C. & Kristen, C. (Hrsg.) (2016). *Ethnische Ungleichheiten im Bildungsverlauf: Mechanismen, Befunde, Debatten.* Wiesbaden: Springer Fachmedien.

Ditton, H. (2011). Familie und Schule – eine Bestandsaufnahme der bildungssoziologischen Schuleffektforschung von James S. Coleman bis heute. In R. Becker (Hrsg.), *Lehrbuch der Bildungssoziologie* (S. 245–264). Wiesbaden: Springer VS. doi: 10.1007/978-3-531-92759-6_9

Ditton, H. & Krüsken, J. (2006). Der Übergang von der Grundschule in die Sekundarstufe I. *Zeitschrift für Erziehungswissenschaft, 9*(3), 348–372. doi: 10.1007/s11618-006-0055-7

Ditton, H. & Krüsken, J. (2007). Sozialräumliche Segregation und schulische Entwicklung. *Diskurs Kindheits- und Jugendforschung, 2*(1), 23–38. doi: https://doi.org/10.25656/01:1010

Ditton, H. & Maaz, K. (2015). Sozioökonomischer Status und soziale Ungleichheit. In H. Reinders, H. Ditton, C. Gräsel & B. Gniewosz (Hrsg.), *Empirische Bildungsforschung: Gegenstandsbereiche* (S. 229–244). Wiesbaden: Springer VS. doi: 10.1007/978-3-531-19994-8_17

Doepke, M., Sorrenti, G. & Zilibotti, F. (2019). The Economics of Parenting. *Annual Review of Economics, 11*(1), 55–84. doi: 10.1146/annurev-economics-080218-030156

Dörr, J. & Kowalski, O. (2022). Weltbank (World Bank Group), Version 08.06.2022. In *Staatslexikon* (8. Auflage). Online unter https://www.staatslexikon-online.de/Lexikon/Weltbank_(World_Bank_Group)

Durkheim, E. (1980[1895]). *Die Regeln der soziologischen Methode* (R. König, Hrsg.). Frankfurt a. M.: Suhrkamp.

Eder, M. (2021). *Von der Bildungstheorie zur Kompetenzorientierung. Eine analytische Auseinandersetzung mit zwei zentralen Begriffen der Gegenwart und den Folgen eines Paradigmenwechsels.* Bad Heilbrunn: Verlag Julius Klinkhardt.

Ehlers, A., Heß, M., Frewer-Graumann, S., Olbermann, E. & Stiemke, P. (2020). Digitale Teilhabe und (digitale) Exklusion im Alter: Expertise zum Achten Altersbericht der Bundesregierung (C. Hagen, C. Endter & F. Berner, Hrsg.). Online unter https://www.achter-altersbericht.de/fileadmin/altersbericht/pdf/Expertisen/Expertise-FFG-Dortmund.pdf

Elder, G. H. (1974). *Children of the Great Depression.* Chicago: University of Chicago Press.

Ellger-Rüttgardt, S. L. (2019). *Geschichte der Sonderpädagogik. Eine Einführung* (2. Auflage). München: Ernst Reinhardt Verlag.

Euler, D. & Nickolaus, R. (2018). Das Übergangssystem – ein bildungspolitisches Dauerprovisorium oder ein Ort der Chancenverbesserung und Integration? *Zeitschrift für Berufs- Und Wirtschaftspädagogik, 114*(4), 527–547.

European Commission, Joint Research Centre, Carretero, S., Vuorikari, R. & Punie, Y. (2017). *DigComp 2.1: the digital competence framework for citizens with eight proficiency levels and examples of use.* Luxemburg: Europäische Union. doi: 10.2760/38842

Fend, H. (2006). *Geschichte des Bildungswesens. Der Sonderweg im europäischen Kulturraum.* Wiesbaden: Springer VS. doi: 10.1007/978-3-531-90047-6

Fend, H. (2008). *Neue Theorie der Schule. Einführung in das Verstehen von Bildungssystemen* (Bd. 2). Wiesbaden: Springer VS.

Freundl, V., Stiegler, C. & Zierow, L. (2021). Europas Schulen in der Corona-Pandemie – ein Ländervergleich. *Ifo Schnelldienst, 74*(12), 41–50.

Froebus, Katarina & Holzer, Daniela. (2022). Universitäre Online-Lehre. Machtverschiebungen und neue Disziplinierungsräume. *Magazin Erwachsenenbildung.at, 44/45.* doi: 10.25656/01:24478

Gapski, H. (Hrsg.) (2015). *Big Data und Medienbildung. Zwischen Kontrollverlust, Selbstverteidigung und Souveränität in der digitalen Welt.* Düsseldorf, Münschen: kopaed. doi: 10.25656/01:11634

Gebhardt, M. & Heimlich, U. (2018). Inklusion und Bildung. In R. Tippelt & B. Schmidt-Hertha (Hrsg.), *Handbuch Bildungsforschung* (S. 1241–1260). Wiesbaden: Springer Fachmedien. doi: 10.1007/978-3-531-19981-8_55

Geißler, R. (2005). Die Metamorphose der Arbeitertochter zum Migrantensohn. Zum Wandel der Chancenstruktur im Bildungssystem nach Schicht, Geschlecht, Ethnie und deren Verknüpfungen. In P. A. Berger & H. Kahlert (Hrsg.), *Institutionalisierte Ungleichheiten* (S. 71–100). Weinheim: Juventa.

Gentrup, S., Rjosk, C., Stanat, P. & Lorenz, G. (2018). Einschätzungen der schulischen Motivation und des Arbeitsverhaltens durch Grundschullehrkräfte und deren Bedeutung für Verzerrungen in Leistungserwartungen. *Zeitschrift für Erziehungswissenschaft, 21*(4), 867–891. doi: 10.1007/s11618-018-0806-2

Geyer, S. (2018). *Sprachförderkompetenz im U3-Bereich. Eine empirische Untersuchung aus linguistischer Perspektive.* Stuttgart: J. B. Metzler.

Glock, S. & Kleen, H. (Hrsg.) (2020). *Stereotype in der Schule.* Wiesbaden: Springer VS.

Gnambs, T. (2021). The development of gender differences in information and communication technology (ICT) literacy in middle adolescence. *Computers in Human Behavior, 114*, 106533. doi: 10.1016/j.chb.2020.106533

Gomolla, M. & Radtke, F.-O. (2009). *Institutionelle Diskriminierung. Die Herstellung ethnischer Differenz in der Schule* (3. Auflage). Wiesbaden: Springer VS.

Gordt, S. & Becker, R. (2018). Bildung. In J. Kopp & A. Steinbach (Hrsg.), *Grundbegriffe der Soziologie* (S. 53–55). Springer Fachmedien.

Grgic, M. & Bayer, M. (2015). Eltern und Geschwister als Bildungsressourcen? Der Beitrag von familialem Kapital für Bildungsaspirationen, Selbstkonzept und Schulerfolg von Kindern. *Journal of Family Research, 27*(2), 173–192. doi: 10.3224/zff.v27i2.20075

Grgic, M. & Rauschenbach, T. (2020). Bildungsort Familie: Informelle Bildung. In J. Ecarius & A. Schierbaum (Hrsg.), *Handbuch Familie* (S. 1–19). Wiesbaden: Springer Fachmedien. doi: 10.1007/978-3-658-19861-9_9-1

Grotlüschen, A. & Buddeberg, K. (Hrsg.) (2020). *LEO 2018. Leben mit geringer Literalität.* Bielefeld: wbv. Online unter https://www.wbv.de/shop/LEO-2018-6004740

Grundmann, M. (2017). Sozialisation – Erziehung – Bildung: Eine kritische Begriffsbestimmung. In R. Becker (Hrsg.), *Lehrbuch der Bildungssoziologie* (S. 63–88). Wiesbaden: Springer Fachmedien. doi: 10.1007/978-3-658-15272-7_3

Grunert, C. (2012). *Bildung und Kompetenz. Theoretische und empirische Perspektiven auf außerschulische Handlungsfelder.* Wiesbaden: Springer VS.

Grünkorn, J., Klieme, E. & Stanat, P. (2019). Bildungsmonitoring und Qualitätssicherung. In O. Köller, M. Hasselhorn, F. W. Hesse, K. Maaz, J. Schrader, H. Solga, K. Zimmer et al. (Hrsg.), *Das Bildungswesen in Deutschland. Bestand und Potenziale* (S. 263–298). Bad Heilbrunn: Verlag Julius Klinkhardt.

Gruschka, A. (2018). Ungewissheit, der innere Feind für unterrichtliches Handeln. In A. Paseka, M. Keller-Schneider & A. Combe (Hrsg.), *Ungewissheit als Herausforderung für pädagogisches Handeln* (S. 15–29). Wiesbaden: Springer Fachmedien. doi: 10.1007/978-3-658-17102-5_2

Habermas, J. (1971). Vorbereitende Bemerkungen zu einer Theorie der kommunikativen Kompetenz. In J. Habermas & N. Luhmann (Hrsg.), *Theorie der Gesellschaft oder Sozialtechnologie – Was leistet die Systemforschung?* (S. 101–141). Frankfurt a.M.: Suhrkamp.

Haller, M. (2003). *Soziologische Theorie im systematisch-kritischen Vergleich.* Wiesbaden: Springer VS.

Hartig, J. & Klieme, E. (2006). Kompetenz und Kompetenzdiagnostik. In K. Schweizer (Hrsg.), *Leistung und Leistungsdiagnostik* (S. 127–143). Berlin, Heidelberg: Springer.

Hartong, S. (2012). *Basiskompetenzen statt Bildung. Wie PISA die deutschen Schulen verändert hat.* Frankfurt a. M.: Campus.

Hartong, S. (2014). Neue Bildungsregulierung im Zeitalter der »governance by numbers«: Das Beispiel standardisierter Bildungsreformen in Deutschland und den USA. *Leviathan, 42*(4), 606–634.

Hattie, J. (2020). *Lernen sichtbar machen* (W. Beywl & K. Zierer, Hrsg.). Baltmannsweiler: Schneider Verlag Hihengehren.

Heim, C., Lenger, A. & Schumacher, F. (2009). Bildungssoziologie. In G. Fröhlich & B. Rehbein (Hrsg.), *Bourdieu Handbuch. Leben – Werk – Wirkung* (S. 254–263). Stuttgart: J. B. Metzler.

Heintz, P. (Hrsg.) (1959). *Soziologie der Schule.* Opladen: Westdeutscher Verlag.

Helbig, M. (2020). Antwort auf »Ungleiche Grundschulen und die meritokratische Fiktion im deutschen Schulsystem« von Georg Breidenstein. *Zeitschrift für Grundschulforschung, 13*(2), 309–316.

Helbig, M. & Morar, T. (2017). *Warum Lehrkräfte sozial ungleich bewerten: Ein Plädoyer für die Etablierung tertiärer Herkunftseffekte im werterwartungstheoretischen Standardmodell der Bildungsforschung* (WZB Discussion Paper, No. P2017-005). Berlin: Wissenschaftszentrum Berlin für Sozialforschung (WZB). Online unter https://www.econstor.eu/bitstream/10419/173280/1/1005900515.pdf

Helbig, M. & Nikolai, R. (2015). *Die Unvergleichbaren. Der Wandel der Schulsysteme in den deutschen Bundesländern seit 1949.* Bad Heilbrunn: Verlag Julius Klinkhardt.

Helsper, W. (2018). Lehrerhabitus. In A. Paseka, M. Keller-Schneider & A. Combe (Hrsg.), *Ungewissheit als Herausforderung für pädagogisches Handeln* (S. 105–140). Wiesbaden: Springer Fachmedien. doi: 10.1007/978-3-658-17102-5_6

Helsper, W., Böhme, J., Kramer, R.-T. & Lingkost, A. (2001). *Schulkultur und Schulmythos.* Opladen: Leske + Budrich.

Helsper, W., Kramer, R.-T. & Thiersch, S. (Hrsg.) (2014). *Schülerhabitus. Theoretische und empirische Analysen zum Bourdieuschen Theorem der kulturellen Passung.* Wiesbaden: Springer VS.

Hemminger, E. (2023). *Bildung im digitalen Wandel. Soziologische Perspektiven.* Stuttgart: Kohlhammer.

Henderson, M. (2012). A Test of Parenting Strategies. *Sociology, 47*(3), 542–559. doi: 10.1177/0038038512450103

Henschel, A. (2012). Zwischen Überforderung und Anspruch – Bildungs- und Erziehungspartnerschaften mit Ein-Eltern-Familien. In W. Stange, R. Krüger, A. Henschel & C. Schmitt (Hrsg.), *Erziehungs- und Bildungspartnerschaften: Grundlagen und Strukturen von Elternarbeit* (S. 332–337). Wiesbaden: Springer VS. doi: 10.1007/978-3-531-94279-7_35

Herder, J. G. (1774). Auch eine Philosophie der Geschichte zur Bildung der Menschheit. Deutsches Textarchiv DTA. Online unter https://www.deutschestextarchiv.de/book/show/herder_philosophie_1774

Herrlitz, H.-G., Hopf, W., Titze, H. & Cloer, E. (2005). *Deutsche Schulgeschichte von 1800 bis zur Gegenwart. Eine Einführung* (5., überarbeitete Auflage). München: Juventa.

Hillmert, S. (2014). Bildung, Ausbildung und soziale Ungleichheiten im Lebenslauf. *Zeitschrift für Erziehungswissenschaft, 17*(2), 73–94. doi: 10.1007/s11618-013-0465-2

Hollstein, O. (2011). Das Technologieproblem der Erziehung revisited. In S. K. Amos, W. Meseth & M. Proske (Hrsg.), *Öffentliche Erziehung revisited: Erziehung, Politik und Gesellschaft im Diskurs* (S. 53–74). Wiesbaden: Springer VS. doi: 10.1007/978-3-531-92615-5_3

Holzkamp, K. (1995). *Lernen. Subjektwissenschaftliche Grundlegung.* Frankfurt a. M./New York: Campus.

Huber, C. & Wilbert, J. (2012). Soziale Ausgrenzung von Schülern mit sonderpädagogischem Förderbedarf und niedrigen Schulleistungen im gemeinsamen Unterricht. *Empirische Sonderpädagogik, 4*(2), 147–165.

Huebener, M., Spieß, C. K. & Zinn, S. (2020). SchülerInnen in Corona-Zeiten: Teils deutliche Unterschiede im Zugang zu Lernmaterial nach Schultypen und -trägern. *DIW Wochenbericht, 87*(47), 865–875. doi: 10.18723/DIW_WB:2020-47-1

Humboldt, Wilhelm von (1997). *Bildung und Sprache* (5., durchgesehene Auflage). Paderborn: Schöningh.

Hurrelmann, K. (2008). Sozialisation. In G. Mertens, U. Frost, W. Böhm & V. Ladenthin (Hrsg.), *Grundlagen – Allgemeine Erziehungswissenschaft* (S. 313–323). Paderborn: Schöningh.

Ihme, J. M. & Senkbeil, M. (2017). Warum können Jugendliche ihre eigenen computerbezogenen Kompetenzen nicht realistisch einschätzen? *Zeitschrift Für Entwicklungspsychologie Und Pädagogische Psychologie, 49*(1), 24–37. doi: 10.1026/0049-8637/a000164

Isleib, S. (2019). Soziale Herkunft und Studienabbruch im Bachelor- und Masterstudium. In M. Lörz & H. Quast (Hrsg.), *Bildungs- und Berufsverläufe mit Bachelor und Master: Determinanten, Herausforderungen und Konsequenzen* (S. 307–337). Wiesbaden: Springer Fachmedien. doi: 10.1007/978-3-658-22394-6_10

Jehles, N. (2022). Segregation im frühkindlichen Bildungssystem. In K. Marquardsen (Hrsg.), *Armutsforschung. Handbuch für Wissenschaft und Praxis* (S. 203–218). Baden-Baden: Nomos.

Jencks, C., Smith, M., Acland, H., Bane, M. J., Cohen, D., Gintis, H., Michelson, S. et al. (1972). *Inequality: A reassessment of the effect of family and schooling in America.* New York, NY, US: Basic Books.

Jungbauer-Gans, M. (2021). Bildung und soziale Integration – wie hat sich die Bildungsbeteiligung im Zeitverlauf entwickelt? In G. Lämmlin (Hrsg.), *Gesellschaftlicher Zusammenhalt in der postsäkularen Gesellschaft* (S. 49–62). Baden-Baden: Nomos.

Kaelble, H. (1983). *Soziale Mobilität und Chancengleichheit im 19. und 20. Jahrhundert. Deutschland im internationalen Vergleich.* Göttingen: Vandenhoeck & Ruprecht.

Kamp-Hartong, S. (2020). Zum Optimierungsdrang des Bildungsmonitorings. *Zeitschrift für Pädagogik, 66*(1), 64–71. doi: 10.25656/01:25784

Kant, I. (1999[1784]). Beantwortung der Frage: Was ist Aufklärung? In H. D. Brandt (Hrsg.), *Was ist Aufklärung? Ausgewählte kleine Schriften.* Hamburg: Meiner.

Katz, I. R. (2007). Testing Information Literacy in Digital Environments: ETS's iSkills Assessment. *Information Technology and Libraries, 26*(3), 3–12. doi: 10.6017/ital.v26i3.3271

Kelle, H. & Mierendorff, J. (Hrsg.) (2013). *Normierung und Normalisierung der Kindheit.* Weinheim, Basel: Beltz Juventa.

Kessl, F. & Maurer, S. (2012). Radikale Reflexivität als zentrale Dimension eines kritischen Wissenschaftsverständnisses Sozialer Arbeit. In E. Schimpf & J. Stehr (Hrsg.), *Kritisches Forschen in der Sozialen Arbeit: Gegenstandsbereiche – Kontextbedingungen – Positionierungen – Perspektiven* (S. 43–55). Wiesbaden: Springer VS. doi: 10.1007/978-3-531-94022-9_3

Klafki, W. (2007). *Neue Studien zur Bildungstheorie und Didaktik* (6. Auflage). Weinheim, Basel: Beltz.

Klieme, E. & Hartig, J. (2008). Kompetenzkonzepte in den Sozialwissenschaften und im erziehungswissenschaftlichen Diskurs. In M. Prenzel, I. Gogolin & H.-H. Krüger (Hrsg.), *Kompetenzdiagnostik: Zeitschrift für Erziehungswissenschaft* (S. 11–29). Wiesbaden: Springer VS. doi: 10.1007/978-3-531-90865-6_2

Klieme, E. & Vieluf, S. (2013). Schulische Bildung im internationalen Vergleich. Ein Rahmenmodell für Kontextanalysen in PISA. In N. Jude & E. Klieme (Hrsg.), *PISA 2009 – Impulse für die Schul- und Unterrichtsforschung* (S. 229–246). Weinheim: Beltz. doi: 10.25656/01:7829

Kluczniok, K. (2018). Pädagogische Qualität im Kindergarten. In T. Schmidt & W. Smidt (Hrsg.), *Handbuch empirische Forschung in der Pädagogik der frühen Kindheit* (S. 407–426). Münster: Waxmann.

KMK (n. d.). *Lehren und Lernen in der digitalen Welt. Die ergänzende Empfehlung zur Strategie »Bildung in der digitalen Welt«.* Berlin: KMK. Online unter https://www.kmk.org/fileadmin/veroeffentlichungen_beschluesse/2021/2021_12_09-Lehren-und-Lernen-Digi.pdf

KMK (2004). *Gemeinsamer Rahmen der Länder für die frühkindliche Bildung in Kindertagesstätten (Beschluss der Jugendministerkonferenz vom 13./14.05.2004/Beschluss der Kultusministerkonferenz vom 03./04.06.2004).* KMK.

KMK (2009). *Kompetenzstufenmodell zu den Bildungsstandards im Kompetenzbereich Lesen für den Mittleren Schulabschluss.* KMK.

KMK (2011). *Inklusive Bildung von Kindern und Jugendlichen mit Behinderungen in Schulen. (Beschluss der Kultusministerkonferenz vom 20.10.2011).* KMK. Online unter https://www.kmk.org/fileadmin/veroeffentlichungen_beschluesse/2011/2011_10_20-Inklusive-Bildung.pdf

KMK (2016). *Bildung in der digitalen Welt. Strategie der Kultusministerkonferenz.* Berlin: KMK. Online unter https://www.kmk.org/fileadmin/Dateien/veroeffentlichungen_beschluesse/2016/2016_12_08-Bildung-in-der-digitalen-Welt.pdf

KMK (2017). *Kompetenzorientiertes Qualifikationsprofil für die Ausbildung von Erzieherinnen und Erziehern an Fachschulen und Fachakademien.* KMK. Online unter https://www.kmk.org/fileadmin/veroeffentlichungen_beschluesse/2011/2011_12_01-ErzieherInnen-QualiProfil.pdf

KMK (2019). *Grundstruktur des Bildungswesens der Bundesrepublik Deutschland (Diagramm).* Berlin: KMK. Online unter https://www.kmk.org/fileadmin/Dateien/pdf/Dokumentation/de_2019.pdf

KMK (2022). *Bildungsstandards für das Fach Deutsch Primarbereich.* Berlin: KMK. Online unter https://www.kmk.org/fileadmin/Dateien/veroeffentlichungen_beschluesse/2022/2022_06_23-Bista-Primarbereich-Deutsch.pdf

Kohli, M. (Hrsg.) (1978). *Soziologie des Lebenslaufs.* Darmstadt, Neuwied: Luchterhand.

Kohn, M. L. (1959). Social Class and Parental Values. *American Journal of Sociology*, *64*(4), 337–351. doi: 10.1086/222493

Kohn, M. L. (1963). Social Class and Parent-Child Relationships: An Interpretation. *American Journal of Sociology*, *68*(4), 471–480. doi: 10.1086/223403

Köller, O., Hasselhorn, M., Hesse, F. W., Maaz, K., Schrader, J., Solga, H., Zimmer, K. et al. (Hrsg.) (2019). *Das Bildungswesen in Deutschland. Bestand und Potenziale.* Bad Heilbrunn: Verlag Julius Klinkhardt.

Krais, B. (2014). Bildungssoziologie. *Die Deutsche Schule (DDS)*, *106*(3), 264–290. Online unter https://doi.org/10.31244/dds.2014.03.07

Kron, F. W., Jürgens, E. & Standop, J. (2013). *Grundwissen Pädagogik* (8. Auflage). München/Basel: Ernst Reinhardt Verlag.

Kurtz, T. (2010). Der Kompetenzbegriff in der Soziologie. In T. Kurtz & M. Pfadenhauer (Hrsg.), *Soziologie der Kompetenz* (S. 7–25). Wiesbaden: Springer VS.

Lange, I. (2020). Bildungssprache. In I. Gogolin, A. Hansen, S. McMonagle & D. Rauch (Hrsg.), *Handbuch Mehrsprachigkeit und Bildung* (S. 53–58). Wiesbaden: Springer Fachmedien. doi: 10.1007/978-3-658-20285-9_7

Lareau, A. (2011). *Unequal Childhoods. Class, Race, and Family Life* (2., erweiterte Auflage). Berkeley [usw.]: University of California Press.

Lehrl, S., Kluczniok, K. & Rossbach, H.-G. (2016). Longer-term associations of preschool education: The predictive role of preschool quality for the development of mathematical skills through elementary school. *Early Childhood Research Quarterly*, *36*, 475–488. doi: https://doi.org/10.1016/j.ecresq.2016.01.013

Liebau, E. (2006). Pierre Bourdieu (1930–2002). In B. Dollinger (Hrsg.), *Klassiker der Pädagogik: Die Bildung der modernen Gesellschaft* (S. 353–376). Wiesbaden: Springer VS. doi: 10.1007/978-3-531-90301-9_16

Lochner, S. & Jähnert, A. (Hrsg.) (2020). *DJI-Kinder- und Jugendmigrationsreport 2020.* Bielefeld: wbv. Online unter https://www.dji.de/fileadmin/user_upload/dasdji/themen/Jugend/DJI_Migrationsreport_2020.pdf

Lörz, M. (2017). Soziale Ungleichheiten beim Übergang ins Studium und im Studienverlauf. In M. S. Baader & T. Freytag (Hrsg.), *Bildung und Ungleichheit in Deutschland* (S. 311–338). Wiesbaden: Springer Fachmedien. doi: 10.1007/978-3-658-14999-4_16

Löw, M. & Geier, T. (2014). *Einführung in die Soziologie der Bildung und Erziehung* (3. Auflage). Opladen, Toronto: Verlag Barbara Budrich.

Luhmann, N. (2002). *Das Erziehungssystem der Gesellschaft.* Frankfurt a. M.: Suhrkamp.

Luhmann, N. & Schorr, K.-E. (1982). *Zwischen Technologie und Selbstreferenz: Fragen an die Pädagogik.* Frankfurt a. M.: Suhrkamp.

Lutz, R. (Hrsg.) (2012). *Erschöpfte Familien.* Wiesbaden: Springer VS.

Maaz, K. & Dumont, H. (2019). Bildungserwerb nach sozialer Herkunft, Migrationshintergrund und Geschlecht. In O. Köller, M. Hasselhorn, F. W. Hesse, K. Maaz, J. Schrader, H. Solga, K. Zimmer et al. (Hrsg.), *Das Bildungswesen in Deutschland. Bestand und Potenziale* (S. 299–332). Bad Heilbrunn: Verlag Julius Klinkhardt.

Maaz, K. & Kühne, S. (2018). Indikatorengestützte Bildungsberichterstattung. In R. Tippelt & B. Schmidt-Hertha (Hrsg.), *Handbuch Bildungsforschung* (S. 375–396). Wiesbaden: Springer Fachmedien. doi: 10.1007/978-3-531-19981-8_15

Mangold, W. (1978). Zur Entwicklung der Bildungssoziologie in der Bundesrepublik. In K. M. Bolte (Hrsg.), *Materialien aus der soziologischen Forschung: Verhandlungen des 18. Deutschen Soziologentages vom 28. September bis 1. Oktober 1976 in Bielefeld* (S. 209–265). Darmstadt: Luchterhand.

Maschke, S. & Stecher, L. (2018). Non-formale und informelle Bildung. In A. Lange, H. Reiter, S. Schutter & C. Steiner (Hrsg.), *Handbuch Kindheits- und Jugendsoziologie* (S. 149–163). Wiesbaden: Springer Fachmedien . doi: 10.1007/978-3-658-04207-3_12

Mau, S. (2017). *Das metrische Wir. Über die Quantifizierung des Sozialen.* Berlin: Suhrkamp.

Mayer, K. U. (2009). New Directions in Life Course Research. *Annual Review of Sociology*, *35*(1), 413–433. doi: 10.1146/annurev.soc.34.040507.134619

Medienpädagogischer Forschungsverbund Südwest (Hrsg.) (2023). JIM-Studie 2023. Jugend, Information, Medien. Basisuntersuchung zum Medienumgang12- bis 19-Jähriger. Online unter https://www.mpfs.de/fileadmin/files/Studien/JIM/2022/JIM_2023_web_final_kor.pdf

Menze, L. & Holtmann, A. C. (2019). Was können Schulabgängerinnen und Schulabgänger ohne Mittleren Schulabschluss aus Übergangsmaßnahmen mitnehmen? Entwicklungen und Übergangschancen in Ausbildung. *Zeitschrift für Erziehungswissenschaft*, *22*(3), 509–533. doi: 10.1007/s11618-019-00877-1

Meyer-Drawe, K. (1999). Zum metaphorischen Gehalt von »Bildung« und »Erziehung«. *Zeitschrift für Pädagogik*, *45*(2), 161–175.

Middendorff, E., Apolinarski, B., Becker, K., Bornkessel, P., Brandt, T., Heißenberg, S. & Poskowsky, J. (2017). *Die wirtschaftliche und soziale Lage der Studierenden in Deutschland 2016. 21. Sozialerhebung des Deutschen Studentenwerks durchgeführt vom Deutschen Zentrum für Hochschul- und Wissenschaftsforschung.* Berlin: BMBF. Online unter https://www.dzhw.eu/pdf/sozialerhebung/21/Soz21_hauptbericht_barrierefrei.pdf

Münch, R. (1988). *Theorie des Handelns.* Frankfurt a. M.: Suhrkamp.

Münch, R. (2012). Das PISA-Regime. Zur Transnationalisierung des Bildungsfeldes. In S. Bernhard & C. Schmidt-Wellenburg (Hrsg.), *Feldanalyse als Forschungsprogramm 1. Der programmatische Kern* (S. 405–425). Wiesbaden: Springer VS.

Münch, R. (2018). *Der bildungsindustrielle Komplex. Schule und Unterricht im Wettbewerbsstaat.* Weinheim: Beltz Juventa.

Mutius, B. von (Hrsg.) (1962). *Wirtschaftswachstum und Ausbau des Erziehungswesens. OECD-Konferenz in Washington; 16.–20. Oktober 1961; deutsche Kurzfassung der Arbeitsunterlagen.* Frankfurt a. M.: KMK.

Neugebauer, M. (2010). Bildungsungleichheit und Grundschulempfehlung beim Übergang auf das Gymnasium: Eine Dekomposition primärer und sekundärer Herkunftseffekte. *Zeitschrift für Soziologie*, *39*(3), 202–214. doi: doi: 10.1515/zfsoz-2010-0303

Neugebauer, M., Klein, O. & Jacob, M. (2022). Migrant teachers in the classroom: a key to reduce ethnic disadvantages in school? *International Studies in Sociology of Education*, 1–19. doi: 10.1080/09620214.2022.2132983

O'Neil, C. (2017). *Angriff der Algorithmen.* München: Carl Hanser Verlag.

Oeltjen, M. & Windzio, M. (2019). Räumliche Segregation durch ungleiche Bildungskontexte?: Wahrgenommene Nachbarschaftsmerkmale und Umzüge von Familien. *Kölner Zeitschrift für Soziologie und Sozialpsychologie (KZfSS)*, *71*(4), 651–675. Online unter https://evhn.idm.oclc.org/login?url=https://search.ebscohost.com/login.aspx?direct=true&db=grc&AN=141531001&lang=de&site=eds-live

Oeltjen, M. & Windzio, M. (2022). Nachbarschaften als Bildungskontexte und die Dynamiken räumlicher Mobilität von Familien. In H. Kruse & J. Teltemann (Hrsg.), *Differenz im Raum: Sozialstruktur und Grenzziehung in deutschen Städten* (S. 113–140). Wiesbaden: Springer Fachmedien. doi: 10.1007/978-3-658-35009-3_4

Oevermann, U. (1969). Schichtspezifische Formen des Sprachverhaltens und ihr Einfluß auf die kognitiven Prozesse. In H. Roth (Hrsg.), *Begabung und Lernen: Ergebnisse und Folgerungen neuer Forschungen* (S. 297–356). Stuttgart: Klett.

Olczyk, M., Seuring, J., Will, G. & Zinn, S. (2016). Migranten und ihre Nachkommen im deutschen Bildungssystem: Ein aktueller Überblick. In C. Diehl, C. Hunkler & C. Kristen (Hrsg.), *Ethnische Ungleichheiten im Bildungsverlauf: Mechanismen, Befunde, Debatten* (S. 33–70). Wiesbaden: Springer Fachmedien. doi: 10.1007/978-3-658-04322-3_2

Olczyk, M., Will, G. & Kristen, C. (2014). *Immigrants in the NEPS: Identifying Generation Status and Group of Origin* (NEPS Working Paper, No. 41a). Bamberg: Leibniz-Institut für Bildungsforschung. Online unter https://www.neps-data.de/Portals/0/Working%20Papers/WP_XXXXIa.pdf

Organisation for Economic Co-operation, Organisation and Development (Hrsg.) (2018). Bridging the digital gender divide: include, upskill, innovate. Paris: OECD. Online unter http://www.oecd.org/going-digital/bridging-the-digital-gender-divide.pdf

Pahl, J.-P. (2012). *Berufsbildung und Berufsbildungssystem. Darstellung und Untersuchung nichtakademischer und akademischer Lernbereiche.* Bielefeld: wbv.

Passaretta, G. & Gil-Hernández, C. J. (2023). The early roots of the digital divide: socioeconomic inequality in childrens ICT literacy from primary to secondary schooling. In J. Skopek (Hrsg.), *Research Handbook on Digital Sociology* (S. 307–327). Edward Elgar Publishing. doi: 10.4337/9781789906769.00026

Peisert, H. (1967). *Soziale Lage und Bildungschancen in Deutschland.* München: Piper.

Peuckert, R. (2008). *Familienformen im sozialen Wandel* (7., vollständig überarbeitete Auflage). Wiesbaden: Springer VS.

Picht, G. (1964). *Die Deutsche Bildungskatastrophe. Analyse und Dokumentation.* Olten, Freiburg i. Br.: Walter-Verlag.

Piketty, T. (2020). *Kapital und Ideologie.* München: C. H. Beck.

Pries, L. (2019). *Soziologie. Schlüsselbegriffe – Herangehensweisen – Perspektiven* (4. Auflage). Weinheim, Basel: Beltz Juventa.

Prochnow, A. (2022). Sprachliche Bildung und Sprachförderung in der Frühpädagogik. In H. Reinders, D. Bergs-Winkels, A. Prochnow & I. Post (Hrsg.), *Empirische Bildungsforschung: Eine elementare Einführung* (S. 475–494). Wiesbaden: Springer Fachmedien. doi: 10.1007/978-3-658-27277-7_27

Protsch, P. & Solga, H. (2019). Das berufliche Bildungssystem in Deutschland. In O. Köller, M. Hasselhorn, F. W. Hesse, K. Maaz, J. Schrader, H. Solga, K. Zimmer et al. (Hrsg.), *Das Bildungswesen in Deutschland. Bestand und Potenziale* (S. 565–594). Bad Heilbrunn: Verlag Julius Klinkhardt.

Psacharopoulos, G. (1981). Returns to Education: an updated international comparison. *Comparative Education*, *17*(3), 321–341.

Psacharopoulos, G. (1985). Retums to Education: A Further International Update and Implications. *The Journal of Human Resources*, *XX*(4), 584–604.

Psacharopoulos, G. & Patrinos, H. A. (2018). Returns to investment in education: a decennial review of the global literature. *Education Economics*, *26*(5), 445–458. doi: 10.1080/09645292.2018.1484426

Purves, A. C. (1987). The Evolution of the IEA: A Memoir. *Comparative Education Review*, *31*(1), 10–28. doi: 10.1086/446653

Rabe-Kleberg, U. (2010). Bildungsarmut von Anfang an? Über den Beitrag des Kindergartens im Prozess der Reproduktion sozialer Ungleichheit. In H.-H. Krüger, U. Rabe-Kleberg, R.-T. Kramer & J. Budde (Hrsg.), *Bildungsungleichheit revisited* (S. 45–54). Wiesbaden: Springer VS. doi: 10.1007/978-3-531-92201-0_3

Rademacker, H. (2011). Schulsozialarbeit in Deutschland. In F. Baier & U. Deinet (Hrsg.), *Praxishandbuch Schulsozialarbeit. Methoden, Haltungen und Handlungsorientierungen für eine professionelle Praxis* (2., erweiterte Auflage, S. 17–43). Opladen, Farmington Hills: Verlag Barbara Budrich.

Ravitch, D. (2010). *The Death and Life of the Great American School System. How Testing and Choice are Undermining Education.* New York: Basic Books.

Reckwitz, A. (2022). Subjektivierung. In R. Gugutzer, G. Klein & M. Meuser (Hrsg.), *Handbuch Körpersoziologie 1* (S. 157–162). Wiesbaden: Springer Fachmedien. doi: 10.1007/978-3-658-33300-3_26

Rehbein, B. (2016). *Die Soziologie Pierre Bourdieus* (3. Auflage). Konstanz: UVK.

Reiss, K., Sälzer, C., Schiepe-Tiska, A., Klieme, E. & Köller, O. (Hrsg.) (2016). *PISA 2015. Eine Studie zwischen Kontinuität und Innovation.* Münster, New York: Waxmann.

Richter, M. & Baethge, M. (2017). Die Schaffung eines neuen Bildungsraums: Der Übergangssektor. *DDS – Die Deutsche Schule, 109*(4), 291–317.

Rieger-Ladich, M. (2019). *Bildungstheorien – zur Einführung.* Hamburg: Junius.

Rohs, M. (Hrsg.) (2016). *Handbuch Informelles Lernen.* Wiesbaden: Springer Fachmedien. doi: 10.1007/978-3-658-05953-8

Rosa, H. (2016). *Resonanz. Eine Soziologie der Weltbeziehung.* Berlin: Suhrkamp.

Rosa, H. & Endres, W. (2016). *Resonanzpädagogik. Wenn es im Klassenzimmer knistert.* Weinheim, Basel: Beltz.

Rosenthal, R. & Jacobson, L. (1971). *Pygmalion im Unterricht.* Weinheim: Beltz.

Roth, H. (Hrsg.) (1969). *Begabung und Lernen: Ergebnisse und Folgerungen neuer Forschungen.* Stuttgart: Klett.

Roth, H. (1971). *Entwicklung und Erziehung: Grundlagen einer Entwicklungspädagogik* (Bd. 2). Hannover: Schroedl.

Roth, X. (2022). *Handbuch Zusammenarbeit mit Eltern* (4. Auflage). Freiburg i. Br.: Herder.

Röttger, C., Weber, B. & Weber, E. (2020). *Qualifikationsspezifische Arbeitslosenquoten* (Aktuelle Daten und Indikatoren.). Nürnberg: Institut für Arbeitsmarkt- und Berufsforschung (IAB).

Sadovnik, A. R. (2021). Theorie und Forschung in der Erziehungs- und Bildungssoziologie. In U. Bauer, U. H. Bittlingmayer & A. Scherr (Hrsg.), *Handbuch Bildungs- und Erziehungssoziologie* (S. 1–31). Wiesbaden: Springer Fachmedien. doi: 10.1007/978-3-658-31395-1_78-1

Sander, T. (Hrsg.) (2014). *Habitussensibilität. Eine neue Anforderung an professionelles Handeln.* Wiesbaden: Springer VS.

Scharf, J., Becker, M., Stallasch, S. E., Neumann, M. & Maaz, K. (2020). Primäre und sekundäre Herkunftseffekte über den Verlauf der Sekundarstufe: Eine Dekomposition an drei Bildungsübergängen. *Zeitschrift für Erziehungswissenschaft, 23*(6), 1251–1282. doi: 10.1007/s11618-020-00981-7

Schelsky, He. (1961). *Anpassung oder Widerstand? Soziologische Bedenken zur Schulreform* (2. Auflage). Heidelberg: Quelle & Meyer.

Scherr, A. (2016). Bildung, Erziehung, Sozialisation. In A. Scherr (Hrsg.), *Soziologische Basics* (S. 33–41). Wiesbaden: Springer Fachmedien. doi: 10.1007/978-3-658-11928-7_3

Scherr, A. & Sachs, L. (2017). *Bildungsbiografien von Sinti und Roma. Erfolgreiche Bildungsverläufe unter schwierigen Bedingungen.* Weinheim, Basel: Beltz Juventa.

Schimank, U. (2018). Leistung und Meritokratie in der Moderne. In S. Reh & N. Ricken (Hrsg.), *Leistung als Paradigma* (S. 19–42). Wiesbaden: Springer Fachmedien.

Schmitt, L. (2010). *Bestellt und nicht abgeholt: Soziale Ungleichheit und Habitus-Struktur-Konflikte im Studium: Zugl.: Marburg, Univ., Diss, 2009.* Wiesbaden: Springer VS: 10.1007/978-3-531-92193-8

Schmitz, A. & Bayer, M. (2017). Strukturale Psychologie. Zum Verhältnis von Sozialraum, Habitus und Persönlichkeit. *Berliner Journal Für Soziologie, 27*(3–4), 455–483. doi: 10.1007/s11609-018-0364-8

Schneider, W. (2018). Nützen Sprachförderprogramme im Kindergarten, und wenn ja, unter welcher Bedingung? *Zeitschrift für Pädagogische Psychologie, 32*(1–2), 53–74. doi: 10.1024/1010-0652/a000213

Seeber, S., Wieck, M., Baethge-Kinsky, V., Geiser, P., Busse, R., Michaelis, C. & Boschke, V. (2019). *Ländermonitor berufliche Bildung 2019: Ein Vergleich der Bundesländer mit vertiefender Analyse zu Passungsproblemen im dualen System.* Bielefeld: wbv. doi: 10.3278/6004750w

Selke, S. (2023). *Technik als Trost. Verheißungen künstlicher Intelligenz.* Bielefeld: transcript.

Simmel, G. (1890). *Über soziale Differenzierung. Soziologische und psychologische Untersuchungen.* Leipzig: Duncker & Humblot. Online unter https://www.deutschestextarchiv.de/book/show/simmel_differenzierung_1890

Singer, K. & Frevert, U. (2014). 100 Jahre Hellmut Becker (1913–2013) Dokumentation der Ausstellung zu Leben und Werk im Max-Planck-Institut für Bildungsforschung. Online-Publikation. doi: 10.14280/08241.29

Solga, H. (2013). Meritokratie – die moderne Legitimation ungleicher Bildungschancen. In P. A. Berger & H. Kahlert (Hrsg.), *Institutionalisierte Ungleichheiten* (S. 19–38). Weinheim: Beltz-Juventa.

Solga, H. & Becker, R. (2012). Soziologische Bildungsforschung – eine kritische Bestandsaufnahme. In R. Becker & H. Solga, (Hrsg.), *Soziologische Bildungsforschung* (S. 7–43). Wiesbaden: Springer VS. doi: 10.1007/978-3-658-00120-9_1

Solga, H. & Dombrowski, R. (2009). *Soziale Ungleichheiten in schulischer und außerschulischer Bildung. Stand der Forschung und Forschungsbedarf* (Arbeitspapier No. 171). Hans Böckler Stiftung.

SPD (Sozialdemokratische Partei Deutschland), Bündnis90/Die Grünen & FDP (Freie Demokraten) (2021). *Mehr Fortschritt wagen. Bündnis für Freiheit, Gerechtigkeit und Nachhaltigkeit. Koalitionsvertrag 2021–2025.*

Spies, A. & Pötter, N. (2011). *Soziale Arbeit an Schulen. Einführung in das Handlungsfeld Schulsozialarbeit.* Wiesbaden: Springer VS.

Spitzer, M. (2012). *Digitale Demenz: Wie wir uns und unsere Kinder um den Verstand bringen.* München: Droemer.

Spitzer, M. (2022). Zehn Jahre Digitale Demenz: Vom Shitstorm zum Mainstream. *Nervenheilkunde, 41*(11), 733–743. doi: 10.1055/a-1826-8006

Stalder, F. (2016). *Kultur der Digitalität.* Frankfurt a. M.: Suhrkamp.

Stalder, F. (2021). Was ist Digitalität? In U. Hauck-Thum & J. Noller (Hrsg.), *Was ist Digitalität?* (S. 3–7). Berlin, Heidelberg: Springer. doi: 10.1007/978-3-662-62989-5_1

Statistische Ämter des Bundes und der Länder (Hrsg.) (2021). *Internationale Bildungsindikatoren im Ländervergleich.* Wiesbaden: Statistisches Bundesamt (Destatis). Online unter https://www.destatis.de/DE/Themen/Gesellschaft-Umwelt/Bildung-Forschung-Kultur/Bildungsstand/Publikationen/Downloads-Bildungsstand/bildungsindikatoren-1023017217004.pdf?__blob=publicationFile

Statistisches Bundesamt (Destatis) (2022a). *Bildungsfinanzbericht 2022. Im Auftrag des Bundesministeriums für Bildung und Forschung und der Ständigen Konferenz der Kultusminister der Länder in der Bundesrepublik Deutschland.* Wiesbaden.

Statistisches Bundesamt (Destatis) (2022b). *Private Hochschulen.* Wiesbaden: Statistisches Bundesamt (Destatis).

Statistisches Bundesamt (Destatis) (2022c). *Schnellmeldungsergebnisse der Hochschulstatistik zu Studierenden und Studienanfänger/-innen.* Wiesbaden: Statistisches Bundesamt (Destatis).

Statistisches Bundesamt (Destatis) (Hrsg.) (2023). *Bildungsfinanzbericht 2023.* Wiesbaden: Statistisches Bundesamt (Destatis).

Sträßer, R. & Aufschnaiter, C. von (2009). Vom Bildungskanon zu den Bildungsstandards. In C.-P. Buschkühle, L. Duncker & V. Oswalt (Hrsg.), *Bildung zwischen Standardisierung und Heterogenität: ein interdisziplinärer Diskurs* (S. 35–51). Wiesbaden: Springer VS. doi: 10.1007/978-3-531-91962-1_2

Tenorth, H.-E. (2020). *Die Rede von Bildung. Tradition, Praxis, Geltung – Beobachtungen aus der Distanz.* Berlin: J. B. Metzler.

Thoms, U. (2018). Geschichte des Max-Planck-Instituts für Bildungsforschung in Berlin. In S. Moebius & A. Ploder (Hrsg.), *Handbuch Geschichte der deutschsprachigen Soziologie: Bd. 1: Geschichte der Soziologie im deutschsprachigen Raum* (S. 1009–1024). Wiesbaden: Springer Fachmedien. doi: 10.1007/978-3-658-07614-6_57

Tietze, W., Becker-Stoll, F., Bensel, Joachim., Eckhardt, A. G., Haug-Schnabel, G., Kalicki, B., Leyendecker, B. et al. (Hrsg.) (2013). *NUBBEK. Nationale Untersuchung zur Bildung, Betreuung und Erziehung in der frühen Kindheit.* Weimar, Berlin: verlag das netz.

Tietze, W. & Lee, H.-J. (2009). Ein System der Evaluation, Verbesserung und Zertifizierung pädagogischer Qualität von Kindertageseinrichtungen in Deutschland. In K. Altgeld & S. Stöbe-Blossey (Hrsg.), *Qualitätsmanagement in der frühkindlichen Bildung, Erziehung und Betreuung: Perspektiven für eine öffentliche Qualitätspolitik* (S. 43–62). Wiesbaden: Springer VS. doi: 10.1007/978-3-531-91553-1_3

Traue, B. (2010). Kompetente Subjekte: Kompetenz als Bildungs- und Regierungsdispositiv im Postfordismus. In T. Kurtz & M. Pfadenhauer (Hrsg.), *Soziologie der Kompetenz* (S. 49–67). Springer VS. doi: 10.1007/978-3-531-91951-5_3

Tröhler, D. (2013). Standardisierung nationaler Bildungspolitiken: Die Erschaffung internationaler Experten, Planern und Statistiken in der Frühphase der OECD. *International Journal for the Historiography of Education*, *3*(1), 60–77.

UNESCO. (2012). *International Standard Classification of Education – ISCED 2011.* Montreal, Quebec: United Nations Educational, Scientific and Cultural Organization (UNESCO). Online unter https://uis.unesco.org/sites/default/files/documents/international-standard-classification-of-education-isced-2011-en.pdf

Walper, S. & Grgic, M. (2019). Bildungsort Familie. In O. Köller, M. Hasselhorn, F. W. Hesse, K. Maaz, J. Schrader, H. Solga, K. Zimmer et al. (Hrsg.), *Das Bildungswesen in Deutschland. Bestand und Potenziale* (S. 161–194). Bad Heilbrunn: Verlag Julius Klinkhardt.

Weber, M. (1980). *Wirtschaft und Gesellschaft.* Tübingen: Mohr Siebeck.

Wehler, H.-U. (2006). *Deutsche Gesellschaftsgeschichte. Vom Feudalismus des Alten Reiches bis zur Defensiven Modernisierung der Reformära. 1700–1815* (Bd. 1). München: C. H. Beck.

Weinert, F. E. (2001). Concept of competence: A conceptual clarification. In D. S. Rychen & L. H. Salganik (Hrsg.), *Defining and selecting key competencies* (S. 45–65). Ashland, OH, US: Hogrefe & Huber.

Weinert, F. E. (2012). Begabung und Lernen. Zur Entwicklung geistiger Leistungsunterschiede. In A. Hackl, C. Pauly, O. Steenbuck & G. Weigand (Hrsg.), *Werte schulischer Begabtenförderung. Begabung und Leistung* (S. 23–34). Frankfurt a. M.: Karg-Stiftung. doi: https://doi.org/10.25656/01:9029

Werning, R. (2019). Inklusion im frühkindlichen und schulischen Bereich. In O. Köller, M. Hasselhorn, F. W. Hesse, K. Maaz, J. Schrader, H. Solga, K. Zimmer et al. (Hrsg.), *Das Bildungswesen in Deutschland. Bestand und Potenziale* (S. 333–374). Bad Heilbrunn: Verlag Julius Klinkhardt.

White, R. W. (1959). Motivation Reconsidered: The Concept of Competence. *Psychological Review*, *66*(5), 297–333.

Wingens, M. (2020). *Soziologische Lebenslaufforschung.* Wiesbaden: Springer Fachmedien. doi: 10.1007/978-3-658-28951 5_1

Wößmann, L., Schoner, F., Freundl, V. & Pfaehler, F. (2023). Der ifo-»Ein Herz für Kinder«-Chancenmonitor. Wie (un-)gerecht sind die Bildungschancen von Kindern aus verschiedenen Familien in Deutschland verteilt? *Ifo Schnelldienst*, *76*(4), 33–47.

Zuber, J., Altrichter, H. & Heinrich, M. (Hrsg.) (2019). *Bildungsstandards zwischen Politik und schulischem Alltag* (Bd. 42). Springer Fachmedien.